广西北部湾经济区经济发展路径研究

◆ 秦敬云　林楚国　秦　丹　著

GUANGXI NORMAL UNIVERSITY PRESS
广西师范大学出版社
·桂林·

图书在版编目（CIP）数据

广西北部湾经济区经济发展路径研究 / 秦敬云，林楚国，秦丹著．—桂林：广西师范大学出版社，2013.1
ISBN 978-7-5495-2891-2

Ⅰ．广… Ⅱ．①秦…②林…③秦… Ⅲ．北部湾－经济区－经济发展－研究－广西 Ⅳ．F127.67

中国版本图书馆 CIP 数据核字（2012）第 270717 号

广西师范大学出版社出版发行
（广西桂林市中华路 22 号 邮政编码：541001
网址：http://www.bbtpress.com）
出版人：何林夏
全国新华书店经销
衡阳顺地印务有限公司印刷
（湖南省衡阳市雁峰区园艺村 9 号 邮政编码：421008）
开本：890 mm × 1 240 mm 1/32
印张：10.25 字数：320 千字
2013 年 1 月第 1 版 2013 年 1 月第 1 次印刷
定价：29.00 元

自　序

2008年，广西北部湾经济区的建设和开发上升到国家战略层面。一批重大产业项目的成立、投产和建设使得广西北部湾经济区成为中国经济新焦点。2010年，随着中国—东盟自由贸易区的最终建成，广西北部湾经济区再次被推到中国经济的前沿。事实上，北部湾效应从一开始就体现出对广西北部湾经济区各城市乃至对整个广西的经济增长带来积极的促进作用。2004年9月，“广西发展论坛”第4期会议在玉林市召开，会议认为环北部湾经济发展战略是将环北部湾地区作为促进西部大开发产业的战略重点，把该地区建设成为中国—东盟乃至全球性的制造业基地，并以环北部湾地区各港口城市为通道和窗口联合面向海外发展。环北部湾经济发展战略的提出，以及2006年8月南宁、北海、防城港、钦州和玉林、崇左“4+2”合作框架协议的签订，显然对广西北部湾各城市乃至广西壮族自治区的经济发展产生了重要的影响。2000—2010年，广西的GDP增长率分别为7.9%、8.3%、10.6%、10.2%、11.8%、13.2%、13.6%、15.1%、12.8%、13.9%和14.2%，这一数据表现出以2005年为分界线，之前较慢和之后明显加快的GDP增长率转折。同样的情况在广西北部湾经济区的主要城市也得到了体现。2000—2010年，南宁的GDP增长率依次为7.7%、8.8%、10.9%、10.9%、13.2%、13.4%、16.8%、17.4%、14.7%、15.1%和14.2%，北海分别为7.7%、9.3%、12.0%、11.8%、11.3%、15.2%、13.0%、18.7%、16.9%、16.2%和17.6%，钦州分别为4.7%、8.7%、10.9%、5.8%、13.3%、14.8%、15.3%、17.1%、15.6%、15.2%和18.0%，防城港分别为7.4%、8.8%、13.1%、10.7%、11.7%、16.0%、19.8%、20.7%、

20.1%、22.6%和17.8%，转折点均出现在2004—2005年，之后的增长速度明显快于之前的。

随着北部湾经济发展战略的深化，人们对于广西北部湾经济区未来的发展前景也有了众多展望。2007年12月，民进中央经委会副主任、中科院地理所资源应用研究中心主任王旭在民进全国代表大会上表示，继珠三角、长三角、环渤海之后，中国未来经济增长的“第四极”已确定为环北部湾经济圈。实际上，环北部湾经济区虽然被界定为广西南部、广东西南部和海南西北部，但真正积极推进环北部湾经济区建设的仍然仅限于广西，因此目前真正探讨北部湾问题时的称谓均严格限定为“广西北部湾经济区”。而且在2008年的《广西北部湾经济区发展规划》中，经济区范围还进一步由2006年“4+2”合作框架协议中的6个地级市减少为4个地级市，即南宁、北海、防城港和钦州，而将玉林和崇左划在了广西北部湾经济区范围之外，更不用说广东西南部和海南西北部了。事实上，如果以目前广西北部湾经济区所涵盖的范围，2010年常住人口1 214.75万，GDP总额3 042.75亿元，与武汉城市圈3 024万人口和GDP总额9 635.76亿元、成渝经济区8 206.16万人口和GDP总额20 131.96亿元以及以沈阳为核心的东北老工业基地3 056.81万人口和GDP总额17 169.63亿元（人口和GDP仅包含沈阳、大连、长春和哈尔滨4个主要城市）相比，广西北部湾经济区无论是城市规模还是经济实力都相差甚远。因而，在珠三角、长三角和环渤海（主要是京津塘及周边地区）作为我国经济3个“增长极”的情况下，广西北部湾经济区要带动周边区域发展并足以与成渝、东北等地区竞争成为我国经济增长的“第四极”，其难度是可想而知的。

在这种情况下，到底应该如何立足广西北部湾经济区自身实际情况，在遵循其自身所处区域经济环境所带来的发展规律的基础上，定位经济区的功能和发展广西北部湾经济区的经济，以推动广西北部湾经济区各城市经济一体化发展，进而壮大区域经济实力，促进和带动周边区域甚至是广西的经济发展，是笔者一直在思考的问题。

在思索和研究广西北部湾经济区经济增长问题的过程中，笔者先后主持、主研或参与了以下课题研究：2008年国家社科基金西部项目“要素空间集聚与北部湾经济区城市经济增长研究”,2008年广西壮族自治区党委、人民政府重大招标项目“广西县域特色产业发展研究”,2009年广西科技厅软科学项目“广西‘十二五’科技发展战略研究”,2010年广西壮族自治区党委、人民政府重大招标项目“广西培育发展新兴产业问题研究”。此外,笔者还作为广西人文社会科学发展研究中心“北部湾发展团队”的骨干成员参与了对广西北部湾经济区各市的专题调研,并参加了2011年下半年举办的“广西高校泛北部湾科研骨干高级研修班”。上述课题研究的完成以及随着“北部湾发展团队”的调研和培训活动的开展,极大地加深了笔者认识并思考广西北部湾经济区的经济增长问题。

与目前有关广西北部湾经济区的已有研究成果相比,本书有以下几个特点:

一是研究思路比较新颖。本书并没有沿着目前已有的针对广西北部湾经济区将发展成为中国经济增长“第四极”这一目标来设计研究思路,而是从更务实的角度,注重发挥广西经济的“增长极”作用来探讨广西北部湾经济区的工业化、区域经济发展模式、城市土地利用、工业园区建设、高等教育、边境贸易和海洋运输等问题。

二是本书的资料比较全面。本书对广西北部湾经济区经济增长问题研究的资料,既有来自在广西北部湾地区实际调研中获得的数据资料,也有通过全国、广西壮族自治区及经济区域内各市的统计年鉴获得的数据,还有从其他文献中获得的各类资料。本书是目前针对北部湾经济区经济增长研究的现有成果中资料较全面者之一。

三是更多注重对东部发达省市经济增长路径的借鉴。事实上,与广西相对落后于全国其他地区尤其是东部发达地区的经济发展水平一样,广西北部湾经济区与东部发达经济区的经济发展水平也存在较大的差距。因此,本书对广西北部湾经济区的工业化阶段定位与城市土地利用模式等问题的研究,都采用以东部发达省市或经济区数据进行推演的研究方法。

本书第一章是广西北部湾经济区整体概况,其他八章内容主要针对以下问题进行研究:广西北部湾经济区城市经济增长,广西北部湾经济区工业化进程与产业发展,广西北部湾经济区的区域经济发展模式,广西北部湾经济区城市土地利用模式，工业园区、高等教育、对越边贸发展和海运服务业与广西北部湾经济区经济发展的关系。本书的主体内容来自笔者所主持的2008年国家社科基金西部项目“要素空间集聚与北部湾经济区城市经济增长研究”中对广西北部湾经济区城市经济增长的研究报告。本书的相关研究成果对于高校科研人员或其他研究工作者研究北部湾及其他区域经济问题具有重要的参考价值，对于广西北部湾经济区的政府决策部门制定政策以促进该经济区的建设和发展具有重要的理论与实践指导意义，对于国内其他经济区域的建设和发展也有一定的参考价值。

目录

第一章　广西北部湾经济区整体概况

第一节　广西北部湾经济区概况

一、广西北部湾经济区的界定

2006年，《北部湾（广西）经济区“4+2”城市合作框架协议》对北部湾（广西）经济区的界定是包括南宁、北海、钦州、防城港、玉林、崇左6个城市及其所辖区域。[①] 但2008年的《广西北部湾经济区发展规划》则明确了（广西）北部湾经济区由南宁、北海、钦州、防城港4个城市及所辖行政区域组成[②]，陆地国土面积4.25万平方千米，2010年常往人口1 214.75万人。[③] 而在2010年《全国主体功能区规划》中，北部湾地区则明确界定为位于全国“两横三纵”城市化战略格局中沿海通道纵轴的南端，包括广西壮族自治区北部湾经济区以及广东省西南部和海南省西北部等环北部湾的部分地区。该区域的功能定位是：我国面向东盟国家对外开放的重要门户，中国—东盟自由贸易区的前沿地带和桥头堡，区域性的物流基地、商贸基地、加工制造基地和信息交流中心。[④]

尽管对于广西北部湾经济区的范围先后存在不同的界定，但本书

---

① 北部湾（广西）经济区“4+2”城市合作框架协议：http://www.gx.xinhuanet.com/newscenter/2006-08/11/content_7761476.htm.

② 尽管《广西北部湾经济区发展规划》仅仅将广西北部湾经济区限定为南宁、北海、钦州和防城港4个城市所辖区域，但在《广西统计年鉴（2010）》中发布各经济区域主要指标时仍然公布了包括玉林、崇左在内的“4+2”城市的主要经济指标。

③ 数据来源于《广西统计年鉴（2011）》。

④ 国务院：《全国主体功能区规划》，第六章第二节，《国家层面的重点开发区域》，2010年12月21日。

主要按照《广西北部湾经济区发展规划》所明确的范围，围绕南宁、北海、钦州、防城港4个城市及所辖行政区域来进行研究。需要特别说明的是，我们在对广西北部湾经济区城市土地利用模式进行探讨时加入了玉林和崇左两个城市；在第八章的对越边贸研究中，因北部湾四市在整个广西对越边贸中占据主导地位，所以对广西北部湾经济区边境贸易的分析采用广西全区的数据。

二、广西北部湾经济区的市、县、区主要经济指标

从表1-1所示2010年广西北部湾经济区各区域主要经济指标看，广西北部湾经济区的地区生产总值已经超过3 000亿元，三次产业结构比为16.8∶39.4∶43.8，人均GDP（GDP总量除以常住人口）25 408元，高于广西全区人均GDP（20 219元）25.7%，低于全国人均GDP（29 992元）15.3%。其中，南宁、北海、钦州和防城港分别占经济区内人口的54.8%、12.7%、25.4%和7.1%，GDP的59.2%、13.2%、17.1%和10.5%，人均GDP则分别为27 024元、26 078元、16 906元和36 960元，三次产业结构比分别为13.6∶26.2∶50.2、21.7∶41.8∶36.5、25.4∶42.0∶32.6和14.8∶49.9∶35.3。无论是从人口还是从GDP比重看，南宁都在广西北部湾经济区占据核心城市的地位，三次产业结构比也比其他市更加合理。同样如表1-1所示，南宁、北海、钦州、防城港四市的城镇居民人均可支配收入分别为18 032元、16 798元、17 356元、17 831元，相差不大。但农村居民人均收入的差距相对较大，最高的东兴市农村居民人均纯收入达到6 929元，而最低的马山县只有3 824元。此外，南宁市的隆安县、上林县的农村居民人均纯收入也都低于4 000元，而更多的县、区农村居民人均纯收入大多在5 000元到6 000元之间。

表1-1　2010年广西北部湾经济区各区域主要经济指标

区域	地区生产总值(亿元)	三次产业结构			全社会固定资产投资(亿元)	社会消费品零售总额(亿元)	农村居民人均纯收入(元)	城镇居民可支配收入(元)
		第一产业(亿元)	第二产业(亿元)	第三产业(亿元)				
经济区	3 042.8	511.2	1 198.1	1 333.5	2 796.7	1 263.9		
南宁市	1 800.3	244.4	651.9	903.9	1 483.0	931.9	5 005	18 032
南宁市区	1 301.7	90.0	452.9	758.6	1 054.0	778.4	5 592	
良庆区	71.4	14.2	39.7	17.5	91.6	16.4	5 529	
邕宁区	41.4	16.7	11.4	13.3	22.8	9.6	4 968	
武鸣县	148.6	46.2	71.3	31.2	125.1	36.1	6 114	
隆安县	39.0	14.9	13.2	10.9	42.7	9.6	3 938	
马山县	31.4	10.2	9.7	11.5	29.7	10.6	3 824	
上林县	31.8	12.8	8.2	10.9	24.8	9.5	3 863	
宾阳县	112.9	27.9	47.0	38.0	94.5	45.9	5 209	
横县	134.9	42.4	49.6	42.8	112.1	41.8	5 101	
北海市	401.4	87.2	167.9	146.4	485.3	108.0	5 426	16 798
北海市区	262.4	38.1	118.0	106.4	380.5	67.8	5 379	
合浦县	139.0	49.1	49.9	40.0	104.8	40.2	5 447	
钦州市	520.7	132.2	218.5	170.0	451.6	172.2	5 340	17 356
钦州市区	324.8	67.2	146.4	111.	318.0	86.1	5 383	
钦南区	131.4	36.6	33.1	61.6	138.8	58.8	5 513	
钦北区	72.8	29.5	23.8	19.5	61.3	24.4	5 301	
灵山县	113.8	40.1	41.3	32.3	80.1	46.2	5 251	
浦北县	82.0	24.9	30.8	26.4	53.5	39.9	5 438	
防城港市	320.4	47.4	159.8	113.2	376.8	51.8	5 628	17 831
防城港市区	232.9	25.2	124.4	83.4	269.0	31.9	5 839	
防城区	69.6	16.3	30.9	22.5	78.2	21.8	5 832	
上思县	42.3	14.1	18.8	9.4	44.3	8.5	4 685	
东兴市	45.2	8.1	16.6	20.5	63.5	11.5	6 929	

数据来源:《广西统计年鉴(2011)》。

三、广西北部湾经济区城镇分布

按照《广西北部湾经济区发展规划》，北部湾经济区由南宁、北海、钦州、防城港4个市所辖行政区域组成。而在南北钦防4个市所辖区域中，南宁除市区外还辖6个县，北海除市区外仅辖1个县，钦州除市区外下辖2个县，防城港除市区外下辖1个县和1个县级市。可见，广西北部湾经济区除南北钦防4个城市外，次一级的城市相对缺乏，而且在南宁—钦州—北海沿线的城镇分布尤其稀少。不仅城市分布密度较低，城市周围的卫星城镇分布密度也很低。在南宁市周边布局的重要卫星城镇仅有良庆、那马、五合，钦州周边也仅有卜家和大寺两个重要城镇，而在北海和防城港两市周边则没有重要城镇分布。城市之间次级（县级）城镇分布密度低意味着城市之间的经济社会联系缺乏承接地带，而卫星城镇分布密度低则意味着城市无法通过都市化、连绵化发展，难以借力于现有城市的市政基础设施推动周边地区的城镇化进程。

从城市规模看，广西北部湾经济区县级及以上城镇共16个，但除南宁（城区）外均规模较小，参见表1-2。2010年仅北海城区人口超过30万，其他城市尽管建成区面积并不小，但人口却很少（比如，钦州建成区面积接近70平方千米，但城区人口不到25万）。东兴尽管也属广西北部湾经济区仅有的5个市级城市之一，但城区人口（加上暂住人口）仅11.4万。作为地级市的防城港市，城区人口也不到16万，城市规模非常小，不利于城市主体功能的发挥。

表 1-2　2010 年广西北部湾经济区城镇人口与建成区面积

行政区域	总人口（万）	非农业人口（万）	常住人口（万）	城区人口（万）	城市建成区面积（平方千米）
南宁市	686.84	172.04	666.16		
市辖区	258.17	123.27	343.72	218.63	215.23
武鸣县	67.65	11.10	54.45		
隆安县	39.38	3.85	30.02		
马山县	53.81	3.91	39.09		
上林县	48.14	4.86	34.36		
宾阳县	101.03	12.90	78.23		
横　县	118.66	12.16	86.30		
北海市	161.75	45.58	153.93		
市辖区	59.69	27.62	66.80	34.3	57.8
合浦县	102.06	17.95	87.12		
防城港市	86.01	19.17	86.69		
市辖区	52.22	12.92	51.81	15.58	30.63
防城区	40.05	7.91	36.29		
上思县	21.45	2.88	20.41		
东兴市	12.34	3.37	14.47	11.4	8.8
钦州市	379.11	38.45	307.97		
市辖区	136.20	19.46	119.84	22.74	69.79
灵山县	155.78	12.20	115.27		
浦北县	87.14	6.79	72.86		

数据来源：总人口、非农业人口和常住人口数据来自《广西统计年鉴(2011)》，城区人口（含城区人口和城区暂住人口）和城市建成区面积来自《中国城市建设统计年鉴(2010)》。

第二节 对广西北部湾经济区的总体评价

一、仍然优良的自然环境

之所以说是“仍然优良的自然环境”，原因在于就目前看来还是优良的自然环境，但在快速工业化背景下，随着重化工业尤其是石化、钢铁、有色金属等产业的快速发展，广西北部湾经济区优良的自然环境能否长久维持。

2008 年，笔者带领承担着广西壮族自治区党委、人民政府重大招标课题“广西发展县域特色产业研究”的调研组到崇左市及所属的龙州县、凭祥市调研的时候，感受到北部湾地区良好的自然环境。当笔者2011 年 8 月到达防城港时发现，防城港辖区内也是湛蓝的天空、无瑕的白云以及蔚蓝的海面，青山绿水。笔者在调研过程中也了解到，防城港其实还没有大的工业项目投产，但防城港确实有着发展大型工业项目的良好深水港码头。到了钦州，尽管钦州 1 000 万吨石化冶炼项目、玉柴石化项目业已投产，但因为目前的石化等项目所产生的污染物都是气体排放，总体来说还不是碳（二氧化碳或者燃烧不完全的工业气体）排放，因此良好的自然环境暂时未遭到破坏。但目前正在规划建设的可能含有碳排放的工业项目会给这些地区良好的自然环境带来不小的威胁。

在防城港调研时，该市环保局局长曾向调研组发出呼吁，希望学者和专家能够通过研究成果呼吁国家、自治区给予防城港等广西北部湾经济区的城市更多的排放指标，以促进各城市经济的快速发展。依照污染排放与地方经济发展存在库兹涅茨倒 U 型曲线的关系，按该环保局局长的说法，在目前经济发展水平仍然落后的广西北部湾经济区，仍然存在库兹涅茨倒 U 型曲线所揭示的经济发展初期为促进经济增长而牺牲环境的发展模式。对于这一模式，即使是并未深入学习经济学课程的地方官员，也有深刻的认识。

总之，在调研中所看到的自然环境是良好的，但调研组成员的质疑仍然表明，在工业化进程加快以及广西北部湾经济区经济快速发展的背景下，对广西北部湾经济区的环境是否会受到污染进而导致生态问题的担忧是一直存在的。

二、日臻完善的基础设施建设

日臻完善的基础设施建设应该是今后广西北部湾经济区加快发展的优势条件之一。在广西北部湾经济区的各个城市，总体上都可以看到宽阔的马路、路旁成荫的绿树，以及绿化带上不留一块黄土地的草地。而且，通往各市、县的高速公路的建成也极大地加快了经济区内部的人、物等城市流的流通速度。但目前只有北海通火车的情况则意味着钦州、防城港工业的发展对物流的需求要多地依赖于公路。加之广西北部湾经济区沿海三市与东部的玉林—梧州、北部的来宾—柳州—桂林、西北的百色—河池、西南的崇左之间的人流和物流乃至广西北部湾经济区对云南、贵州、重庆、四川、湖北、湖南的辐射均需通过南宁到广西北部湾沿海三市间的高速公路来完成，因此对南宁到沿海三市之间的高速公路有更加严格的需求。尽管对其他基础设施的建设无法通过调研获得真实的情况，但从目测的角度可以推断北部湾经济区已经建设完成的基础设施状况还是较好的。不过，广西北部湾经济区的基础设施建设也存在不少问题，这一点在专著的第四章中再详细论及。

三、基础薄弱但不断加快的工业化进程

尽管之前的工业基础并不好，但今后至少 10 年内，广西北部湾经济区各城市的工业化进程将会不断加快。因为没有经历轻工业发展驱动重工业发展的阶段，所以广西北部湾经济区所走的工业化道路也明显地与一般工业化道路有所区别，即未经轻工业发展的积累而直接进入重化工业、重加工工业的发展阶段。在防城港核电工业区、有色金属

工业区以及钦州石化产业园等中的重大产业开发项目的带动下，未来的 10 年将是广西北部湾经济区工业化快速发展的 10 年。但如果不能解决由于重化工业、重加工工业发展所带来的环境污染的问题，广西北部湾经济区的发展将可能陷入工业发展与环境治理的两难境地，工业发展也可能将陷入停滞状态，因为没有更多的产业转移地，即使转移也难以形成如目前东部地区工业向县域转移而城区则定位高端产业的态势。

从短期来看，2011—2015 年将是广西北部湾经济区工业经济高速增长的阶段，因为诸多重大项目都将在此期间建成并投产，而且往往一个项目就会带来产值数以百亿的增加，所以年均 30% ~50% 甚至更高的增长率都不足为奇。2015 年之后，由于主要的重大项目都已经建成并基本投产，加上可能还有一些项目的二期、三期建设以及新项目的引入，工业增长速度仍会很快，但由于一方面有之前快速发展带来的高基数，另一方面单期项目数以百亿计的产值增加可能会减少，因此增长速度应该会有所减慢。而在 2020 年之后，广西北部湾经济区的工业增长则更多的是内涵式的增长，即并非主要依靠外部投资的大量增加带来的外延式增长，而主要是通过内部效率的提升带来产能的增加，市场的拓展促进产品生产量的增长，技术的改进带来产品附加值的提高以及新产品开发促进新市场领域的拓展等。

四、有待进一步提高的城市管理

良好的城市规划布局与凌乱的城市管理并行于广西北部湾经济区的各城市。因为大多是新建设的城市，所以规划布局都显得有条理且气势恢宏。但由于人流量不足，加上人文素质的缺乏，尤其是高等院校等高水平教育机构的缺乏，人口素质相对低下，因此城市管理显得较为凌乱。在钦州，不少红绿灯成为摆设，虽然有监控摄像头，但仍有很多汽车违规穿越马路，因此整个城市管理显得比较混乱，不要说跟东部发达地区相比，即使是跟区内的南宁、桂林、柳州相比也有很大的差距。

第二章　广西北部湾经济区城市经济增长

第一节　广西北部湾经济区城市经济增长历程

一、广西北部湾经济区经济增长历程

1992—2010 年，广西北部湾经济区[①] GDP 总额从 142.3 亿元上升到 3 042.75 亿元，按可比价格计算，广西北部湾经济区 GDP 总额增长了 10.5 倍，年均增长率达到 14.5%。如图 2-1 所示，1993—2010 年广西北部湾经济区 GDP 总额及其增长率演变趋势大致可以分为三个时期：一是 1996 年以前的高速增长时期，但同时伴有 GDP 增长率不断下降的趋势；二是 1997—2002 年之间的低速增长时期，且该时期 GDP 增长率波动较大；三是 2003 年及之后 GDP 恢复快速增长时期，且表现出 GDP 增长率不断加快的趋势。广西北部湾经济区 GDP 增长率的这种变化趋势在南宁、北海、钦州和防城港各市的 GDP 增长率演变趋势上同样得到体现。如图 2-2 所示，南宁、北海、钦州和防城港 4 个市的 GDP 增长率同样表现出在 1997—2002 年间波动期前高速增长，而在波动期后恢复快速增长且增长率不断加快的变化趋势。

从广西北部湾经济区的产业结构的变化来看（如图 2-3），20 世纪 90 年代初，广西北部湾经济区整体上第一产业的产值比重超过第二产业、第三产业，尽管到 1993 年第二产业和第三产业在 GDP 中所占比重均超过第一产业，但直到 2000 年，第一产业所占比重仍接近 30%，达到

---

① 广西北部湾经济区在 1999—2006 年间的《广西统计年鉴》中被称为桂南沿海经济区。

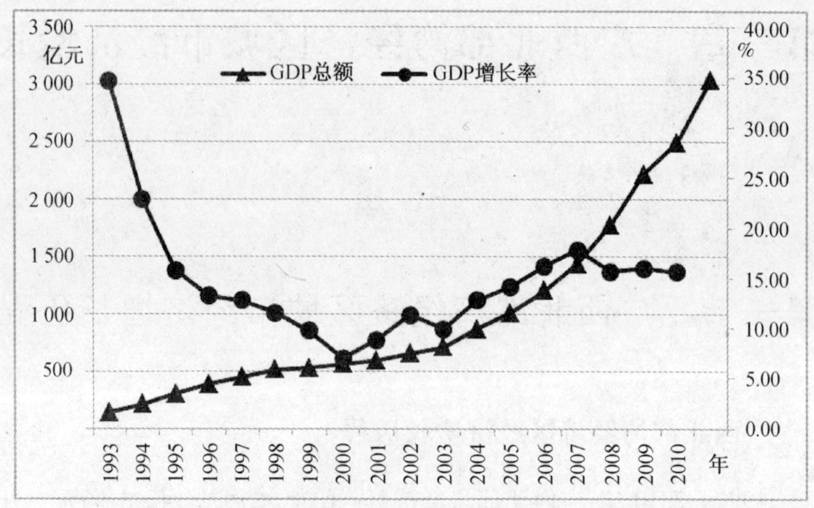

图 2-1 1993—2010 年广西北部湾经济区 GDP 总额及其增长率变化趋势

28.86%,2006 年为 20.52%,2010 年仍然在 15% 以上。而在三次产业结构中,第二产业所占比重一直低于第三产业,二者之间的差距在 1997—2005 年的 9 年间均超过 10 个百分点,差距最大的 2002 年竟然达到 20.12 个百分点,表明广西北部湾经济区的工业发展处于相对落后的状态。

而从 2008 年《广西统计年鉴》首次发布广西北部湾经济区相应统计指标(2007 年的数据)起,广西北部湾经济区 GDP 从 2007 年的 1 778.8亿元上升到 2010 年的 3 042.75 亿元,人均 GDP 从 2007 年的 13 906元上升到 2010 年的 25 408 元,绝对值几乎均增长一倍;三次产业结构比从 19.2∶37.2∶43.6 转变为 16.8∶39.4∶43.7,第一产业比重下降 2.4 个百分点,并几乎全部转移到第二产业,表明广西北部湾经济区在近年来的开放战略下,工业获得了较快的发展。

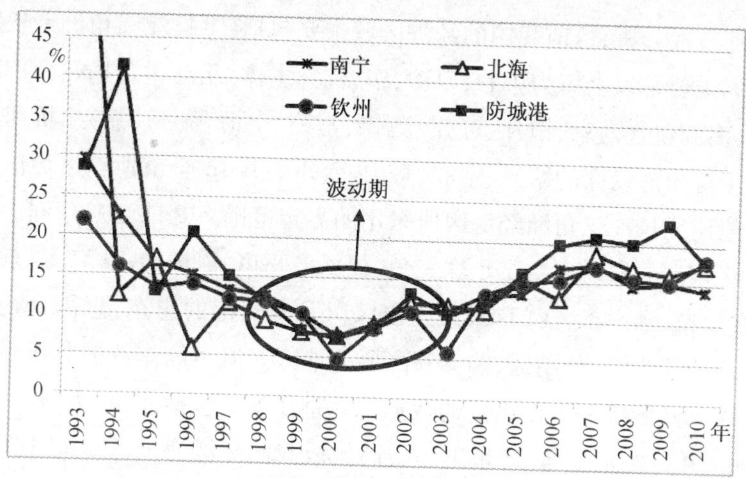

图 2-2　1993—2010 年南宁、北海、钦州和防城港 GDP 增长率演变趋势

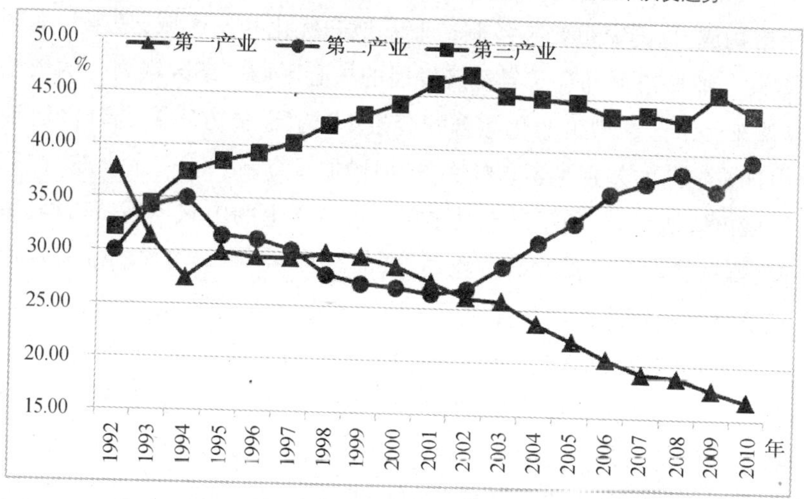

图 2-3　1992—2010 年广西北部湾经济区三次产业结构演变趋势

二、主要经济指标与国内部分经济区域的比较

（一）国内主要经济区域

结合我国已经出台的经济区域发展规划及学界对于国内主要经济

区域的一般分析,目前我国的经济区域主要包括:①长江三角洲。长江三角洲主要是以上海为中心,以沪、宁、杭为主体,北部包含扬州、泰州、南通,南部包含南京、镇江、苏州、无锡、常州、上海、湖州、嘉兴、杭州以及处于杭州湾以南的绍兴、宁波、舟山、台州等共 16 个市所辖区域。这是一般研究长江三角洲经济区所采用的界定范围。②珠江三角洲。对珠江三角洲的探讨主要是小珠三角,包括广州市,深圳市,珠海市,东莞市,中山市,佛山市,江门市,惠州市区以及惠州市的惠东、惠阳、博罗,肇庆市的端州区、鼎湖区、四会和高要等地区。但一般作数据分析时均采用惠州及肇庆两个市市区的数据。③京津塘。包括北京、天津、唐山 3 个市,并与山东半岛、辽东半岛共同构成我国环渤海地区。④沈阳经济区。以沈阳为中心,由沈阳、鞍山、抚顺、本溪、营口、阜新、辽阳、铁岭 8 个市构成,是国家重要装备制造业基地和优化开发区域,是东北地区重要的工业城市群和辽宁省经济发展的核心区域。该区域划分的依据是《沈阳经济区新型工业化综合配套改革试验总体方案》,与环渤海地区中辽东半岛的差别是不包括大连,但增加了阜新。⑤山东半岛(或称济青城市群地区)。包括环渤海地区一般意义上的山东半岛城市群,由济南、青岛、淄博、东营、烟台、潍坊、威海、日照 8 个市组成。⑥海峡西岸经济区。规划范围包括福建省全境以及浙江省温州市、衢州市、丽水市,广东省汕头市、梅州市、潮州市、揭阳市,江西省上饶市、鹰潭市、抚州市、赣州市,陆域面积约 27 万平方千米。由于统计数据的原因,本书的研究中仅仅截取了其中的福州—厦门沿海区,包括莆田、泉州和漳州在内的 5 个市。⑦成渝经济区。包括重庆、成都、德阳、绵阳、遂宁、南充、广安、资阳、内江、自贡、宜宾、泸州、眉山、乐山、雅安 15 个市。⑧武汉经济圈。包括武汉、黄石、鄂州、孝感、黄冈、咸宁、仙桃、潜江、天门等市。⑨关中—天水经济区。包括陕西省的西安、铜川、宝鸡、咸阳、渭南、杨凌、商洛(仅包括商州区、洛南县、丹凤县、柞水县)和甘肃省天水市。⑩哈大齐经济区。包括哈尔滨、大庆、齐齐哈尔和绥化。⑪长株潭。包括长沙、株洲和湘潭。⑫中原地区。包括郑州、洛阳、开封、新乡、焦作、平顶山、许昌、漯河、济源各市。

(二)广西北部湾经济区主要经济指标与国内主要经济区域的比较

表 2-1 2010 年广西北部湾经济区与国内主要经济区域经济指标对比

经济区域	辖区面积(km^2)	总人口(万)	GDP(亿元)	人均GDP(元)	三次产业结构(%)	城镇化率(%)	城市首位度[①]	FDI(亿美元)
广西北部湾	4.25	1 215	3 043	25 048	17 : 39 : 44	45.9	3.0	6.4
珠三角	5.6	5 616	37 673	68 633	2 : 48 : 50	82.7	0.6	184.1
长三角	9.9	10 763	70 675	65 663	3 : 51 : 46	69.7	2.2	464.1
京津塘	4.2	4 013	27 807	69 292	2 : 39 : 59	77.9	2.0	180.9
沈阳经济区	7.5	2 442	11 737	48 063	7 : 54 : 39	65.8	1.2	82.7
山东半岛	7.3	4 377	25 223	57 626	6 : 55 : 39	53.7	0.5	74.9
海峡西岸[②]	5.4	2 636	11 029	41 834	7 : 52 : 41	60.4	0.8	53.1
成渝	22.0	9 029	22 383	24 790	12 : 52 : 36	46.7	1.7	119.8
武汉地区	5.8	3 024	9 636	31 865	10 : 46 : 44	—	3.8	42.1
关中—天水[③]	8.9	2 941	6 891	23 430	10 : 49 : 41	—	1.5	18.0
长株潭	2.8	1 365	6 716	49 205	6 : 55 : 39	60.7	1.4	30.43
哈大齐	15.2	2 426	8 719	33 711	12 : 53 : 35	40.2[④]	1.5	11.6
中原地区	5.9	4 091	13 032	31 855	9 : 60 : 31	46.0	1.2	45.5

注:①城市首位度指数为地区最大城市城区人口与第二、三、四位城市人口总和之比,该指数正常值为 1。②仅包括福州、莆田、泉州、厦门和漳州等福建沿海地区,即所谓福厦城市群地区。③不含杨凌示范区的数据。④为非农业人口比例。

与国内主要经济区域相比,广西北部湾经济区经济仍然显得规模小,经济发展水平低。比如与珠江三角洲相比,2010 年珠江三角洲常住人口 5 616. 39 万,是广西北部湾经济区的 4. 6 倍;地区生产总值 37 673.26亿元,是广西北部湾经济区的 12.4 倍;人均 GDP 68 633 元,是广西北部湾经济区的 2.7 倍;三次产业结构比为 2 : 48 : 50,第一产业所占比重比广西北部湾经济区低 15 个百分点,而第二和第三产业则分别高 9 和 6 个百分点,表明珠三角的工业化和第三产业发展水平均远远高于广西北部湾经济区；社会消费品零售总额17 414.66亿元，是广西北部湾经济区的13.8倍。

与国内其他主要经济区相比，广西北部湾经济区也显得相对落后。第一，如表2-1所示，国内主要的13个经济区域中，广西北部湾经济区的GDP是最小的，即使是除广西北部湾经济区外最低的长株潭地区，也是广西北部湾经济区的两倍多。第二，人均GDP低，仅略高于成渝经济区和关中—天水经济区，是京津塘、长三角的1/3。第三，城市化率最低，而且城市规模等级结构分布也是除武汉地区外最不合理的。第四，实际利用外资金额最少，即使是关中—天水经济区，其实际利用外资额也是广西北部湾经济区的两倍多，最多的长三角地区则是广西北部湾经济区的70倍以上。

三、广西北部湾经济区城市经济发展历程

1988—2010年（见表2-2），广西北部湾经济区的南宁、北海、钦州三市的市区GDP分别从24.37亿元、5亿元、6.65亿元上升到1 303.94亿元、264.58亿元、203.96亿元，防城港则从1994年的20.4亿元上升到232.90亿元。人均GDP方面，南宁2001年仅为17 715元，到2010年达到48 322元，北海、防城港和钦州分别从13 519元上升到36 092元、从8 976元上升到45 751元、从5 892元上升到17 082元。从GDP增长率看，1999年之前，广西北部湾经济区4个主要城市市区GDP增长率有一定的下降趋势，而之后则表现出不断上升的趋势，尤其是2005年之后上升趋势更加明显；2005年之后，北部湾4个主要城市市区GDP增长率，除南宁2010年和钦州2008年的市区GDP增长率低于15%（分别为14%和14.55%）外，其他数据全部高于17%，个别甚至高于20%。如图2-4所示。

表2-2　1988—2010年广西北部湾主要城市市区GDP及人均GDP

年份	南宁市		北海市		防城港市		钦州市	
	GDP（亿元）	人均GDP（元）	GDP（亿元）	人均GDP（元）	GDP（亿元）	人均GDP（元）	GDP（亿元）	人均GDP（元）
1988	24.37		5				6.65	
1995	121.84		49.14		25.76		40.21	
2000	215.22		45.37		37.32		63.46	
2001	212.26	17 715	73.78	13 519	41.81	8 976	69.27	5 892
2002	269.06	19 340	82.26	15 626	45.18	9 543	75.16	6 331
2003	303.63	21221	84.32	15 787	48.92	10 311	76.37	6 373
2004	359.38	24 296	100.88	18 530	58.24	11136	85.74	7 058
2005	516.36	20 921	113.24	18 439			99.17	
2006	624.61	24 760	122.62	21 757	82.30	16 824	122.39	8 105
2007	768.51	29 866	152.94	26 305	111.50	22 531	158.53	9 913
2008	941.43	35 656	198.05	22 384	151.86	30 920	158.49	11 158
2009	1 104.28	41 590	206.37	37 885	184.20	36 999	224.44	24 307
2010	1 303.94	48 322	264.58	36 092	232.90	45 751	203.96	17 082

数据来源：依据历年《中国城市统计年鉴》中相关数据制作。

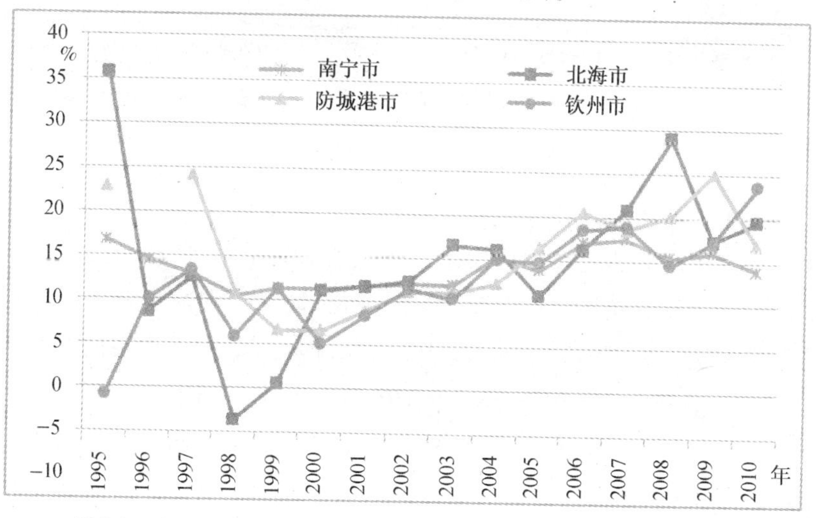

图2-4　1995—2010年广西北部湾4个主要城市市区GDP增长率演变趋势

注:①因缺乏 2001 年各城市市区 GDP 增长率数据,所以图中 2001 年的数据为 2000 年和 2002 年的数据求简单算术平均得到的推算值。②数据来源:依据历年《中国城市统计年鉴》中相关数据制作。

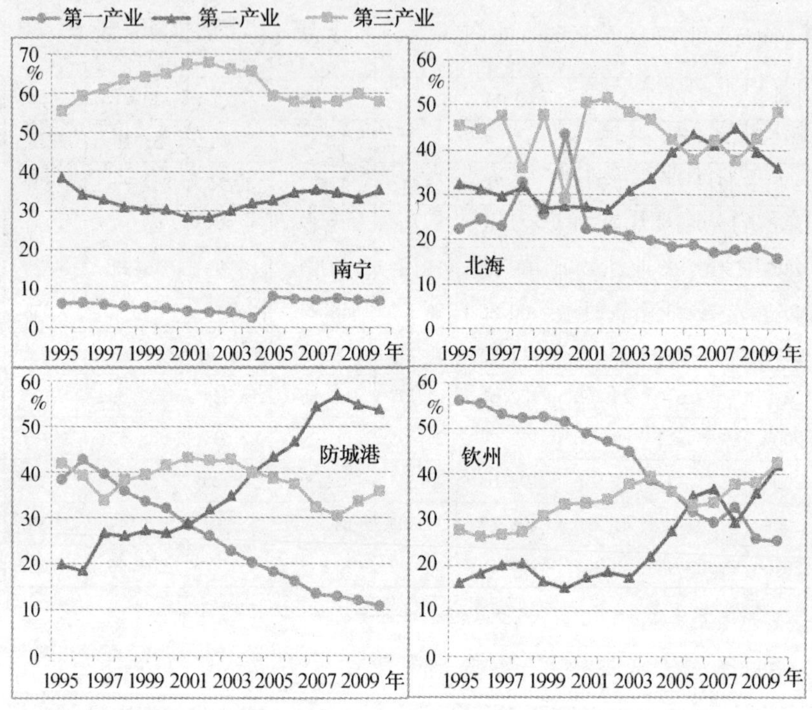

图 2-5 1995—2010 年广西北部湾经济区 4 个主要城市市区三次产业结构演变趋势

注:依据历年《中国城市统计年鉴》中相关数据制作。

由于工业基础薄弱,如图 2-5 所示,广西北部湾经济区除南宁外,其他城市三次产业结构都体现为第一产业所占比重相对较大,而第二产业所占比重相对较小。1995 年,南宁、北海、防城港和钦州第一产业所占比重分别为 6.2%、22.4%、38.4% 和 56.1%,第二产业所占比重则分别为 38.4%、32.2%、19.7% 和 16.1%,防城港和钦州第一产业比重分别是第二产业比重的 1.95 倍和 3.48 倍。南宁的第一产业比重虽然只有6.2%,第二产业为 38.4%,但这并不意味着南宁的第三产业高度发达,而是因为第二产业尤其是工业基础薄弱和工业发展水平落后导致的。1995年,南宁市区的工业总产值仅为107.85亿元,在省会城市中只高于呼和浩特、西宁、银川和拉萨。当年北海、防城港和钦州市区的工业总产值也分别只有44.28亿元、18.53亿元和18.87亿元。到2010年,南宁、北海、防城港和钦州市区工业总产值分别为909.22亿元、254.14亿元、379.31亿元和378.00亿元,在全国287个地级市中分别排在第93、202、174、176位,仍然处于相当落后的位置。

尽管工业发展水平不高,但近年来尤其是2006年来,在广西北部湾经济区加大开发开放力度之后,工业的快速发展也使得各城市的GDP中第二产业所占比重持续上升。以2000年为分界线,到2010年,南宁第二产业所占比重从28.16%上升到35.2%,提高了7.04个百分点;北海从27.14%上升到35.8%(2008年曾达到44.88%),提高了8.66个百分点;防城港从28.49%上升到53.4%(2008年曾达到56.63%),提高了24.91个百分点;钦州从17.34%上升到42%,提高了24.66个百分点。

第二节 资本流动下广西北部湾经济区的要素集聚效应

一、广西北部湾经济区城市的资本投资

在投资拉动型经济增长模式下,外商投资、全社会固定资产投资都是促进城市经济增长最重要的因素,这一点对于资本相对缺乏的广西北部湾经济区各城市更是如此。在广西北部湾经济区4个主要城市中,南宁直到2006年之后实际利用外资才稳定在1亿美元以上,北海除1995—1996年外实际利用外资均未超过1亿美元,钦州只有2007和2009年超过1亿美元,分别达到1.48亿美元和2.21亿美元,如图2-6所示。由图2-6还可以发现,自2005年后,广西北部湾经济区4个主要城市市区实际利用外资金额尽管仍然较小,但也表现出了较快的上升

趋势。

广西北部湾经济区主要城市市区全社会固定资产投资金额一直较小，而且增长不稳定。1984 年，南宁、北海和钦州（1993 年经国务院批准才设立防城港市）全社会固定资产投资总额（含全民所有制单位基本建设投资、全民所有制单位更新改造措施投资、城镇集体所有制单位固定资产投资）分别为 2.00 亿元、0.17 亿元和 0.12 亿元。到 2000 年，南宁、北海、防城港和钦州市区固定资产投资金额分别为 56.08 亿元、15.28亿元、6.70 亿元和 9.63 亿元，远低于同期东部部分城市数百乃至上千亿元的全社会固定资产投资金额。2010 年，南宁、北海、防城港和钦州市区固定资产投资金额分别为 1 054.03 亿元、380.47 亿元、269.00亿元和 175.30 亿元，看似比 2000 年已有很大提高，但此时部分东部城市市区固定资产投资总额已经高达 5 000 亿元，目前广西北部湾经济区各个城市与它们的差距还在进一步扩大。

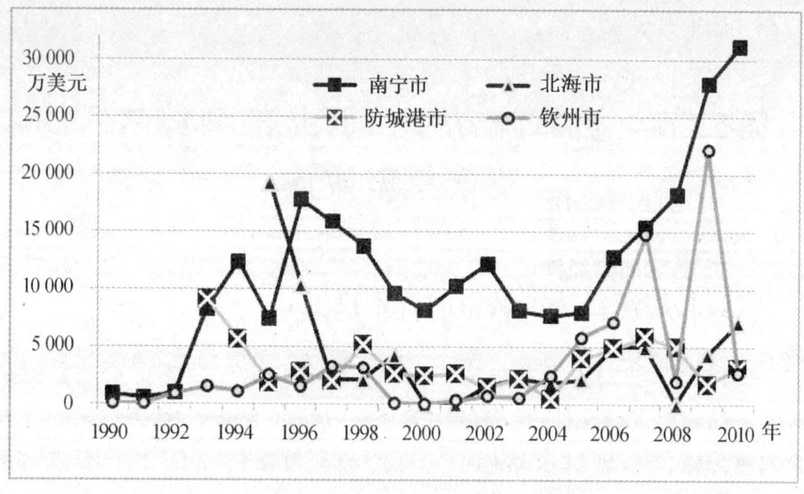

图 2-6　1990—2010 年广西北部湾 4 个主要城市市区实际利用外资金额变化趋势

注：依据历年《中国城市统计年鉴》中相关数据制作。

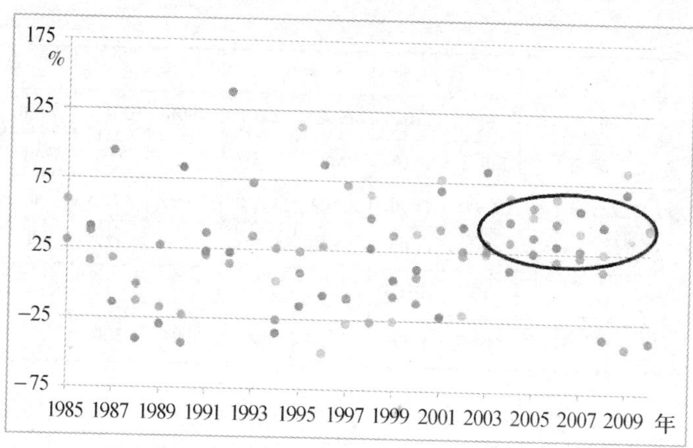

图 2-7 1985—2010 年广西北部湾 4 个主要城市全社会固定资产投资增长率演变趋势散点图

如图 2-7 所示的 1985—2010 年广西北部湾 4 个主要城市全社会固定资产投资增长率演变趋势，总体上体现为：2003 年以后广西北部湾经济区城市市区全社会固定资产投资呈稳定增长趋势，且保持了 20% ~ 45% 的快速增长趋势。而在 2002 年以前，尽管也有部分年份的城市市区全社会固定资产投资呈现高增长率，但大多低于 25%，甚至有相当一些年份的全社会固定资产投资呈负增长。

二、广西北部湾经济区城市的市政建设

表 2-3 广西北部湾经济区 4 个主要城市的市政基础设施建设和发展情况

项目	南宁		北海		防城港		钦州	
	1998	2010	1998	2010	1998	2010	1998	2010
自来水日生产能力(万吨)	91.1	135.2	34.6	32.7	8.5	13.0	24.2	16.4
供水管道(千米)	601	2 733	26	1 015	110	368	85	621
天然气管道(千米)		2 048		415.2		62.8		114
道路长度(千米)	697	1 307	261	368	83	243	309	328
道路面积(万平方米)	1 307	3 205	422	745	159	507	432	728
污水日处理能力(万立方米)	20.60	44.00	4.46	10.00		4.00	0.70	8.00

续表

项目	南宁		北海		防城港		钦州	
	1998	2010	1998	2010	1998	2010	1998	2010
污水处理量(万立方米)	5 831	14 156	988	2 507		716	248	1 938
污水排放量(万立方米)	21 940	30 062	2 504	3 226	1 105	2 015	2 567	3 386
绿地面积(公顷)	3 056	35 992	3 450	1 771	116	877	622	1 243
公园数量(个)	13	21	7	11	1	3	2	6
生活垃圾无害化日处理能力(吨)	31.89	1 400	15.34	400	3.01	300		460

如表2-3所示,1998—2010年,广西北部湾经济区4个主要城市在供水管道、道路长度与道路面积、污水处理、垃圾无害化处理等市政基础设施的建设方面均获得了较快发展。结合表2-4,广西北部湾4个主要城市市政基础设施建设增长情况有以下几个特点:第一,自来水日生产能力增长显然慢于供水管道增长,而且北海和钦州两个城市的自来水日生产能力还分别下降了5.5和32个百分点。第二,道路长度增长慢于全国平均水平,而道路面积增长则体现为南宁快于全国平均水平,防城港与全国整体水平相当,北海和钦州则远慢于全国平均水平。由此导致南宁、北海、防城港和钦州的城市道路平均宽度分别从1998年的18.8米、16.1米、19.1米、14.0米提高到2010年的24.5米、20.2米、20.9米、22.2米,而同期全国城市道路平均宽度仅从11.3米提高到17.7米。第三,污水处理能力提升较快,但2010年全国城市污水处理率(污水处理量与污水排放量之比)已达到73.8%,南宁、北海、钦州和防城港分别为47.1%、77.8%、35.5%和57.2%,整体上还是低于全国污水平均处理率。第四,绿地面积增长数据显示,南宁和防城港均远快于全国平均水平,分别是全国城市绿地面积增长率的5.79倍和3.52倍。第五,生活垃圾无害化处理方面,广西北部湾经济区4个主要城市均较快于全国平均增长水平。其中,依据《中国城市建设统计年鉴(2010)》中的数据,全国生活垃圾无害化处理率(生活垃圾无害化处理量与生活垃圾清运量之比)达到77.94%,而南宁、北海、防城港和钦州4个城市除防城港为41.43%外,其他城市均为100%。

表 2-4　广西北部湾经济区 4 个主要城市市政基础设施建设增长率 (2010 年对 1998 年,%)

项目	全国	南宁	北海	防城港	钦州
自来水日生产能力	31.49	48.41	-5.49	52.9	-32
供水管道	139.5	354.7	3 804	235	631
天然气管道	908.4				
道路长度	102.8	87.52	41	193	6.15
道路面积	217.9	368.9	76.75	219	68.6
污水日处理能力	377.4	113.6	124.2		1 043
污水处理量	165.2	142.8	153.7		681
污水排放量	6.29	37.02	28.83	82.4	31.9
绿地面积	186.2	1 078	-48.7	656	99.8
公园数量	149.5	61.54	57.14	200	200
生活垃圾无害化日处理能力	1 390	4 290	2 508	9 867	

整体上,广西北部湾经济区城市的市政基础设施建设在过去十多年间获得了快速发展,但到 2010 年,仍然有部分市政基础设施建设落后于全国平均水平,而在道路宽度、生活垃圾无害化处理等方面的发展水平则已经高于全国平均水平。

三、劳动力转移

表 2-5　广西北部湾经济区主要城市(全市)非农就业数据

城市	年份	就业人数(万)	非农就业人数(万)		非农就业比例(%)	高校毕业人数(万)
			第二产业	第三产业		
南宁	2005	353.36	50.23	99.12	42.27	3.00
	2006	356.97	51.89	101.12	42.86	4.25
	2007	364.31	55.52	109.22	45.22	6.39
	2008	—	—	—	—	5.26
	2009	401.52	67.1	130.6	49.24	8.3
	2010	409.12	70.91	133.4	49.94	6.7

续表

城市	年份	就业人数（万）	非农就业人数（万）		非农就业比例（%）	高校毕业人数（万）
			第二产业	第三产业		
北海	2005	—	—	—	—	0.15
	2006	73.87	10.38	18.32	38.85	0.02
	2007	74.76	14.32	19.82	45.67	0.03
	2008	—	—	—	—	0.05
	2009	—	—	—	—	0.53
	2010	58.08	11.15	20.65	54.75	0.55
防城港	2005	44.84	7.39	10.77	40.50	—
	2006	46.44	8.22	10.83	41.02	—
	2007	47.93	8.89	11.89	43.35	—
	2008	50.65	6.11	17.65	46.91	—
	2009	55.30	7.4	18.5	46.84	—
	2010	55.33	8.77	19.14	50.44	—
钦州	2005	204.87	47.05	49.08	46.92	0.41
	2006	210.22	49.3	51.88	48.13	0.16
	2007	216.5	64.7	40.4	48.55	0.31
	2008	223.14	58.32	49.93	48.51	0.52
	2009	229.47	61.4	51.9	49.37	0.3
	2010	227.49	63.91	49.72	49.95	0.6

如表2-5所示，2005—2010年，广西北部湾经济区主要城市（全市）非农就业人口数量占全部从业劳动力的比重均有所提高。其中，南宁从42.27%提高到49.94%，提高了7.67个百分点；北海更是从38.85%（2006年）提高到54.75%，提高了15.9个百分点；提高最少的钦州也从46.92%提高到49.95%，提高了3.03个百分点。从三次产业就业数据来看，南宁和北海第二、第三产业就业劳动力人数增长比较均衡，防城港非农就业劳动力增长主要是第三产业，钦州则主要是第二产业。整体上，到2010年，广西北部湾4个城市非农就业人员占全部从业人员的比例已经提高到50%左右。这一比例高于广西全区的46.88%，但

远低于全国平均的63.3%。因此,整体而言,广西北部湾经济区劳动力向非农产业转移仍需加快。

从就业劳动力素质看,由于缺乏相应数据而无法准确衡量,但广西北部湾主要城市除南宁外均缺少具备较高发展水平的高校。一般而言,一个城市所拥有的高校毕业生有相当一部分会在本城市就业。因此,北海、防城港和钦州高校及高校毕业生的缺乏也就意味着这3个城市非农就业劳动力的整体文化素质和技能水准相对较低。

四、城市空间结构

(一)经济区城市内部空间结构

1. 南宁

《南宁市城市总体规划(2011—2020年)》中,对中心城市布局制订了"一轴、两带、多中心"的发展战略。其中"一轴"是以邕江为主轴,邕江将成为整个城市空间的中心轴。"两带"是在邕江两侧形成南北城市发展带,北发展带以综合服务、教育研发、高新技术产业、旅游休闲等城市功能为主,南发展带以产业服务、工业及物流等产业功能为主。"多中心"则是以城市中心为极核、组团中心为主体、片区中心为骨干、社区中心为基础的多层次、网络型的城市公共中心体系。在此基础上,南宁市区被划分为八大组团三十个片区,分别是:中心组团,目标是建设成自治区级商业中心、行政办公中心、区域商务中心和综合型居住社区,包括新城片区、兴宁片区和永新片区;城北组团,目标是建设成城市综合服务中心、市级物流中心和综合型居住社区,包括友爱片区、安吉片区、东沟岭片区和金桥片区;江南组团,将建设城市级文化中心、制造业基地、区域交通枢纽、物流中心和花园式居住新城,包括亭洪片区、富宁片区、沙井片区和那洪片区;青秀组团,将建成中国—东盟商务中心、大型商贸会展中心、区域交通枢纽、花园式居住新城和城市绿核,包括凤岭片区、埌东片区、柳沙片区和青秀山片区;城西组团,建成科研教育中心、文教基地、高新技术产业基地和花园式居住新城,包括高新片区、陈村片区、五里亭片区、可利片区和罗文片区；邕宁组团，建成区级商业中心、花园式居住新城和特色休闲旅游度假区，包括蒲庙片区、龙岗北片区和龙岗南片区；仙葫组团，建成城市综合服务中心、花园式居住新区和文教基地，包括仙葫西片区、仙葫半岛片区和仙葫东片区；良庆组团，建成自治区级文化中心、体育中心、区域交通枢纽与物流中心、花园式居住新城和城市绿核，包括蟠龙片区、大沙田片区、玉洞片区和平乐片区。最终到2020年将南宁建设成面积约300平方千米、人口300万、面向中国与东盟合作的区域性国际城市。[①]

南宁城市空间结构的这一布局与南宁作为广西壮族自治区首府、广西北部湾经济区的核心首位城市、中国—东盟自贸区桥头堡等城市功能定位是一致的。因此，城市内部空间结构的未来演变也将围绕这些功能的深化来进行。但由于服务功能的加强，也就意味着南宁产业功能尤其是制造业功能的相对弱化，这一点从《南宁城市总体规划（2011—2020）》对各组团、片区的发展目标设定也得到了体现。但南宁市自身的产业基础尤其是制造业基础本就薄弱，现代化的资本、技术和知识密集型工业更是寥寥无几，因此南宁城市服务功能的深化实际上建立在没有坚实产业的基础之上。而且，南宁周边城镇的产业尤其是制造业基础同样薄弱，未来将拥有大型制造业基地的钦州和防城港离南宁又较远，而布局在南宁与钦州、防城港两市间以增强城市经济社会联系的卫星城镇相对缺乏，因此《南宁城市总体规划（2011—2020）》对未来南宁城市功能设定的发展目标能否实现是值得商榷的。

2. 其他城市

北海、钦州和防城港在广西北部湾经济区加快开发开放之前并没有形成面向区域经济发展的独立的功能定位，因而在城市内部空间结构上也没有体现出与城市功能定位相对应的布局。随着广西北部湾经济区的开发和建设上升到国家战略层面，开发开放步伐的加快也使得

---

① 南宁市人民政府：《南宁市城市总体规划（2011—2020）》，2011 年 7 月。

北海、钦州和防城港目前仍然处于以产业推动城市功能定位的阶段，因而城市的空间规划主要围绕目前一些大的产业开发项目来布局。比如，钦州围绕钦州石化产业园、钦州保税港区，防城港围绕海港及临港产业园、有色金属产业园和核电项目区，以及北海围绕北海出口加工区和北海高新技术产业园等。由于这 3 个城市之前的产业基础十分薄弱，现有大型产业开发项目均是近几年开工建设并先后投产的，很大程度上体现为产业植入。由于植入产业规模及后期发展潜力远远超过原有产业，因此突破了城市原有功能体系（事实上这 3 个城市之前并没有明确的城市功能定位），并确立了各自在广西北部湾经济区中的功能定位及城市发展演变趋势。

（二）经济区城市外部空间结构

广西北部湾经济区城市外部空间结构取决于广西北部湾经济区的整体功能定位。对广西北部湾经济区整体功能定位主要来自两个方面。一是《广西北部湾经济区发展规划》。在《广西北部湾经济区发展规划》中，关于南宁、北海、钦州和防城港四市所辖区域的北部湾经济区功能定位是：立足北部湾、服务“三南”（西南、华南和中南）、沟通东中西、面向东南亚，充分发挥连接多区域的重要通道、交流桥梁和合作平台作用，以开放合作促开发建设，努力建成中国—东盟开放合作的物流基地、商贸基地、加工制造基地和信息交流中心，成为带动、支撑西部大开发的战略高地和开放度高、辐射力强、经济繁荣、社会和谐、生态良好的重要国际区域经济合作区。[①] 二是《全国主体功能区规划》。在《全国主体功能区规划》中，北部湾地区被限定为位于全国“两横三纵”城市化战略格局中沿海通道纵轴的南端，包括广西壮族自治区北部湾经济区以及广东省西南部和海南省西北部等环北部湾的部分地区。该区域的功能定位是：我国面向东盟国家对外开放的重要门户，中国—东盟自由贸易区的前沿地带和桥头堡，区域性的物流基地、商贸基地、加工制

① 《广西北部湾经济区发展规划》，2008 年 1 月。

造基地和信息交流中心。

对于广西北部湾经济区而言,尽管一般意义是指南宁、北海、防城港和钦州四市及所辖区域,但由于广西北部湾经济区事实上是《全国主体功能区规划》中北部湾地区的核心部分之一,因此以一般意义上的广西北部湾经济区为基础的功能定位和城市外部空间结构体系也应与《全国主体功能区规划》中有关北部湾地区的功能定位相协调。

广西北部湾经济区城市外部空间结构体系目前主要体现为南宁独大、其他城市尚未成规模的状况。但随着广西北部湾经济区开发开放的加快,北海、防城港和钦州的加快发展会逐渐使广西北部湾经济区城市外部空间结构体系向以下发展趋势演变:以南宁为核心首位城市,发挥并深化其在金融、行政、管理咨询、技术等领域服务区域经济发展的功能;强化钦州和防城港的制造业功能,扩大广西北部湾经济区产业规模,壮大其经济实力;加强北海高新技术产业发展基地功能,形成区域的会展服务中心。同时,注重城市产业向周边卫星城镇尤其是 4 个主要城市交通干道沿线的卫星城镇扩散,增强经济区域内都市连绵化发展,进而形成与环北部湾地区另一极的海口、三亚、雷州半岛地区并行发展的态势。在广西北部湾经济区规模扩张、经济实力增强并实现经济区内 4 个主要城市一体化发展的基础上,对连接 4 个城市交通干道沿线地区构成的核心区将产生强大的辐射和带动作用,进而推动整个经济区乃至广西全区的经济加快发展。

第三节　要素集聚与广西北部湾经济区的城市经济增长展望

一、立足广西,发展成为广西经济增长极

广西今后的经济增长趋势以及广西工业化进程都将深刻地影响着广西北部湾经济区各城市的经济增长。事实上,从广西北部湾经济区

目前的规模、经济实力及未来发展态势看，要将北部湾经济区打造成中国经济增长"第三极"的可能性很小，但在泛珠三角区域合作中，提高到珠三角与西南区域经济增长极——成渝经济区之间的发展高地是比较现实的，而且也符合广西北部湾经济区城市未来经济增长的实际目标。在此基础上，发挥广西北部湾经济区作为广西经济增长极的地位与作用，在加快发展北部湾，壮大经济区各城市经济实力及扩大其经济规模之后，带动玉林、贵港、来宾、崇左等广西北部湾经济区外环地带的发展，深度辐射百色、河池、柳州、桂林、贺州和梧州等桂西、桂中、桂北、桂东地区的经济，促进其发展。

二、立足广西北部湾经济区自身实际

工业基础薄弱、人才缺乏、人多地少，是广西北部湾经济区各城市在开发开放和加快发展中所必须面临的现实。在这种情况下，沿用东部沿海地区改革开放之后通过大规模的产业资本引入，以粗放式的规模扩张驱动经济发展的模式以促进广西北部湾经济区城市经济增长，势必会导致更早面临东部沿海地区自2000年前后即开始出现的经济增长瓶颈问题。因此，注重引进"资本+技术+人才"的模式，提高单项引进的效率，提高土地投资强度和单位面积土地的产值密度，是广西北部湾经济区各城市经济增长的必由之路。

三、东盟与外资承接

东盟不会是广西北部湾经济区承接外资转移的资本主要来源地，因为东盟与广西北部湾经济区直接接壤或邻近的国家和地区自身就是资本匮乏地。但由于与东盟国家接壤或邻近，加上中国—东盟自由贸易区的成立，意味着广西北部湾经济区的市场对外空间大大扩展。而广西北部湾经济区在《全国主体功能区规划》中的定位则又进一步扩大了广西北部湾经济区的市场腹地。市场对外空间和市场腹地的扩大也就大大拓展了广西北部湾经济区的发展空间。

四、注重区域一体化

一体化包括基础设施建设一体化、城市功能定位一体化、城市产业布局一体化以及对外政策协调等方面的一体化。但事实上,目前广西北部湾经济区各城市之间的竞争趋多,而合作较少。如从城市功能定位来看,4 个主要城市在城市规划方面都无一例外地强调将发展成为大西南、面向东南亚的国际性区域经济中心城市,甚至都要争做广西北部湾经济区的核心首位城市。但从近年来的产业乃至劳动力转移趋势看,功能定位的差异性已经通过市场的力量显现出来,如钦州和防城港第二产业产值规模和劳动力就业人数的快速扩张,北海的海滨旅游也带动了第三产业的发展,以及南宁城市功能的均衡化、深化都意味着广西北部湾经济区主要城市的功能定位应该遵循市场的选择。事实上,遵循市场选择的广西北部湾经济区各主要城市在一体化基础上的发展,对于城市之间通过社会经济的密切联系以扩大市场规模、提升经济区的竞争力是极为重要的。

第三章　广西北部湾经济区工业化进程与产业发展[①]

第一节　国内外工业化研究现状

一、国外工业化研究状况

工业化是社会经济发展中由农业经济为主过渡到以工业经济为主的一个特定历史阶段和发展过程。美国的库兹涅茨认为，工业化过程即“产品的来源和资源的去处从农业活动转向非农业生产活动”。另一位美国学者 H. 钱纳里认为，工业化是“国民生产总值中制造业所占份额的上升，以及农业所占份额的相应下降”的过程，并且“生产结构的这种基本变化引起资本和劳动自农村向城市转移，其他许多工业化的有关现象也随之发生”[②]。印度经济学家撒克认为可以把工业化定义为“脱离农业的结构转变，即农业在国民收入和就业中的份额下降，制造业和服务业份额上升”[③]。

工业化水平是衡量一个国家或地区的经济和社会发展水平的重要标志。根据发展经济学的有关理论，判断一个国家或地区工业化发展水平，不仅要考察人均 GDP 水平，还要考察产业结构水平、就业结构、

---

① 经原作者允许，本章内容改编自桂林电子科技大学商学院 2009 级产业经济学硕士研究生赵东初的硕士毕业论文：《广西北部湾经济区工业化进程及产业发展研究》，2012 年 4 月。

② H. 钱纳里、S. 鲁宾逊、M. 赛尔奎因：《工业化和经济增长的比较研究》，4 页，上海：上海三联书店，上海人民出版社，1995。

③ 谭崇台：《发展经济学》，232 页，太原：山西经济出版社，2000。

消费结构、工业结构变动、外贸结构水平以及人口城镇化水平等。

1986 年,H. 钱纳里等人借助多国模型,按照人均 GDP 的变化将经济增长过程划分为 6 个时期和 3 个阶段,并对工业化过程中的结构变动的一般特征作了全面归纳和分析。赛尔奎因与钱纳里等人发现工业化演进阶段也可以通过产业结构的变动过程反映出来,从而可以通过三次产业结构的变动情况来判断一个地区所处的工业化阶段。就业结构是反映一个国家或地区经济发展阶段的重要指标,赛尔奎因和钱纳里就业结构模式理论认为三次就业结构变化的趋势是:随着工业化的起步和推进,第一产业劳动力比重不断下降,第二产业和第三产业劳动力比重不断提高;当工业化发展到一定阶段,第二产业劳动力比重的变化不再显著,大量农业劳动力开始向第三产业转移,并导致第一产业劳动力比重的持续下降与第三产业劳动力比重的持续上升。①

罗斯托指出,经济的发展就是通过主导产业的更替,不断地从一个阶段迈向另一个新的阶段,他还总结出了不同经济成长阶段所对应的主导产业。② 另外,根据霍夫曼比例,工业化进程包括四个发展阶段:第一阶段,消费资料工业一统天下,霍夫曼比例约为 5;第二阶段,生产资料工业发展提速,但相对消费资料工业仍显不足,霍夫曼比例约为2.5;第三阶段,生产资料工业与消费资料工业旗鼓相当,霍夫曼比例约为 1;第四阶段,生产资料工业领先增长,霍夫曼比例小于 1,标志着进入重化工业阶段。③

二、国内工业化相关研究

工业化在国内一般被定义为一系列基要生产函数连续发生变化的过程。这种变化可能最先发生于某个生产单位的生产函数,然后再以

---

① M. Syrquin, H. B. Chenery: *Three Decades of Industrialization*, *The World Bank Econmic Reviews*, 1989(3).

② W. W. 罗斯托:《经济增长的阶段——非共产党宣言》,4 ~ 16 页,北京:中国社会科学出版社,2001。

③ 臧旭恒主编:《产业经济学》(第三版),322 页,北京:经济科学出版社,2005。

一种支配的形态形成一种社会的生产函数而遍及整个社会。[①] 中国社会科学院经济学部课题组结合中国的实际情况，制定出了以人均 GDP、三次产业结构比、就业结构和城镇化水平等为衡量指标的阶段划分标准。[②] 传统工业化已不能满足我国经济的可持续发展，在当今全球化的趋势下，走新型工业化道路，既是我国经济社会加速发展的要求，也是适应国内外经济发展环境发生重大变化的需要。陈元江认为，对中国这个复杂的经济体用单一指标测度，均不能客观、全面评价全国及各地区工业化进程状态，应在经过理论研究和实证分析的基础上依靠 4 个指标构建出一个综合测度指标体系。[③] 李世英、李亚除了选取基本工业化指标外，也选取了反映结构变动、科技含量、经济效益、可持续性、人力资源以及信息化等 7 个方面的指标，并采取综合赋权法构建了一套新型工业化水平评价体系。[④]

当前对于广西北部湾经济区工业化阶段划分的研究还非常少，只有关于广西全区所处的工业化阶段的相关文献。谢翠等按照钱纳里工业化阶段的相关理论，并根据 2009 年底美元兑换汇率 6.8 计算出工业化中期的人均 GDP 要达到 16 320 元，而广西 2009 年末人均 GDP 约为 15 989元，处于工业化初级阶段。[⑤] 万兴伟根据人均 GDP、城市化率、产业结构、就业结构等指标，以人均 GDP 指标为主要依据，以工业内部结构、产业结构及就业结构 3 个指标为辅助依据来判断，广西在 2006 年的工业化进程正处于由初级转向中级的快速发展阶段。[⑥] 罗永乐借鉴加权合成法，选取了经济发展水平、产业结构、工业结构、空间结构和就业结构 5 个方面的基本指标，衡量出广西在 2008 年刚从工业化初期阶

---

① 张培刚：《农业与工业化》（中下合卷），5 页，武汉：华中科技大学出版社，2002。

② 中国社会科学院经济学部课题组：《我国进入工业中期后半阶段——1995—2005 年中国工业化水平评价与分析》，载《新华文摘》，2008（1）。

③ 陈元江：《工业化进程阶段划分与综合测度指标实证》，载《统计观察》，2006（11）。

④ 李世英、李亚：《新型工业化发展水平评价指标体系的构建及实证研究》，载《当代经济科学》，2009（5）。

⑤ 谢翠等：《广西城市化与工业化互动关系的实证分析》，载《区域经济发展》，2010（5）。

⑥ 万兴伟：《广西工业结构优化升级研究》，广西大学（硕士论文），2008。

段进入工业化中期阶段，广西工业化取得了重大进展。[①]

从国内工业化的研究情况来看，发达经济区的研究文献相对比较丰富。王延中认为，长三角工业化在 2007 年从总体上已经进入后期阶段，今后的主要任务是如何在基本完成工业化的基础上加快推进工业现代化。[②] 另外，对于工业化进程与产业发展研究的相关文献也比较全面，只是对于广西北部湾经济区的研究比较稀缺。发达国家的工业化过程表明，工业化中期阶段具有经济增长加速、技术进步加速和重化工化使各发达国家工业结构相似系数提高的特征，而且工业化中期阶段的增长加速主要依赖于制造业的高速增长，尤其是重化工业的增长。[③]

华东地区提升工业化有着良好的机遇，要抓住机遇，努力加快工业化发展进程，发展技术创新能力；要实现本地区工业化的跨越式发展，必须依靠技术创新，增强自主技术开发能力，及时地进行产业结构升级。发展中国家和地区应采取各种有效的产业政策向工业化倾斜，通过"滴落机制"将经济增长的利益尽量分配给穷人。有学者甚至认为，一个国家经济越落后，其工业化就越有可能出现"井喷现象"，而且能够维持相对高速的增长，实现对发达国家经济的赶超。[④]

顾跃根据循环经济学理论，构建了广西北部湾经济区石化产业链的指标评价体系，选择石化产业为主导产品，并合理布局了广西北部湾经济区的石化产业。[⑤] 罗贤新分析了广西北部湾经济区北海、钦州、防城港三市的临海工业发展现状，根据主导产业指标体系选择了石化、电力、电子信息、钢铁、船舶修造以及海洋生物六大产业作为广西北部湾经济区的主导产业，并提出了具体的产业布局。[⑥]

---

① 罗永乐：《广西新型工业化推行效果评析及进一步发展研究》，载《广西社会科学》，2010(6)。

② 王延中：《长三角地区工业化进程：现状与未来发展》，载《社会科学》，2007(6)。

③ 葛岳静、王岳平：《发达国家工业化中期阶段经济增长与工业结构变化的特征》，载《人文地理》，1996(3)。

④ 吕政、黄群慧等：《中国工业化、城市化进程与问题》，载《中国工业经济》，2005(12)。

⑤ 顾跃：《广西北部湾经济区石化产业发展研究》，中南大学(硕士论文)，2010。

⑥ 罗贤新：《广西北部湾经济区临海工业发展研究》，中南大学(硕士论文)，2009。

三、对已有研究的评价

综观国内外的相关文献,中国工业化进程以及产业的发展研究取得了丰富的研究成果,对于政府制定相关政策提供了依据。广西北部湾经济区作为经济增长新一极,也越来越受到国内外学术界的关注,相关研究也越来越多,越来越细致,但仍存在以下不足:

(1)现阶段关于工业化阶段的划分多是以国家或省区为对象,对全国或者某一个省区的工业化发展阶段进行分析与论述,而对于广西北部湾经济区工业化发展阶段的研究则十分薄弱,并且对广西北部湾经济区工业化发展阶段的判断往往停留在市级层面,或者把广西整个区的工业化阶段等同于广西北部湾经济区的发展水平,这是不恰当的。

(2)对于工业化阶段的预测在国内研究得较少,多是基于现阶段或者过去的评价指标数据对一个国家或地区所处的工业化阶段作出判断,而一个国家或者地区的产业政策制定应更多地考虑将来该国家或区域的工业化进程。

(3)当前对于广西北部湾经济区产业发展的研究成果多是根据特定产业自身的发展规律来对产业趋势作出评价,而且多是定性分析。将产业的发展与工业化进程结合起来进行综合评价,国内研究相对较少,尤其是定量的实证研究更少。

第二节　工业化进程与产业发展的理论探索

一、工业化的定义及特征

(一)工业化的定义

对于工业化的具体含义,国内外在过去和现在都有不同的定义。根据相关文献,国内学者一般认为工业化有 4 种定义:①德国经济史学家鲁道夫·吕贝尔特认为"工业化只是在机器时代到来之后,随着纺织的机械化,随着蒸汽机作为一项新的能源,随着从单件生产过渡到系列生产、过渡到大规模生产,人类社会才开始了巨大的变化”①。②张培刚教授认为工业化是“国民经济中一系列基要的生产函数(或生产要素组合方式)连续发生由低级到高级的突破性变化(或变革)的过程”,是一场包括工业发展和农业改革在内的“社会生产力的变革”,“是社会生产力的一场带有阶段性(由低级阶段到高级阶段)的变化”②。③H. 钱纳里认为,工业化是“国民生产总值中制造业所占份额的上升,以及农业所占份额的相应下降”的过程,并且“生产结构的这种基本变化引起资本和劳动自农村向城市转移,其他许多工业化的有关现象也随之发生”③。④从资源配置结构的转换角度,将工业化定义为资源配置的主要领域由农业转向工业的过程。如西蒙·库兹涅茨所言,工业化过程即“产品的来源和资源的去处从农业活动转向非农业生产活动”。

对于工业化的认识,切忌把工业化与发展工业对等,把工业化道路看成农业、轻工业与重工业之间的关系而忽视服务业,也不能说工业化就是发展重工业,更不能把社会主义工业化和资本主义工业化对立起来,这些都会导致工业化认识的片面性,进而造成难以走出城乡二元经济结构的严重后果。④

综合来看,工业化就是在经济、社会发展过程中,伴随着生产技术的变化、生产要素的配置和利用效率不断提高,经济增长速度持续动态变化,从而推动产业结构不断由低级向高级运动的过程。

(二)工业化的特征

1. 历史性

所谓历史性,是指工业化随着历史的发展有着不同的具体内容和标志。在15世纪英国产业革命时期,工业化以蒸汽机的使用即机械化

---

① 鲁道夫·吕贝尔特:《工业化史》,1页,上海:上海译文出版社,1983。

② 张培刚:《农业与工业化》(中下合卷),4页,武汉:华中科技大学出版社,2002。

③ H. 钱纳里、S. 鲁宾逊、M. 赛尔奎因:《工业化和经济增长的比较研究》,4页,上海:上海三联书店,上海人民出版社,1995。

④ 周叔莲:《新条件下的中国工业化》,载《理论前沿》,2005(16)。

为标志和主要内容;19 世纪末 20 世纪初,电气化成为工业化的标志和主要内容;在当代,工业化又以自动化、信息化为标志和主要内容。

2. 世界性

所谓世界性,是指工业的发展要接近或达到当时世界的先进水平。

3. 经济增长特征

工业化是一个经济增长动态持续变化的过程。工业化初期阶段的经济缓慢增长,此时经济增长主要依靠劳动力以及投入的增加,生产效率较低;而到了工业化中期阶段,经济加速增长,经济增长的加速动力主要来自积累的迅速提高和结构的快速转变两个方面;工业化后期阶段的经济增速放缓,此时经济的增长主要依赖技术的进步。

4. 要素特征

不同的工业化阶段主要投入的要素也不同。在工业化初期阶段,经济活动中主要投入的要素是劳动力以及原材料等资本的积累;在工业化中期阶段,经济增长依赖的要素主要是资本投入的增加以及技术需求增加较快;在工业化后期阶段,技术进步贡献的份额占主导地位,资本产出系数下降。

5. 产业结构变化特征

在工业化的不同阶段,产业结构也不断变化。在工业化初期阶段,第一产业和轻工业决定了经济增长的速度。在工业化中期阶段,第二产业占主导地位,并且此时重化工业的增长极大地带动了经济的增长。此时,工业结构内部也呈现出重化工业化、高加工度化和技术集约化的特征。① 到了工业化后期和后工业化时期,高新技术产业和现代服务业等知识密集、附加值高的产业占主导地位。

二、衡量工业化进程的基本模型与阶段划分标准

工业化水平是衡量一个国家或地区的经济和社会发展水平的重要

---

① 葛岳静、王岳平:《发达国家工业化中期阶段经济增长与工业结构变化的特征》,载《人文地理》,1996(3)。

标志。工业化有两个最主要的特征:一是工业增加值占 GDP 的比重不断增加,二是城市人口占全部人口的比重也不断增加。根据发展经济学的有关理论,判断一个国家或地区的工业化发展水平,最基本的指标是人均 GDP(衡量经济发展水平)、三次产业结构比(衡量国民经济结构的优化程度)、霍夫曼比例、就业结构(主要由第一产业就业人员占比来表示,衡量劳动力的转移趋势)和城镇化水平。

(一)人均 GDP

人均 GDP 是衡量一个地区经济发展水平的重要指标,与工业化水平直接相关。1986 年,H. 钱纳里等人在《工业化和经济增长的比较研究》中,借助多国模型,按照人均 GDP 的变化将经济增长过程划分为 6 个时期和 3 个阶段(见表 3-1),并对工业化过程中的结构变动的一般特征作了全面归纳和分析。

表 3-1　经济增长过程与工业化阶段划分[①]

工业化阶段	人均国民生产总值(美元)		
	1964 年	1970 年	1982 年
1. 前工业化阶段	100 ~ 200	140 ~ 280	364 ~ 728
2. 工业化初期	200 ~ 400	280 ~ 560	728 ~ 1 456
3. 工业化中期	400 ~ 800	560 ~ 1 120	1 456 ~ 2 912
4. 工业化后期	800 ~ 1 500	1 120 ~ 2 100	2 912 ~ 5 460
5. 后工业化阶段	1 500 ~ 2 400	2 100 ~ 3 360	5 460 ~ 8 736
6. 发达经济阶段	2 400 ~ 3 600	3 360 ~ 5 040	8 736 ~ 13 104

资料来源:H. 钱纳里等:《工业化和经济增长的比较研究》。

表中的 6 个经济增长时期,第 2 ~ 5 属于工业化阶段,第 1 为初级产品生产阶段,第 6 为发达经济阶段。利用多国模型,钱纳里等人将工业化过程中的结构变化的一般特征归纳为三个方面:第一,随着人均收入的增长,食品需求的份额显著下降。而由于投资和消费品需求的增

① H. 钱纳里等:《工业化和经济增长的比较研究》,319 页,上海:上海三联书店,1989。

加，生产品、机械和社会基础设施的需求份额上升。第二，部门之间相互购买的增加和制成品对初级产品的替代结合起来，导致了制成品的中间需求迅速增长。第三，通过进口替代和制成品的出口扩张，国家经济的比较优势逐步向制成品生产转移，从而改变了单一的专门从事初级产品生产的格局。钱纳里等人认为，工业化的程度一般可由国内生产总值中制造业份额的增加来度量。在人均国民生产总值280～2 100美元这一阶段中，初级产品份额由38%下降至9%，为社会基础设施份额和制造业份额的增加所弥补，所以制造业占国内生产总值的比重由15%上升到36%，而服务业的份额几乎不变；一旦人均国民生产总值超过400美元，那么制造业对经济增长的贡献将高于初级产品生产的贡献，并基本呈持续上升态势，直到第4个时期才转而下降；从第3个时期开始，资本积累对经济增长的贡献开始超过劳动力，并且在整个工业化阶段，全要素生产率基本维持着上升态势。

（二）城市化率

城市化率是指一个国家或地区城镇人口占总人口的比例，反映了工业化发展过程中资本、人口等生产要素的集中程度。1979年美国地理学家诺瑟姆（Ray · M. Northam）发现各国城市化进程所经历的轨迹，可以概括成一条稍被拉平的“S”型曲线。

根据城市化进程的这一阶段性特征，国内外学者一般认为人口城市化率低于30%为前工业化阶段，30%～50%为工业化初期阶段，50%～60%为工业化中期，60%～75%为工业化后期，在75%以上则为后工业化阶段。在工业化初期阶段，农村剩余劳动力主要向纺织、食品、饮料等轻工业转移，餐饮、商业、运输等传统服务业随之发展。在工业化中期，随着资本积累与分工的深化，煤炭、石油、电力等能源工业，钢铁、化学、机械、汽车等资本密集型产业开始发展，这些产业对劳动力的吸纳能力较弱；第三产业发展加速，对劳动力的吸纳能力逐步加强，第三产业从业人员比重开始增加。随着工业化的进一步深入，工业化进入后期阶段，电气设备、航空工业、精密机械、核能工业等技术密集型产业发展加快,对劳动力的吸纳能力进一步减弱;而城市化的发展以及金融保险业、房地产业、产业服务业等现代服务业的兴起与发展,使得第三产业对劳动力的吸纳能力和吸纳速度均超过第二产业。进入后工业化时期,信息产业、电子工业、新材料、生物工程、海洋工程等知识密集型产业对劳动力的技能要求越来越高,劳动力需求数量相对减少,第三产业成为吸纳劳动力的主要产业。

(三)三次产业结构比例

产业结构通常用来反映一个国家产业之间的比例关系及其变化趋势。产业结构从低级向高级的演变是经济得以持续增长的客观要求。工业化作为产业结构变动最迅速的时期,工业化演进阶段也可以通过产业结构的变动过程反映出来。

表 3-2 赛尔奎因和钱纳里产业结构模式(1989)①

人均 GDP(1980 年,美元)	时期	产业结构(%)		
		第一产业	第二产业	第三产业
100	1. 前工业化阶段	48.0	21.0	31.0
300	2. 工业化初期	39.4	28.2	32.4
500	3. 工业化中期	31.7	33.4	34.6
1 000	4. 工业化后期	22.8	39.2	37.8
2 000	5. 后工业化阶段	15.4	43.4	41.2
4 000	6. 发达经济阶段	9.7	45.6	44.7

资料来源:M. Syrquin and H. B. Chenery:*Three Decades of Industrialization*.

根据赛尔奎因与钱纳里等人的研究成果(见表 3-2),产业结构具有一定的规律性:从三次产业 GDP 结构的变动看,在工业化起点,第一产业的比重较高,第二产业的比重较低,由于市场经济国家在工业化开始时市场化已得到较大发展,因此以商业、服务业为基础的第三产业比重较高。随着工业化的推进,第一产业的比重持续下降,第二产业的比重

① M. Syrquin, H. B. Chenery:*Three Decades of Industrialization*, *The World Bank Econmic Reviews*, 1989(3).

迅速上升,而第三产业的比重只是缓慢提高。具体衡量标准为:当第一产业的比重低到20%左右、第二产业的比重上升到高于第三产业且在GDP结构中占最大比重时,工业化进入了后期阶段;当第一产业的比重再降低到10%左右、第二产业的比重上升到最高水平时,工业化则到了结束阶段,即发达经济阶段,此后第二产业的比重转为相对稳定或有所下降。

(四)霍夫曼比例

1931年,德国经济学家霍夫曼(Waltber Hoffmann)在其《工业化的阶段和类型》中,对各国工业化过程中工业结构的演进规律进行了开拓性的研究,他根据近20个国家的历史数据,分析了制造业中的消费资料工业和生产资料工业(以轻、重工业划分)之间的净产值比例的变化,根据这一比值来划分工业化的阶段,从而把工业结构特征与工业化过程的阶段划分联系起来。这一思想后来被人们称为霍夫曼定理,该比值被称为霍夫曼比例,具体为消费资料工业净产值除以生产资料工业净产值。通过分析近20个国家的统计数据,霍夫曼计算出了有代表性的"霍夫曼比例",并据此将工业化过程分成了四个阶段①:

工业化第一阶段:霍夫曼比例=5(±1)

工业化第二阶段:霍夫曼比例=2.5(±1)

工业化第三阶段:霍夫曼比例=1(±0.5)

工业化第四阶段:霍夫曼比例<1

霍夫曼比例的意义在于通过对工业结构内部的分析,把握产业结构高度化进展程度,进而把握工业化发展阶段,说明产业结构演进中是如何实现初级产品生产比重优势被中间产品、最终产品替代,劳动密集型产业比重优势被资本、技术密集型产业替代的。

但是从广西近年来的霍夫曼比例(见表3-3)可以看出,从2000年到2009年,广西霍夫曼比例处于不断下降的过程,从2000年的0.92下

---

① 方甲:《产业结构问题研究》,34~37页,北京:中国人民大学出版社,1997。

降到2009年的0.53,这似乎表明广西在2000年以后就已经进入了工业化第四阶段,而这显然是不可能的,所以仅根据霍夫曼比例来判定广西以及广西北部湾经济区的工业化进程是不适用的。

表3-3　广西霍夫曼比例及相应工业化阶段

年份	轻工业总产值(亿元)	重工业总产值(亿元)	霍夫曼比例	所处阶段
2000	862.00	938.24	0.92	第四阶段
2001	912.35	990.78	0.92	第四阶段
2002	976.06	1 060.49	0.92	第四阶段
2003	1 081.53	1 272.71	0.85	第四阶段
2004	1 307.37	1 845.67	0.71	第四阶段
2005	1 461.05	2 223.02	0.66	第四阶段
2006	1 800.84	2 885.62	0.62	第四阶段
2007	2 207.54	3 895.32	0.57	第四阶段
2008	2 772.52	5 029.44	0.55	第四阶段
2009	3 017.15	5 628.80	0.53	第四阶段

资料来源:2000—2009年《广西统计年鉴》。

(五)就业结构

就业结构是反映一个国家或地区经济发展阶段的重要指标。就业结构的变化与三次产业结构变化一样,反映着在工业化过程中,劳动力从第一产业向第二、三产业转移,由劳动密集型产业向资本、技术密集型产业转移的过程,同时也是劳动力由生产率低的部门向生产率高的部门转移的过程。通过分析就业结构演变轨迹,也可以判断工业化发展的阶段。

根据赛尔奎因和钱纳里就业结构模式理论,随着工业化的起步和推进,第一产业劳动力比重不断下降,第二产业和第三产业劳动力比重不断提高;当工业化发展到一定阶段,第二产业劳动力比重的变化不再显著,大量农业劳动力开始向第三产业转移,并导致第一产业劳动力比重的持续下降与第三产业劳动力比重的持续上升。其标准模式如表3-4所示:

表 3-4　赛尔奎因和钱纳里就业结构模式(1989)

人均 GDP (1980 年,美元)	就业结构(%)		
	第一产业	第二产业	第三产业
100	81.0	7.0	12.0
300	74.9	9.2	15.9
500	65.1	13.2	21.7
1 000	51.7	19.2	29.1
2 000	38.1	25.6	36.3
4 000	24.2	32.6	43.2

(六)中国工业化阶段的划分标准

发达国家是在轻工业取得较大发展之后再发展重工业的,由于中国经济的发展具有独特性——中国在新中国成立后采取的是赶超型的重化工业发展战略,因此我国不能完全照搬国外的工业化阶段划分标准。根据中国社会科学院经济学部课题组陈佳贵等人的研究成果,中国工业化各个指标的阶段划分标准如表 3-5 所示:

表 3-5　衡量指标与工业化阶段①

时期	人均国内生产总值(美元)			产业结构	第一产业就业人员占比	城市化率
	1964 年	1970 年	2000 年			
前工业化阶段	100 ~ 200	140 ~ 280	660 ~ 1 320	A>I	60% 以上	30% 以下
工业化初期	200 ~ 400	280 ~ 560	1 320 ~ 2 640	A>20%,且 A<I	45% ~ 60%	30% ~ 50%
工业化中期	400 ~ 800	560 ~ 1 120	2 640 ~ 5 280	A<20%,且 I>S	30% ~ 45%	50% ~ 60%
工业化后期	800 ~ 1 500	1 120 ~ 2 100	5 280 ~ 9 910	A<10%,I>S	10% ~ 30%	60% ~ 75%
后工业化阶段	1 500 ~ 2 400	2 100 ~ 3 360	9 910 以上	A<10%,I<S	10% 以下	75% 以上

注:表中 A、S、I 分别代表第一、二、三产业。

① 陈佳贵、黄群慧、钟宏武:《中国地区工业化进程的综合评价和特征分析》,载《经济研究》,2006(6)。

三、产业与产业发展

(一)产业与产业发展的含义

产业是一些具有某些相同特征的经济活动的集合或系统。产业的产生、形成与发展同社会分工紧密相关,有广义和狭义之分。广义的产业是由一般分工形成的,如农业、工业与服务业;狭义的产业是由特殊分工形成的,如冶金、机械、纺织等。①

产业发展是指产业的产生、成长以及进化的过程,既包括单个产业的成长过程,也包括产业总体,即整个国民经济的进化过程。产业发展主要以结构变化为核心,以产业结构优化为方向,既有单一产业中企业数量、产品及服务等量上的变化,也包括产业结构的调整、变化和产业主导位置等质上的变化。② 产业的发展受到内在因素如技术、竞争力以及进入或退出壁垒等的影响,也受到外在因素如自然和社会环境、人口和政治因素、政策规划等的影响。

(二)产业发展的阶段

和其他事物一样,任何产业都有自己产生、成长和衰亡的过程,也就是产业的生命周期。根据某一产业在全部产业中的比重的增长速度,产业生命周期可以分为形成期、成长期、成熟期和衰退期四个阶段:

(1)形成期。在这一阶段,新产业刚刚诞生,产业内企业还不是很多,开发费用较高,市场需求较小,投资风险较大。但是,此时的企业需求增长较快,市场、技术具有较大的不确定性,企业进入壁垒较低,属于高风险低收益产业。

(2)成长期。新产业的产品经过宣传和消费者的试用,逐渐赢得了大众的偏好和认可,市场需求开始上升。此时的竞争变得比较激烈,企业的利润增长很快,但是风险也比较大,破产率和合并率相当高。成长

---

① 杨公朴、夏大慰:《产业经济学教程》,1页,上海:上海财经大学出版社,1998。

② MBA 智库百科:http://wiki.mbalib.com/wiki/.

期的产业增长速度很快，并且增长具有可预测性，受不确定性的影响较少，投资收益大大提高。成长期产业的一个主要特征是产业的发展速度大大超过了整个产业系统的平均发展速度，处于此阶段的产业被称为新兴产业。①

(3)成熟期。此阶段是一个相对较长的时期，产业内各企业间实力均衡，竞争相对较少。产业的利润也由于一定程度的垄断而具有较高的水平，但市场风险比较稳定，此时的收益较高，而且产业的增长速度降到一个比较适度的水平。处于成熟期的产业技术上已经成熟，行业进入壁垒较高。支柱产业一般处于这个阶段，在产业结构系统中具有举足轻重的地位。

(4)衰退期。由于资源枯竭、效率降低或者集聚过度等原因，在经过较长的稳定阶段后，处于成熟期的产业逐渐进入衰退期。此时，新产品和替代品大量出现，原产业的市场需求开始减少，资金开始流出，厂商数量减少，利润下降。此时的产业被称为衰退产业，市场需求萎缩，而且在整个产业结构中的地位和作用不断下降。

四、不同工业化阶段的产业发展

从产业发展的角度看，工业化是一个产业结构演进的过程。总结完成工业化进程国家的特点，我们发现在不同工业化阶段，相同产业的地位和贡献度会存在较大的变化，但具有类似的特征，主要表现为产业结构朝高技术、高附加值的方向进化，劳动和资源密集型产业、资本和重化工业、高新技术产业、县域产业以及服务业随着工业化进程的演进，其在经济增长中的贡献不断变化。

(一)劳动与资源密集型产业

1. 劳动与资源密集型产业的含义

劳动密集型产业是指生产时主要依靠劳动力进行，对设备和技术

① 杨公朴、夏大慰：《产业经济学教程》，43页，上海：上海财经大学出版社，1998。

的依赖程度较低的产业，其特点主要是不可替代性、发展阶段性以及广泛存在性。一般来说，劳动密集型产业包括农业、林业及纺织、服装、玩具、皮革、家具等制造业。而资源密集型产业是指在生产过程中需要投入较多的土地等自然资源才能进行生产的产业，其生产要素主要包括土地、原始森林、江河湖海和各种矿产资源。资源密集型产业一般为农矿业，包括种植业、林牧渔业、采掘业等。

不论是劳动密集型还是资源密集型产业，其生产过程都是依赖最初级的生产要素，因此具有附加值低、生产效率不高的共同特点。在中国当前国情下，劳动密集型和资源密集型产业还有其存在的必要性，但随着技术进步，劳动密集型和资源密集型产业必然要经过信息化等高新技术的改进才能保持其竞争优势，这样，某些劳动密集型和资源密集型产业就会由过去的劳动密集型或资源密集型转型为资本或技术密集型。

2. 不同工业化阶段的发展状况

在工业化初始阶段，经济发展的任务是满足人们的生活需要。此时，纺织和食品等消费品工业占主导地位，工业结构中主要是第一产业、第二产业中的劳动密集型和资源密集型产业带动整个地区经济的缓慢增长。

在工业化中期，消费品的生产已经能够满足人们的生活需要，而且资本也得到了一定的积累。这时，工业化的主要任务转变为开展工业基础设施的大规模建设和改造以往落后的生产方式。此时，资本和技术在经济增长过程中发挥着重要的作用，劳动和资源密集型产业的总量绝对值会上升，但是在经济总量中的比例会逐渐下降，进入衰退期。

在工业化后期和后工业化时期，人们的主要需求是高档耐用品以及完善的服务，此时技术成为决定经济增长的主要因素，劳动和资源的可替代性越来越强，劳动和资源密集型产业的绝对量和相对量都会下降。在后工业化时期，农业也许会转变为生产率增长速度最高的部门，因为此时的农业已经摆脱了劳动密集的特征，转变为自动化和智能化都较高的技术密集型产业。

(二)资本密集型产业与重化工业

1.资本密集型产业与重化工业的界定

资本密集型产业是指生产要素主要是资本投入的行业和部门。在资本密集型产业中,单位产品的成本主要是资本成本,而劳动力成本较低。资本密集型工业主要分布在基础工业和重加工业。例如,钢铁业、一般电子与通信设备制造业、运输设备制造业、石油化工、重型机械工业、电力工业等。

而重化工业与资本密集型产业有较大的重叠部分,都是资本和知识含量比较高的产业,其产品主要为国民经济各部门提供生产设备。重化工业属于资本和技术密集型产业,包括能源、机械制造、电子、化学、冶金及建筑材料等。

资本密集型产业和重化工业有许多共同的特点,如技术装备要求较高、投资量大、吸纳劳动力比较少、资金周转率较低、投资回报比较慢等。资本密集型产业与重化工业对于一个地区的经济增长以及产业结构升级具有重要意义,发展重化工业是国民经济实现现代化的必经之路。

2.资本密集型产业与重化工业的发展

在工业化初期阶段,一般来说,由于没有资本的积累,重化工业基础薄弱。一个国家或地区最主要的任务应该是大力发展轻工业,首先满足人们的生活需求,此时没有能力发展重化工业,重化工业在经济总量中的比例较低。但是在特殊的国际国内环境下,中国处于前工业化阶段时,重化工业就获得了超前的发展,但是技术基本上全是从国外引进的,自主创新能力较弱,并且发展到一定阶段就产生了就业困难和环境污染等一系列问题。

在工业化中期,也就是重化工业化阶段,轻工业经过充分发展,资本存量得到积累,工业体系建设和生产效率的提高要求工艺设备朝着大型化、专业化和自动化发展,此时重化工业需要为社会化大生产提供钢材以及机械设备。另外，中期阶段的重化工业需求也从初期阶段对量的需求发展到对质的需求，此时的重化工业产品不只是数量要多，品质也要高。对于像中国这样的大国来说，重化工业阶段不可逾越，这个阶段的资本密集及重化工业的产值比重快速上升，重化工业成为工业的核心。

进入工业化后期和后工业化时期，重化工业的基础建设基本已经完成，生产方式得到了改造，生产效率快速提高。此时，人们的消费重点也发展到追求住宅、汽车、电脑等耐用消费品阶段，工业化进入高加工度化阶段，技术对一个产业的增长起到决定性的作用。而重化工业会从采掘和原料加工向更高程度的精细加工业发展，产业链会延长，附加值提高，重化工业在社会总产值中仍然占有相当大的比重。

（三）高新技术产业

1. 高新技术产业的界定

高新技术产业是以高新技术为基础，主要从事技术研发及高新技术产品生产和服务的企业集合。广西高新技术产业“十一五”发展规划中把高新技术产业定义为以最新科技成就为基础，需要大量研究与开发资金，把高度知识密集的技术商品化并有能力形成一定规模，能迅速推动技术进步，具有高于一般产业经济效益和社会效益的产业。高新技术产业的特点是开发难度大、风险高、知识和技术密集、经济效益和社会效益高，属于知识密集型、技术密集型产业。根据高新技术产业的特点和标准，广西当前的高新技术产业包括电子信息、生物技术、新材料、海洋技术、环境保护等产业。

2. 不同工业化阶段高新技术产业的发展趋势

在工业化初期，社会经济中的主导产业是消费品工业，高新技术产业尚处于萌芽状态，此时的科技发展水平不能支撑该产业的发展，高新技术产业对经济的贡献度极低。由于在初期阶段，劳动力和资源的投入增加更能对经济产生明显的效果，高新技术还只是运用到传统工业生产中的一个环节，对生产效率的提高起辅助作用，其产业占社会总产值的比例微不足道。

到了工业化中期,一个国家或地区因有了一定的工业积累,科技水平也得到了提升,高新技术产业成为新兴产业和幼稚产业。此时的高新技术产业虽然形成了一定的规模,会产生一定的产值,但是其竞争力不强,尚无法与传统制造业对抗。高新技术尤其是信息化对传统产业的改造作用会大幅提升,但高新技术产业在产业体系中依然是辅助产业。工业化中期的高新技术产业需要有利的产业政策支持,通过对高新技术产业的保护来增强其竞争力,高新技术产业因此得到迅速发展。

进入工业化后期,高新技术产业的竞争力得到大幅提升,高新技术产业成为一个国家或地区的主导产业。高新技术产业在这个阶段对经济的贡献会超过传统产业,并对传统产业进行高新技术的改造,大大提高工业生产的自动化和智能化水平。此时的高新技术产业发展速度得到进一步提升,高新技术产业产值无论是绝对值还是相对值都会快速增长。

进入后工业化社会,高新技术产业发展成为一个国家或地区的支柱产业,对经济增长的贡献达到一个更高的水平。但是此时的高新技术产业增长速度会有所下降,高新技术产业成为一个成熟的产业,在社会总产值中的比例达到最大,并趋于稳定。

(四)现代服务业

1. 现代服务业的内容

当前国内外学术界对于现代服务业的内涵主要持有三种观点:第一就是新兴派,认为现代服务业是新兴起的第三产业,包括金融保险业、物流业、房地产及信息服务业等;第二就是现代化派,认为现代服务业是一种现代化和信息化意义上的服务业,是伴随着工业化进程的演化、依托信息技术而发展起来的服务业;第三就是生产服务派,认为现代服务业是指以生产性服务为主的服务业,它主要保持工业生产过程的连续性,并且促进技术的进步,为产业的升级和效益的提高提供保障。中国在《国民经济和社会发展第十一个五年规划纲要》中明确将生产性服务业分为交通运输业、现代物流业、金融服务业和信息服务业等。①

当前,被人们普遍接受的观点来自国家中长期科技规划中关于现代服务业的论述:现代服务业是在工业化比较发达的阶段产生的,主要依托信息技术和现代管理而发展起来的知识相对密集的服务业。其基本特征主要包括信息化、集成化、精准化以及协同化。②

由于生产性服务业的高科技性、高附加值性,其发展速度在发达国家已超过了制造业的增长速度,是现代服务业中最具发展前景的部门,因此要实现新型工业化,就必须要大力发展生产性服务业。根据施振荣提出的"微笑曲线(Smiling Curve)"③(如图3-1),生产性服务业对制造业竞争优势的贡献远远超过其他的生产环节。

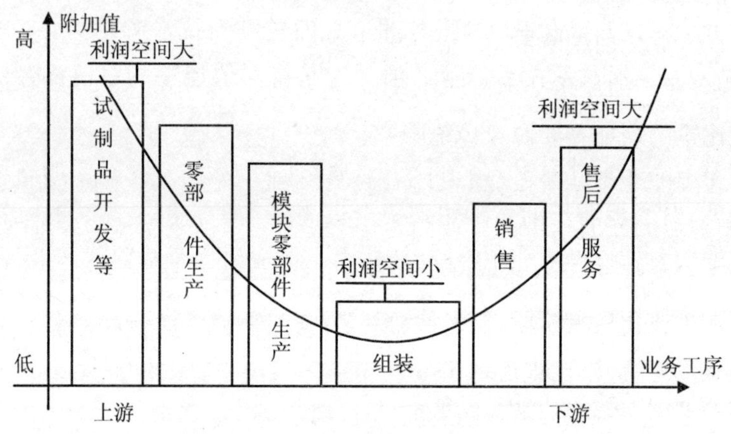

图3-1 生产性服务业的"微笑曲线"

资料来源:《透视全球化时代的制造业 "中国制造"大有可为》。(新华网)

通过微笑曲线,我们可以看出,大力发展生产性服务业,对于像广西北部湾经济区这样的落后地区,不但能优化其产业结构,更能促使其

① 参见《中华人民共和国国民经济和社会发展第十一个五年规划纲要》第16章,2006年3月。

② 安筱鹏:《现代服务业:概念、特征与分类》,载《中国信息界》,2008(8)。

③ http://News. Xinhuanet. com/world/2008-06106/content_8318469. htm.

在微笑曲线中占据两端高附加值的位置，获取较高的利润，摆脱现阶段处于中间的劳动密集型加工的低附加值地位，提升广西北部湾经济区工业的整体素质，促进该地区经济的可持续发展。有数据表明，全球服务业产值占全球 GDP 的比重在 2005 年达到了 68%，其中生产性服务业产值在发达国家的服务业总值中占有近 70% 的比例。

2. 不同工业化阶段服务业的发展状况

世界银行在 1990 年曾以 89 个样本国家的样本数据进行研究，结果表明，服务业占 GDP 的比重与人均 GDP 之间虽然没有呈现出简单而严格的线性关系，但人均 GDP 在 1 500 美元和 5 000 美元两个时段存在重要的节点，在这两个节点的附近，产业结构和服务业产值比重会发生较大的变化（如图 3-2）。

在工业化前期阶段，当人均 GDP 由 1 000 美元向 1 500 美元增加时，服务业产值比重会迅速增加，达到 45% ~50%。这一阶段的服务业产值比重的增加主要源自传统服务业的发展。

在工业化中期阶段，当人均 GDP 由 1 500 美元向 5 000 美元变动时，服务业的产值比重在工业的带动下会有所上升，但是幅度不大，农业比重显著降低，而工业比重会显著上升。

在工业化后期阶段，当人均 GDP 超过 5 000 美元后，服务业产值比重再次迅速上升，比重达到 60% ~70%，这一阶段的服务业产值比重的增加主要源于现代服务业的发展。

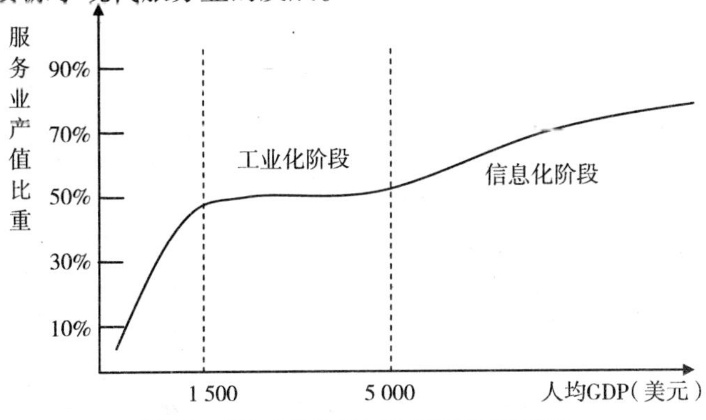

图 3-2　服务业比重与人均 GDP 的对应关系

在后工业化时代,现代服务业尤其是其中的生产性服务业,为制造业企业提供研发设计、技术与管理资讯、资金融通、品牌行销和物流配送等广泛的上下游服务支持,具有很高的产业关联度,因此不仅可以使服务过程本身产生知识的增值,更能通过制造业企业的技术提升与品牌拓展而形成乘数效应,产生更大增值。

(五)产业扩散与转移——县域产业发展

1.产业扩散与转移

经济发展具有空间上的梯度差异性,使得经济活动能够通过资本投资、技术传播以及劳动力迁移,使产业从一个地区转向另一个地区。在空间的维度上,经济活动的变化主要有扩散和转移两种方式。

产业扩散是指产业的生产区位不断增多,但新增区位的产业发展并未淘汰原有区位产业的存在,“扩散”是指扩张性扩散,即从扩散源向周围地区逐级地、由近到远地扩散,扩散强度随着距离的增大而逐渐减弱。产业扩散是产业发展过程中的一个非常重要的阶段,它主要出现在产业成长阶段,决定着一个特定产业的最终发展规模。

产业转移是指某些产业从一个国家或地区转移到另一个国家或地区的过程,主要是生产要素转移,如资本和技术从一个地区转移到另一个地区,带来生产中心或生产基地转移到另一国家或地区,也就是生产在空间上的变化。产业转移与产业扩散的不同之处在于,它更多的是跳跃式的扩散现象,即某种经济活动从一个地区转向另一个地区时经常会跨越一定的空间维度。产业转移具有综合性、层次性、阶段性、梯度性和主体性的特点,主要有国际产业转移、区际产业转移和城乡产业转移三种类型。[①] 而且,经济运行在很多国家和地区都是不平衡发展的,因此在不同发展阶段,产业转移是不可避免的。

在区际产业转移过程中,存在着“极化效应”和“涓流效应”。极化效应是指发达地区经济的增长会对不发达地区的生产要素产生吸引

---

① 陈刚、陈红儿:《区际产业转移理论探微》,载《贵州社会科学》,2001(4)。

力,从而导致不发达地区的生产要素流向发达地区;而涓流效应刚好相反,是指发达经济区发展到一定程度后,会带动不发达地区的经济增长。最终结果是,在区域经济发展过程中,涓流效应会大于极化效应,产业会由发达地区向不发达地区转移。

2. 县域产业的定义

县域是行政地域概念,是指县级城市所占的地域和空间,是区域的一种特定形式。县域产业结构是指县域经济中不同产业和产业内部各生产部门、生产种类及产品数量之间的比例及其内在联系,实际上是国民经济的产业结构在县域经济中的具体构成。[①]

3. 不同工业化阶段县域产业的发展状况

根据产业转移的区位空间运动规律,本书得出在不同工业化阶段的区域空间结构形态以及相应的产业转移状况。

在工业化初期,城市化刚刚起步,城市节点与县域之间的经济差距比较大,此时的县域为城市腹地。由于核心城市的极化效应强于其涓流效应,资本、劳动力等生产要素都向核心城市流动,此时的产业转移主要是由县域转移到核心城市,县域产业缓慢发展。因此在这一时期,县域产业结构中一般是农业占较大比重,工业基础非常薄弱。

在工业化中期,城市化加速,此时会形成由交通枢纽、工业枢纽、产业园区等构成的交通经济带,经济快速增长,但是核心城市的极化作用造成的影响仍然强于涓流效应,县域产业增长速度稍有提高。这个阶段虽然工业会有所增长,但发展较慢,农业仍然占较大比重,第三产业有时会出现虚高现象。

在工业化后期,城市化也进入后期阶段,区域经济空间组合形态由城市节点向城镇体系—城市群转换,核心城市的涓流效应开始强于极化效应,产业由核心城市加速往县域城市转移,县域产业快速增长,尤其是工业受到核心城市的辐射,增长速度较快,为城市连绵带的建设打

① 潘亮:《县域产业结构优化研究》,载《甘肃农业》,2006(2)。

下基础。

在后工业时期,城乡一体化得以实现,区域经济空间组合形态发展到城乡等级规模体系,县域产业融入整个宏观经济地域系统,县域产业整体平稳发展。而此时的县域产业中,基本上是工业占主要地位,农业所占比重较低,第三产业快速增长。

五、国内发达地区工业化与产业发展历程

(一)广东省

1. 广东省的工业化进程

根据广东统计年鉴,本书搜集整理出广东省 1979—2009 年的人均 GDP(2000 年,美元)、三次产业结构、城市化率及第一产业就业比例,并根据这些指标划分出广东省的工业化进程。有学者认为,广东省在 1952 年之前为工业化前期阶段,1953—1978 年广东进入工业化初期阶段,1979—2000 年为工业化中期阶段,2001 年广东开始进入工业化后期阶段,并且预计到 2020 年以后广东能够进入后工业化时期。[①] 而陈佳贵等在《中国地区工业化进程的综合评价和特征分析》中认为,广东省在 1995 年才处于工业化中期的前半阶段,2000 年发展到工业化中期的后半阶段,在 2002 年才能处于工业化后期阶段。[②] 综上得出广东省的工业化阶段划分结果,如表 3-6 所示:

表 3-6 广东省工业化阶段划分

指标	前工业化阶段	工业化初期	工业化中期	工业化后期	后工业化阶段
PGDP 指标(美元)	660 ~ 1 320	1 320 ~ 2 640	2 640 ~ 5 280	5 280 ~ 9 910	9 910 以上
PGDP 实际值(美元)	686 ~ 1 262	1 377 ~ 2 521	2 899 ~ 4 007	—	—
年份	1992—1998	1999—2004	2005—2009	—	—

① 杨维:《广东省工业化进程研究》,19 页,广州:广东人民出版社,2008。

② 陈佳贵、黄群慧、钟宏武:《中国地区工业化进程的综合评价和特征分析》,载《经济研究》,2006(6)。

续表

指标	前工业化阶段	工业化初期	工业化中期	工业化后期	后工业化阶段
三次产业结构	A>I	A>20% ,A<I	A<20% ,I>S	A<10% ,I>S	A<10% ,I<S
年份	—	1979—1991	1992—1999	2002—2009	—
城市化率指标	30%以下	30% ~50%	50% ~60%	60% ~75%	75%以上
城市化率实际值	17.4% ~29.98%	30.6% ~48.7%	51.7% ~52.0%	—	—
年份	1980—1995	1996—2004	2005—2009	—	—
第一产业就业比例指标	60%以上	45% ~60%	30% ~45%	10% ~30%	10%以下
第一产业就业比例实际值	>60.3	47.4% ~59.1%	30.4% ~44.1%	28.8% ~29.4%	—
年份	1985年以前	1986—1992	1993—2006	2007—2009	—
综合	1979年以前	1980—1992	1993—2000	2001—2009	2020年以后

注:表中A、S、I分别代表第一、二、三产业。

2. 广东省的产业发展状况

对于广东省的产业发展状况,本书搜集了广东省处于工业化初期结束的1992年、工业化中期结束的2000年以及处于工业化后期的2009年的产业发展数据(见表3-7),通过对比相应的指标值来验证广东省产业发展与工业化进程之间的关系。

表3-7 广东省产业发展状况

产业	指标	工业化初期		工业化中期		工业化后期	
		绝对值	所占比例(%)	绝对值	所占比例(%)	绝对值	所占比例(%)
劳动与资源密集型产业	工业总产值(亿元)	1 161.69	34.65	3 025.81	24.62	9 319.74	13.65
	就业人员(万人)	2 036.89	60.52	1 591.52	33.86	1 584.96	28.04
资本密集与重化工业	轻工业(亿元)	2 257.70	67.34	6 727.50	54.74	26 685.86	39.09
	重工业(亿元)	1 095.10	32.66	5 561.73	45.26	41 589.91	60.91
高新技术产业	工业总产值(亿元)	873.03	26.04	5 400.03	43.94	31 447.5	46.06
现代服务业	GDP(亿元)	389.01	15.89	1 827.65	18.92	8 056.86	20.41
	就业人员(万人)	160.24	4.76	362.44	7.71	296.38	5.24

注:在表中,劳动与资源密集型产业包括第一产业,采矿业、纺织业以及食品饮料行业;高新技术产业包括电子信息产业和电器机械及专用设备产业、石油化工产业;现代服务业包括交通运输、信息传输及软件、科学研究和地质勘探、金融和房地产业。

对于劳动与资源密集型产业，工业总产值在GDP中的比例随着工业化程度的加深不断减少，在工业化初期占GDP的比重达到34.65%，到工业化中期为24.62%，到2009年仅占13.65%，就业人员比例也有同样的趋势，这说明随着工业化阶段的演进，劳动与资源密集型产业的地位会越来越低，这是符合发展经济学的理论的。

广东重工业在工业化初期所占比例为32.66%，随着工业化的进程不断加快，到工业化后期的前半阶段时所占比重达到近61%，这是由于广东的适度重型化步伐进一步加快，极大地推动了区域经济的发展。

在工业化初期阶段，高新技术产业刚刚起步，所占比重较低，但随着经济的发展，技术水平的提高与资本的积累，高新技术产业比重会不断升高，到2009年该比例已达到46.06%。

综上所述，广东省的产业发展历程比较符合发展经济学的理论要求，较好地验证了相关理论在中国的适用性。

（二）浙江省

1. 浙江省的工业化进程

浙江在1995年处于工业化初期阶段，2000年处于工业化中期阶段，到2002年进入工业化后期阶段。杨鹏认为，2008年浙江位于工业化后期的前半阶段。① 本书收集了浙江省历年的经济发展数据，总结出其工业化进程，如表3-8所示：

表3-8　浙江省工业化阶段划分

指标	前工业化阶段	工业化初期	工业化中期	工业化后期	后工业化阶段
PGDP指标（美元）	660～1 320	1 320～2 640	2 640～5 280	5 280～9 910	9 910以上
PGDP实际值（美元）	746～1 277	1 373～2 451	2 809～4 347	—	—
年份	1992—1997	1998—2003	2004—2009	—	—
三次产业结构	A>I	A>20%，A<I	A<20%，I>S	A<10%，I>S	A<10%，I<S

① 杨鹏：《中国区域工业化进程研究（1978—2008）》，载《经济与社会发展》，2010（4）。

续表

指标	前工业化阶段	工业化初期	工业化中期	工业化后期	后工业化阶段
年份	1979 年以前	1980—1991	1992—2000	2001—2009	
城市化率指标	30% 以下	30% ~50%	50% ~60%	60% ~75%	75% 以上
城市化率实际值	—	48.7%	57.60%	—	—
年份	1980—1985	1985—2001	2002—2009	—	—
第一产业就业比例指标	60% 以上	45% ~60%	30% ~45%	10% ~30%	10% 以下
第一产业就业比例实际值	—	53.4% ~45.2%	44% ~30.97%	28.3% ~19.22%	—
年份	—	1986—1994	1995—2002	2003—2009	—
综合	1985 年以前	1985—1995	1996—2001	2002—2009	2020 年以后

注:表中 A、S、I 分别代表第一、二、三产业。

2. 浙江省的产业发展状况

根据浙江省统计年鉴,本书将收集到的 2009 年的产业数据作为工业化后期的代表,2000 年的产业数据作为工业化中期的代表,1995 年的产业数据作为工业化初期的代表。经过整理计算,得出表 3-9:

表 3-9　浙江省产业发展状况

产业	指标	工业化初期		工业化中期		工业化后期	
		绝对值	所占比例(%)	绝对值	所占比例(%)	绝对值	所占比例(%)
劳动与资源密集型产业	工业总产值(亿元)	1 701.71	49.56	2 590.98	39.24	9 854.78	24.02
	就业人员(万人)	1 169.91	44.63	1 031.22	37.83	663.14	18.46
资本密集与重化工业	轻工业(亿元)	1 949.36	56.77	3 573.91	54.12	17 196.43	41.91
	重工业(亿元)	1 484.49	43.23	3 029.74	45.88	23 838.86	58.09
高新技术产业	工业总产值(亿元)	787.35	22.93	1 795.48	27.19	10 552.84	25.72
现代服务业	GDP(亿元)	411.49	11.67	777.89	12.89	4 804.62	20.90
	就业人员(万人)	137.50	5.24	132.88	4.87	275.31	7.66

注:在表中,劳动与资源密集型产业包括第一产业,采矿业、纺织业以及食品饮料行业;高新技术产业包括电子信息产业和电器机械及专用设备产业、核燃料加工、化学和医药产业;现代服务业包括交通运输、信息传输及软件、科学研究和地质勘探、金融和房地产业。

根据表中的产业发展数据,在工业化初期,浙江省的劳动与资源密集型产业不论是工业总产值还是就业人员比例都较高,而资本密集与重化工业、高新技术产业以及现代服务业所占比例都较小;而到了工业化后期,劳动与资源密集型产业占比持续降低,重化工业、高新技术产业、现代服务业所占比例升高。这表明浙江省的产业结构随着工业化的演进不断优化,附加值低、技术水平低的产业逐渐降低,而资本密集型、技术密集型、附加值高的产业所占比重持续上升,产业结构更趋于合理化和高度化,浙江省的产业发展符合发展经济学的理论要求。

(三)北京市

1. 北京市的工业化进程

对于北京市所处的工业化阶段,国内学术界一致认为其现在已经进入了后工业化阶段。本书参考了陈佳贵的研究成果,并根据收集整理的数据,判断出北京市的工业化发展历程,如表3-10所示:

表3-10 北京市工业化阶段划分

指标	前工业化阶段	工业化初期	工业化中期	工业化后期	后工业化阶段
PGDP 指标(美元)	660 ~ 1 320	1 320 ~ 2 640	2 640 5 280	5 280 ~ 9 910	9 910 以上
PGDP 实际值(美元)	<1307	1 489 ~ 2 404	2 675 ~ 5 279	5 803 ~ 6 743	—
年份	1983 年以前	1984—1998	1999—2005	2006—2009	—
三次产业结构	A>I	A>20% ,A<I	A<20% ,I>S	A<10% ,I>S	A<10% ,I<S
年份	—	—	—	1979—1993	1994—2009
城市化率指标	30% 以下	30% ~50%	50% ~60%	60% ~75%	75% 以上
城市化率实际值	—	—	57.6% ~59.7%	60.4% ~74.7%	75.2%
年份	—	—	1980—1985	1986—1993	1994—2009
第一产业就业比例指标	60% 以上	45% ~60%	30% ~45%	10% ~30%	10% 以下
第一产业就业比例实际值	—	—	—	24.4% ~11.3%	10% ~6.43%
年份	—	—	—	1980—2001	2002—2009
综合	—	1978 年以前	1979—1985	1986—2002	2003—2009

注:表中A、S、I分别代表第一、二、三产业。

2. 北京市的产业发展状况

对于北京市的产业发展状况，本书根据北京市统计年鉴，将收集到的2009年的产业数据作为后工业化阶段的代表，2002年的产业数据作为工业化后期的代表，1985年的产业数据作为工业化中期的代表，1978年的产业数据作为工业化初期的代表。经过整理计算，得出表3-11：

表3-11　北京市产业发展状况

产业	指标	工业化初期		工业化中期		工业化后期		后工业时期	
		绝对值	所占比例（%）	绝对值	所占比例（%）	绝对值	所占比例（%）	绝对值	所占比例（%）
劳动与资源密集型产业	总产值（亿元）	—	—	107.8	35.06	441.76	13.92	1 396.59	12.65
	就业（万人）	125.90	28.35	107.40	18.96	70.59	10.39	9.22	1.12
资本密集与重化工业	轻工业（亿元）	—	—	134.17	43.64	773.49	24.37	1 766.71	16.00
	重工业（亿元）	—	—	173.32	56.36	2 399.98	75.63	9 272.42	84.00
高新技术产业	总产值（亿元）	0	0	7.00	2.24	1 689.66	53.24	4 571.38	41.41
现代服务业	总产值（亿元）	6.60	6.02	43.80	17.04	1 628.80	37.75	5 106.10	42.02
	就业（万人）	—	—	—	—	60.15	8.85	230.41	28.02

注：在表中，劳动与资源密集型产业包括第一产业，采矿业、纺织业以及食品饮料行业；高新技术产业包括电子信息产业和电器机械及专用设备产业、核燃料加工、化学和医药产业；现代服务业包括交通运输、信息传输及软件、科学研究和地质勘探、金融和房地产业。

对于北京市的产业发展规律，从表3-11可以看出，随着工业化的发展，劳动与资源密集型产业比重不断下降，到后工业化阶段达到最低水平；而资本密集与重化工业、高新技术产业以及现代服务业比重上升，重化工业与高新技术产业占工业总产值的比例以及现代服务业增加值占GDP的比例由工业化中期的56.36%、2.24%、17.04%增加到当前的84%、41.41%、42.02%。这表明北京市的产业发展与工业化进程之间的关系符合经济学相关理论要求，是经济学相关理论较好的佐证。

（四）上海市

1. 上海市的工业化进程

根据国内研究成果，上海市是第一个进入后工业化时期的城市，在1980年就进入了工业化后期阶段，远远领先于我国其他省市，而且相关研究结果表明，上海在1995年就处于工业化后期的后半阶段。本书根据相关指标值的判定标准，结合已有的研究结果，总结出上海自改革开放以来的工业化进程，结果见表3-12：

表3-12　上海市工业化阶段划分

指标	前工业化阶段	工业化初期	工业化中期	工业化后期	后工业化阶段
PGDP指标（美元）	660～1 320	1 320～2 640	2 640～5 280	5 280～9 910	9 910以上
PGDP实际值（美元）	—	1 673～2 508	2 667～4 818	5 495～7 918	—
年份	1978年以前	1979—1995	1996—2003	2004—2009	—
三次产业结构	A>I	A>20%，A<I	A<20%，I>S	A<10%，I>S	A<10%，I<S
年份	—	—	—	1979—1998	1999—2009
城市化率指标	30%以下	30%　50%	50%～60%	60%～75%	75%以上
城市化率实际值	—	—	—	61.3%～74.6%	75.3%
年份	—	—	—	1980—2000	2001年以后
第一产业就业比例指标	60%以上	45%～60%	30%～45%	10%～30%	10%以下
第一产业就业比例实际值	—	—	—	29.01%～10.64%	9.07%～4.5%
年份	—	—	—	1980—2002	2002—2009
综合	—	—	1979年以前	1980—2000	2001—2009

注：表中A、S、I分别代表第一、二、三产业。

2. 上海市的产业发展状况

由于上海市在改革开放前就已经处于工业化中期阶段，为了说明问题，本书根据上海市统计年鉴，将整理的1979年数据作为工业化中期阶段的产业发展水平的代表，2000年的数据作为工业化后期的代表，而上海市当前正处于后工业化阶段，选择2009年为该时期的代表（见表3-13）。

表 3-13　上海市产业发展状况

产业	指标	工业化中期		工业化后期		后工业化时期	
		绝对值	所占比例（%）	绝对值	所占比例（%）	绝对值	所占比例（%）
劳动与资源密集型产业	总产值(亿元)			923.24	14	1 792.28	7.44
	就业（万人）			89.32	10.78	48.62	4.57
资本密集与重化工业	轻工业(亿元)	266.02	51.80	2 903.40	41.30	5 663.34	22.80
	重工业(亿元)	247.99	48.20	4 119.59	58.70	19 224.74	77.20
高新技术产业	总产值(亿元)			2 196.25	33.32	10 331.31	42.88
现代服务业	总产值(亿元)	19.33	7.09	1 252.15	27.50	4 643.48	30.86
	就业（万人）			74.52	9.00	165.57	15.55

注：在表中，劳动与资源密集型产业包括第一产业，采矿业、纺织业以及食品饮料行业；高新技术产业包括电子信息产业和电器机械及专用设备产业、核燃料加工、化学和医药产业；现代服务业包括交通运输、信息传输及软件、科学研究和地质勘探、金融和房地产业。

上海市的工业化进程远远领先于我国其他省市，而产业发展的轨迹仍然符合发展经济学以及产业经济学的理论要求。在工业化中期，其重化工业和现代服务业所占比例相对较低，从工业化后期向后工业化时期过渡期间，劳动密集型产业所占比重下降，而资本密集型产业、高新技术产业和现代服务业有了较大幅度的提升，这对于上海市经济的快速增长起到了关键性的作用，较好地验证了相关经济学理论在中国的适用性问题。

（五）珠三角经济区与浙江温州地区的县域产业

我国县域经济的发展经验有苏南模式、顺德模式、温州模式和农安模式 4 种。苏南模式以政府主导为主，发展混合型和外向型经济，发展当地特色和优势产业，从而推动经济的增长，以江阴市为代表。顺德模式在珠三角和闽南地区较多，通过引进三资企业，大力发展民营经济，依托外向型经济的发展而带动县域经济发展。而温州模式以浙江温州为典型，在缺乏核心城市带动和辐射的情况下，通过发展个体和私营经济来带动县域经济增长。农安模式是通过农业的产业化经营来带动县域经济发展的模式，以吉林农安县为代表。[①]

对于典型的广东省县域产业发展——顺德模式，本书选取珠三角经济区的广州、深圳、东莞、佛山等9个地级市作为研究对象，经济发展过程中广州和深圳两个超大型城市发挥着增长极的作用，其他地区是非核心城市，其经济增长状况及产业的发展在不同的工业化阶段有一定的变化，并且下属县域的产业也会发生变化。

在工业化初期，由于广东省经济发展比较落后，广州、深圳的增长极作用较小，这个阶段各个地区的发展主要是靠自身的资源，但各个地区的发展都较为迅速。1992年，广州、深圳两地市区的GDP达到761.09亿元，同比增长45.83%，三次产业结构比为4.82：48.67：53.08，产值分别比1991年增长19.98%、49.4%、51.55%；而7个地级市的GDP为621.07亿元，同比增长34%，三次产业结构比为13.09：55.81：31.1，产值分别比1991年增长7.28%、45.62%、32%；15个县域的GDP为218.86亿元，同比增长26.77%，三次产业结构比为36.42：36.89：26.72，产值分别比1991年增长16.64%、44.87%、22.54%。此时的县域产业主要以第一产业为主，经济发展速度较慢，工业所占比重较轻，受到增长极的影响较小。

到了工业化中期，即2000年前后，两个增长极的极化作用增强。此时，广州、深圳两地市区的GDP达到3 830.58亿元，同比增长14.05%，三次产业结构比为2.16：46.4：51.43，产值分别比1999年增长3.5%、15.35%、12.4%；而7个地级市的GDP为2 701.59亿元，同比增长12.66%，三次产业结构比为6.81：54：39.19，产值分别比1999年增长6%、14.29%、11.36%；15个县域的GDP为1 019.16亿元，同比增长8.53%，三次产业结构比为22.11：47.14：30.76，产值分别比1999年增长4.31%、8.65%、10.57%。此时的县域产业在自身资源以及政策的推动下，工业有所发展，但发展速度仍落后于核心城市，生产资料大多流向了核心城市，自身的发展受到了一定限制。

在工业化后期，也就是2009年，广州、深圳两地的经济得到了充分

---

① 肖模文：《改革行政管理体制，发展壮大县域经济》，吉林大学（硕士论文），2007。

发展,增长极开始发挥涓流效应,带动县域地区经济的发展。此时,广州、深圳两地市区的 GDP 达到 16 611.07 亿元,同比增长 11.1%,三次产业结构比为 0.75 : 40.93 : 58.32,产值分别比 2008 年增长-6.5%、9%、12.5%;而 7 个地级市的 GDP 为 13 095.92 亿元,同比增长 10%,三次产业结构比为 1.95 : 56.51 : 41.54,产值分别比 2008 年增长 3.9%、8.6%、11.7%;15 个县域的 GDP 为 2 453.599 7 亿元,同比增长 13.2%,三次产业结构比为 13.84 : 49.58 : 36.58,产值分别比 2008 年增长 5%、17.5%、14.8%。这个时候,核心城市的第三产业发挥主要作用,而县域产业中第二产业占据绝对优势,在增长极产业扩散的带动作用下,县域产业取得快速增长,城乡差距逐渐缩小。

对于浙江省,由于其经济发展较为均衡,各个地区的经济都较为发达,因此其经济增长极难以确定,而浙江省县域产业的典型模式是温州模式,本书以温州市市区作为增长极,周边八县作为非核心区域来考察其工业化进程及产业变化情况。

在温州市的工业化初期末,也就是 1995 年,温州市市区的 GDP 达到 147.72 亿元,市区三次产业结构比为 3.74 : 60.45 : 35.82,而温州市周边 8 个县域的 GDP 为 255.87 亿元,县域三次产业结构比为 14.17 : 57 : 28.83。

在温州市的工业化中期末,也就是 2000 年,温州市市区的 GDP 达到 332.05 亿元,市区三次产业结构比为 1.72 : 57.8 : 40.48,而温州市周边 8 个县域的 GDP 为 543.73 亿元,县域三次产业结构比为 8.95 : 56.8 : 34.24。

2009 年,温州市处于工业化后期阶段,此时温州市市区的 GDP 达到 1 054.35 亿元,市区三次产业结构比为 0.88 : 48.83 : 50.29,而温州市周边 8 个县域的 GDP 为 1 473.65 亿元,县域三次产业结构比为 4.81 : 52.52 : 42.67。

在工业化初期,温州市市区 GDP 与县域 GDP 的比值为 1 : 1.73,工业化中期该比值为 1 : 1.64,到了当前工业化后期阶段该比值变为

1∶1.4。通过对比温州市在不同工业化阶段的市县GDP变化情况，我们发现，温州地区的县域产业一直占据优势地位，市区的增长极作用没有体现出来。在工业化初期阶段，温州地区县域产业中第二产业占据了绝对优势；到工业化后期，温州地区的产业结构发生了一定的变化，市区的第三产业占据主导地位，县域产业仍然是第二产业占优势，但第二、第三产业之间的差距逐渐变小，温州市区的地位得到一定的提升。

通过对比，本书发现，在显著增长极与不显著增长极的区域中，县域产业的发展规律是不一样的。区域经济中若存在显著增长极，如顺德模式，则县域产业的发展受增长极的影响较大，发展速度随着工业化阶段的不同而不同；若不存在增长极，如温州模式，则县域产业的发展只是受到自身资源以及市场的影响，受到其他地域经济的干扰较小。因此，珠三角与温州地区县域产业的发展较好地证明了产业扩散与转移对县域产业影响理论在中国依然是适用的。

第三节　广西北部湾经济区的工业化进程

一、数据的收集与整理

本书根据1997—2010年广西统计年鉴，收集整理了1996年到2009年广西北部湾经济区南宁、北海、钦州和防城港4个市的GDP总量、总人口数、三次产业产值、三次产业就业人口数、非农人口数等数据，然后将4个市的GDP总量、总人口数、三次产业产值、三次产业就业人口数、非农人口数分别相加，得出广西北部湾经济区各个指标的整体值。

将GDP按每一年的居民消费价格指数（CPI）通过（3-1）式将第k年的GDP调整为2000年的数值，然后根据2000年人民币对美元的平均汇率8.278，通过（3-2）式调整为2000年美元的数值。

$$GDP_{2000}=\frac{GDP_{当年}}{\prod_{j=2001}^{k}(1+CPI_j)} \tag{3-1}$$

$$GDP_{美元}=\frac{GDP_{2000}}{8.278} \tag{3-2}$$

再通过(3-3)到(3-6)式计算出广西北部湾经济区4个市总的人均GDP(2000年,美元)、三次产业结构比例、非农人口比例及第一产业就业人员比例。

$$人均GDP=\frac{GDP_{美元}}{总人口数} \tag{3-3}$$

$$第一产业结构比例=\frac{第一产业的GDP}{GDP} \tag{3-4}$$

$$非农人口比例=\frac{非农人口数}{总人口数} \tag{3-5}$$

$$第一产业就业人员比例=\frac{第一产业就业人口数}{从业人员总数} \tag{3-6}$$

本书之前已经通过广西区的轻重工业比例验证了霍夫曼比例的不适用性,因此接下来本书在对广西北部湾经济区做预测时直接剔除霍夫曼比例的指标。

对比其他省份时,本书根据1980—2010年各个地区的统计年鉴,选取了北京、天津、河北、辽宁、上海、江苏、浙江、福建、山东、广东、海南11个东部发达省市的数据,整理计算出历年人均GDP(2000年,美元)及年增长率、人均GDP与城市化率、人均GDP与三次产业结构比例以及历年人均GDP与第一产业就业比例4个指标数据。①

二、广西北部湾经济区工业化指标发展预测

(一)人均GDP(PGDP)

根据东部11省市2000年到2009年的人均GDP(PGDP)及年增长

① 因处理后得到的数据量大,本书不再一一列出。

率(y)的面板数据构建计量经济模型,本书拟合出经济发展水平与经济增长速度之间的一般模型,给广西北部湾经济区的发展预测提供一个参照。

在数据整理过程中,由于个别年份存在突发经济情况,因此本书对于这些异常值采用指数平滑法进行调整,公式为:

$$y_{t+1}=\alpha y_t+\alpha(1-\alpha)y_{t-1}+\alpha(1-\alpha)^2 y_{t-2}, \text{其中 } \alpha=0.6 \tag{3-7}$$

针对调整后的数据,本书利用 Eviews 软件,采用面板数据分析方法,综合考虑截面数据与时间序列数据的特征,拟合出一个具有共同特征的东部经济发展模型(如图 3-3)。

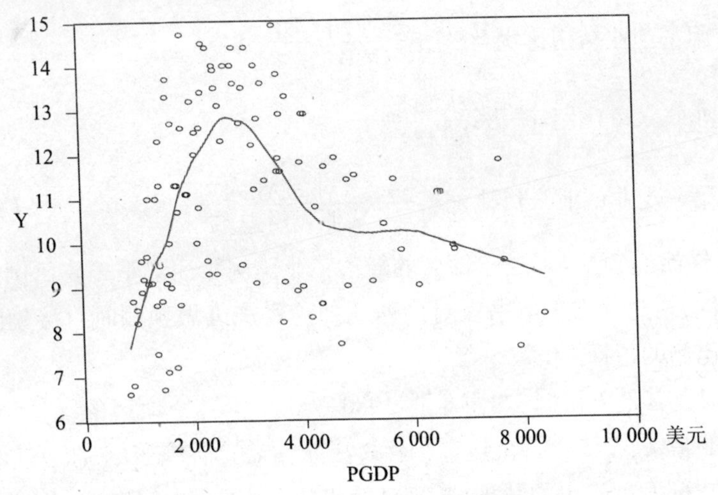

图 3-3 PGDP 与增长率的散点图

根据散点图,本书得出人均 GDP 在大概 3 000 美元以前与增长率 y 之间符合倒 U 型曲线,因此在 3 000 美元之前,本书用二次函数来拟合;到了 3 000 美元之后,两者之间更加符合一个趋向于平稳的双曲线模型,因此本书用双曲线模型来拟合 3 000 美元之后的数据。

(1)对于东部 11 省市 2000 年到 2009 年的数据,本书将其中 PGDP 大于 3 000 美元的数据全部赋值为 0,小于 3 000 美元则保留,从而拟合出 PGDP<3 000 美元时的模型。然后利用 Eviews 软件,对数据进行固定效应与随机效应模型拟合,得出结果如表 3-14:

表3-14　人均GDP小于3 000美元的回归模型及Hausman检验结果

固定效应变截距模型				
变量	系数	标准差	t-统计量	概率
C	-2.237 9	2.159 5	-1.036 3	0.305 0
PGDP	0.010 3	0.002 3	4.587 0	0.000 0
PGDP2	-1.62E-06	0.000 0	-2.915 3	0.005 3
Fixed Effects (Cross)				
北京—C	-4.652 7		江苏—C	0.423 2
广东—C	-1.313 9		山东—C	1.617 8
天津—C	-2.333 0		福建—C	-0.781 0
河北—C	0.130 7		海南—C	1.209 1
辽宁—C	0.130 7		浙江—C	-0.776 3
R-squared	0.780 0		F-statistic	16.304 0
			Prob(F-stat.)	0.000 0
随机效应变截距模型				
变量	系数	标准差	t-统计量	概率
C	-1.492 8	2.059 2	-0.724 9	0.471 3
PGDP	0.009 7	0.002 1	4.558 9	0.000 0
PGDP2	-1.57E-06	0.000 0	-2.982 1	0.004 1
Fixed Effects (Cross)				
北京—C	-1.136 6		江苏—C	0.505 6
广东—C	-0.671 9		山东—C	1.417 1
天津—C	-1.028 4		福建—C	-0.383 7
河北—C	0.306 1		海南—C	0.955 6
辽宁—C	0.306 1		浙江—C	-0.270 0
R-squared	0.640 0		F-statistic	54.315 4
			Prob(F-stat.)	0.000 0
Hausman检验				
Test Summary	Chi-Sq. Statistic		Chi-Sq. d.f.	Prob.
Cross-section random	15.178 2		2	0.000 5

通过 Hausman 检验，卡方分布的检验统计值为 15.18，显著性概率为 0.000 5，远远小于 0.05，因此可以拒绝原假设，即选择固定效应变截距模型。固定效应模型拟合优度 $R^2=0.78$，拟合效果比较好，而且 F 统计量显著，说明这个模型比较合适，对模型中的系数进行 t 检验，检验效果显示系数都显著不为 0。因此，东部 11 个省市的人均 GDP 增长率与人均 GDP 之间符合如下模型：

$$y=\underset{-1.0363}{-2.2379}+a_i^*+\underset{4.5870}{0.0103}PGDP-\underset{-2.9153}{1.62\times10^{-6}}PGDP^2 \quad R^2=0.7800 \tag{3-8}$$

其中：$a_{BJ}^*=-4.65$，$a_{HB}^*=0.13$，$a_{ZJ}^*=-0.78$，$a_{LN}^*=0.13$，$a_{JS}^*=0.42$，

$a_{FJ}^*=-0.78$，$a_{GD}^*=-1.31$，$a_{HN}^*=1.21$，$a_{TJ}^*=-2.33$，$a_{SD}^*=1.62$

（2）对于东部 11 省市 2000 年到 2009 年的数据，本书将其中 PGDP 小于 3 000 美元的数据全部赋值为 0，大于 3 000 美元则保留，利用 Eviews 软件来拟合 PGDP>3 000 美元时的固定效应与随机效应模型，得出结果如表 3-15：

表 3-15　人均 GDP 大于 3 000 美元的回归模型及 Hausman 检验结果

固定效应变截距模型				
变量	系数	标准差	t-统计量	概率
C	8.903 5	1.119 4	7.954 1	0.000 0
1/PGDP	8 541.510 0	4 729.589	1.806 0	0.079 5
Fixed Effects (Cross)				
北京—C	-0.936 6		浙江—C	-0.641 6
上海—C	-1.096 2		江苏—C	1.642 8
广东—C	-0.017 5		山东—C	0.141 3
天津—C	1.725 1		福建—C	0.430 2
辽宁—C	1.440 1			
R-squared	0.540 0		F-statistic	4.543 4
			Prob(F-statistic)	0.000 5

续表

随机效应变截距模型				
变量	系数	标准差	t-统计量	概率
C	8.382 7	1.105 5	7.583 0	0.000 0
1/PGDP	11 449.440 0	4 249.266 0	2.694 4	0.010 0
Fixed Effects (Cross)				
北京—C	-0.753 3		浙江—C	-0.641 6
上海—C	-0.853 6		江苏—C	1.642 8
广东—C	-0.147 4		山东—C	0.141 3
天津—C	1.103 1		福建—C	0.430 3
辽宁—C	0.440 9			
R-squared	0.140 0		F-statistic	7.250 0
			Prob(F-statistic)	0.010 0
Hausman 检验				
Test Summary	Chi-Sq. Statistic		Chi-Sq. d. f.	Prob.
Cross-section random	1.96		2	0.16

由表3-15可知固定效应模型的拟合优度 $R^2=0.54$，随机效应的拟合优度 $R^2=0.14$。根据Hausman检验东部11省市2000年到2009年的数据，当PGDP>3 000美元时，显著性概率大于0.05，检验结果显示应该选择随机效应模型。但是用广西北部湾经济区2006—2009年PGDP的数据进行检验时，随机效应模型拟合的结果与固定效应模型拟合的结果非常接近，基本没有区别，因而为了有较高的拟合优度，本书选择固定效应模型，而且固定效应模型的变量系数显著不为0。整个模型的F检验也显著，可以看出，在PGDP>3 000美元时，拟合出的东部发达地区的人均GDP与经济增长率之间的模型比较适合用固定效应模型：

$$y=\underset{7.954\,1}{8.903\,5}+a_i^*+\underset{1.806\,0}{8\,541.510\,0}\times\frac{1}{PGDP}\quad R^2=0.540\,0 \tag{3-9}$$

将拟合出的模型代入广西北部湾经济区的数据，预测出未来20年广西北部湾经济区的人均GDP变化趋势，结果如表3-16：

表 3-16　广西北部湾经济区人均 GDP

年份	真实值(美元)	增长率(%)	预测值(美元)	年份	增长率(%)	预测值(美元)
2006	1 264.79	7.17	1 189.47	2019	10.57	5 665.98
2007	1 450.00	8.25	1 383.01	2020	10.41	6 255.66
2008	1 653.22	9.35	1 601.19	2021	10.27	6 897.83
2009	1 871.37	10.43	1 842.30	2022	10.14	7 597.15
2010		11.44	2 085.39	2023	10.02	8 358.72
2011		12.28	2 341.43	2024	9.92	9 188.06
2012		13.09	2 647.90	2025	9.83	10 091.21
2013		13.78	3 012.78	2026	9.75	11 074.74
2014		14.21	3 366.34	2027	9.67	12 145.81
2015		11.44	3 751.35	2028	9.60	13 312.20
2016		11.18	4 170.64	2029	9.54	14 582.40
2017		10.95	4 627.24	2030	9.49	15 965.65
2018		10.75	5 124.48			

根据 2006 年到 2009 年广西北部湾经济区人均 GDP 预测值与真实值的比较,两者之间的误差比较小,而且越来越接近,从而本书拟合出的模型能够较好地反映出人均 GDP 与增长率之间的关系,结果比较有说服力。

(二)城市化率(ROC)

城市化具有其特定的规律性。对这种规律性的描述主要有美国地理学家诺瑟姆的 S 型曲线模型和 H. B. 钱纳里的城市化水平与经济发展水平的对称性模型。

诺瑟姆根据各个国家城镇人口占总人口的比重来进行研究,发现:城市化进程呈现 S 型曲线发展的阶段性规律。第一个阶段为城市化的初期阶段,也被称为缓慢城市化阶段,这时城市人口增长缓慢,这个阶段的 S 型曲线表现为水平或稍有倾斜的平缓状态,而当城镇人口比重超过 20% 后,城市化进程会逐步加快;第二个阶段即快速城市化阶段,此时城市化水平超过 30% 而低于 70%,城市化速度加快,该阶段的 S

型曲线比较陡直;第三阶段就是缓慢城市化阶段,此时城市人口比率超过70%,城市化进程进入缓慢发展状态,这一阶段的城市化发展速度相对于第二阶段明显减慢。

H.钱纳里采用拟合回归的方法分析处理了1950—1970年101个国家的人均GNP数据与城市化水平数据,得出一个标准结构(见表3-17)。

表3-17 工业化率与城市化率的钱纳里模型①

人均GNP(美元)	<100	200	300	400	500	800	1 000	>1 000
城市化率(%)	12.8	22	43.9	49	52.7	60.1	63.4	65.8

资料来源:钱纳里的《发展的型式:1950—1970》。

从该标准结构可以看出,经济发展水平与城市化进程存在密切的联系,随着人均GNP的增加,城市化水平会逐渐提高,而且城市化的速度会先快后慢。Chenery和Syrquin(1975)、Davis和Henderson(2003)的研究采用不相同的变量,但得出了相同的结论,即城市化和经济发展之间存在凹曲线关系,也就是说,随着一个地区经济的发展,其城市化的进程会越来越慢。而且根据Hohenberg和Lees在1985年对95个国家的截面数据分析的结果,城市化水平和人均GDP存在高度的正相关关系。

由于人均GDP的自然对数与城市化率之间存在线性关系,因此本书针对城市化率ROC与lnPGDP进行面板数据分析,得出固定效应变截距模型、随机效应变截距模型,结果如表3-18:

表3-18 城市化率对人均GDP回归分析及Hausman检验结果

固定效应变截距模型				
变量	系数	标准差	t-值	概率
C	-30.774 4	2.520 4	-12.210 0	0.000 0

① H.钱纳里:《发展的型式:1950—1970》,68页,北京:经济科学出版社,1988。

续表

lnPGDP	10.113 6	0.355 0	28.490 7	0.000 0
Fixed Effects (Cross)				
北京—C	24.521 3		浙江—C	-13.369 9
上海—C	-20.780 3		江苏—C	4.570 2
广东—C	-6.125 5		山东—C	-14.912 2
天津—C	-6.913 6		福建—C	-9.448 1
辽宁—C	21.821 7		海南—C	13.547 5
R-squared	0.967 7		F-statistic	765.818 3
			概率	0.000 0
随机效应变截距模型				
变量	系数	标准差	t-值	概率
C	-32.029 9	3.946 1	-8.116 9	0.000 0
lnPGDP	10.191 7	0.354 4	28.754 8	0.000 0
Random Effects (Cross)				
北京—C	25.034 5		浙江—C	-12.557 5
上海—C	-19.944 1		江苏—C	5.244 5
广东—C	-5.383 0		山东—C	-14.084 9
天津—C	-6.153 5		福建—C	-8.639 4
辽宁—C	22.331 4		海南—C	14.152 1
R-squared	0.746 7		F-statistic	781.144 2
			概率	0.000 0
Hausman 检验				
Test Summary	Chi-Sq. Statistic		Chi-Sq. d. f.	Prob.
Cross-section random	15.724 8		1	0.000 1

通过 Hausman 检验，其中卡方分布的检验统计值为 15.724 8，显著性概率为 0.000 1，因此可以拒绝原假设，即认为固定效应模型和随机效应模型是有实质性差异的，应采用固定效应模型。另外，虽然变系数模型的拟合效果更好，但是从我们分析问题的目的来看，本书不采取变

系数模型，而是选择固定效应变截距模型。

东部11省市的拟合方程如下：

$$ROC=\underset{-12.2100}{-30.7744}+a_i^*+\underset{28.4907}{10.1136}\times\ln PGDP \quad R^2=0.9677 \qquad (3-10)$$

其中：$a_{BJ}^*=24.52$，$a_{SH}^*=21.82$，$a_{ZJ}^*=-20.78$，$a_{LN}^*=4.57$，$a_{JS}^*=-6.13$，$a_{FJ}^*=-14.91$，$a_{GD}^*=-6.91$，$a_{HN}^*=-9.45$，$a_{TJ}^*=13.55$，$a_{SD}^*=-13.37$

将广西北部湾经济区的PGDP数据代入拟合出的东部城市化率与PGDP模型，得出广西北部湾经济区城市化率的预测值，然后计算出真实值与预测值之间的偏差，结果如表3-19：

表3-19　广西北部湾经济区城市化率

年份	非农人口比例(%)	PGDP(美元)	lnPGDP	预测值(%)	偏差(%)
2003	22.32	866.02	6.76	37.63	-15.31
2004	22.58	954.52	6.86	38.62	-16.04
2005	22.92	1 098.85	7.00	40.04	-17.13
2006	23.07	1 264.79	7.14	41.46	-18.40
2007	23.25	1 450.00	7.28	42.85	-19.59
2008	23.53	1 653.22	7.41	44.17	-20.64
2009	23.71	1 871.37	7.53	45.43	-21.72

由于广西北部湾经济区城市化率的数据较少，因此本书2003—2009年的城市化率数据是根据非农人口占总人口的比例求出，然后根据2008年与2009年的广西区的城市化率与非农人口比例之间的差值，将非农人口比例调整为城市化率。广西2008—2009年的非农人口比例与城镇人口占总人口的比例基本相差18.3%（按照2008年《广西统计年鉴》公布的全区城镇人口比例与各市城镇人口比例数据计算），而这7年非农人口占总人口的比例与预测值之间偏差的均值为18.4，广西北部湾经济区的$a^*=-0.1$。因而根据分析结果，广西北部湾经济区城市化率的估计模型为：

$$ROC=-30.8744+10.1136\times\ln PGDP \qquad (3-11)$$

由此得到的预测结果如表3-20所示。

表 3-20　广西北部湾经济区城市化率预测值

年份	PGDP(美元)	城市化率(%)	年份	PGDP(美元)	城市化率(%)
2010	2 085.39	46.42	2021	6 897.83	58.52
2011	2 341.43	47.59	2022	7 597.15	59.50
2012	2 647.90	48.84	2023	8 358.72	60.46
2013	3 012.78	50.14	2024	9 188.06	61.42
2014	3 366.34	51.26	2025	10 091.21	62.37
2015	3 751.35	52.36	2026	11 074.74	63.31
2016	4 170.64	53.43	2027	12 145.81	64.24
2017	4 627.24	54.48	2028	13 312.20	65.17
2018	5 124.48	55.51	2029	14 582.40	66.09
2019	5 665.98	56.53	2030	15 965.65	67.01
2020	6 255.66	57.53			

注:因为各类统计年鉴中有关全区和广西北部湾经济区各市城镇人口比例的数据十分缺乏,因此,这里对广西北部湾经济区城镇人口比例及城市化率的预测只是近似测算,可能与真实值有比较大的差距,因此只具有参考意义。对于后文的工业化阶段演变推测,因为还有人均 GDP 等其他数据,因此城市化率数据的近似测算不足以从根本上影响工业化阶段演变的预测结果。

(三)三次产业结构比

根据东部 11 省市 1979—2008 年的人均 GDP 与三次产业结构比例的数据混合到一起后的散点图能够看出,人均 GDP 与第一产业比重具有高度的相关性(如图 3-4),第三产业与人均 GDP 具有较强的正相关性(如图 3-5),但是第二产业与人均 GDP 没有显著的相关性,所以本书对第一产业和第三产业与人均 GDP 的数据进行面板分析。

(1)对于第一产业所占比例 y_1 和人均 GDP 的自然对数 lnPGDP 之间的面板数据,根据 Eviews 软件拟合出两种不同模型的估计量,并比较其拟合效果的差异,结果如表 3-21。

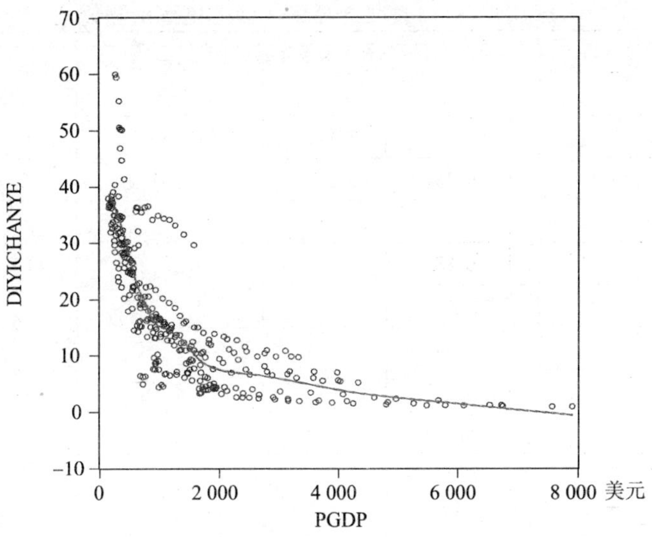

图 3-4 第一产业比重与人均 GDP 的对数散点图

表 3-21 第一产业所占比例和人均 GDP 自然对数固定效应与随机效应回归分析结果

固定效应变截距模型				
变量	系数	标准差	t-值	概率
C	80.976 5	1.946 2	41.607 4	0.000 0
lnPGDP	−9.196 7	0.278 1	−33.067 0	0.000 0
Fixed Effects (Cross)				
广东—C	−0.749 3		海南—C	18.217 4
江苏—C	1.087 2		天津—C	−7.792 4
河北—C	−0.954 8		山东—C	2.752 0
辽宁—C	−3.394 2		上海—C	−5.370 5
北京—C	−5.617 7		福建—C	3.434 4
浙江—C	−0.169 9			
R-squared	0.927 5		F-statistic	346.665 4
			Prob(F-stat.)	0.000 0

续表

随机效应变截距模型				
变量	系数	标准差	t-值	概率
C	81.574 1	2.496 0	32.682 3	0.000 0
lnPGDP	-9.264 1	0.277 1	-33.432 1	0.000 0
Random Effects (Cross)				
广东—C	-0.882 1		海南—C	17.754 8
江苏—C	0.932 3		天津—C	-7.780 0
河北—C	-1.099 7		山东—C	2.557 4
辽宁—C	-3.459 4		上海—C	-5.356 1
北京—C	-5.616 2		福建—C	3.230 4
浙江—C	-0.281 5			
R-squared	0.779 9		F-statistic	1 008.361
			Prob(F-stat.)	0
Hausman 检验				
Test Summary	Chi-Sq. Statistic		Chi-Sq. d. f.	Prob.
Cross-section random	8.000 1		1	0.004 7

根据 Hausman 检验的结果，卡方统计量的值为 8.000 1，而显著性概率仅为 0.004 7，所以在 5% 的显著性水平下，拒绝原假设，即可以认为固定效应模型和随机效应模型之间存在显著性差异。因此，采用固定效应模型。首先，固定效应变截距模型的拟合优度最高，达到了 0.93；其次，本书构建计量经济模型的目的是总结出三次产业结构与人均 GDP 之间的数量关系，为北部湾经济区产业结构的预测及调整提供一个参考依据，对于东部 11 省市的统一规律，用变截距模型能够满足这一要求，而变系数模型则不能。根据拟合的结果，第一产业比例与人均 GDP 之间符合如下模型：

$$PR=\underset{41.6074}{80.9765}+a_i^*-\underset{-33.0670}{9.1967}\times \ln PGDP \quad R^2=0.9275 \tag{3-12}$$

其中：$a_{BJ}^*=-5.62$，$a_{HB}^*=-0.96$，$a_{ZJ}^*=-0.17$，$a_{LN}^*=-3.39$，$a_{JS}^*=1.09$，

$a_{FJ}^*=3.43$，$a_{GD}^*=-0.75$，$a_{HN}^*=18.22$，$a_{TJ}^*=-7.79$，$a_{SD}^*=2.75$，

$a_{SH}^{*} = -5.37$

(2)对于第三产业结构比例与人均 GDP 之间的关系,本书同样采取面板数据分析,得到散点图 3-5:

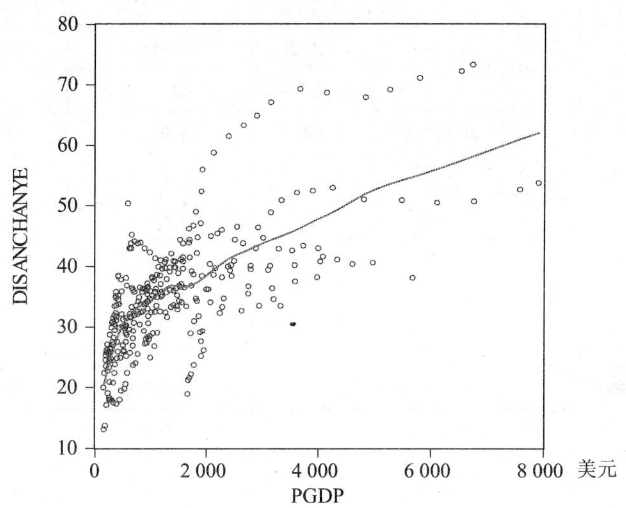

图 3-5　第三产业比重与人均 GDP 的对数散点图

拟合模型结果如表 3-22:

表 3-22　第三产业比重与人均 GDP 的对数面板分析模型结果

固定效应变截距模型				
变量	系数	标准差	t-统计量	概率
C	-26.469 9	3.242 2	-8.164 0	0.000 0
lnPGDP	8.851 4	0.463 3	19.204 5	0.000 0
Random Effects (Cross)				
广东—C	3.289 3		海南—C	7.657 2
江苏—C	-5.396 1		天津—C	-2.960 0
河北—C	0.350 4		山东—C	-3.358 7
辽宁—C	-0.948 7		上海—C	-5.792 4
北京—C	7.727 3		福建—C	2.767 2
浙江—C	-2.960 0			

续表

R-squared	0.690 0		F-statistic	61.335 1
			Prob(F-statistic)	0.000 0
随机效应变截距模型				
变量	系数	标准差	t-统计量	概率
C	-26.125 6	3.525 9	-7.409 6	0.000 0
lnPGDP	8.851 4	0.458 2	19.318 8	0.000 0
Random Effects (Cross)				
广东—C	3.115 9		海南—C	7.229 9
江苏—C	-5.185 0		天津—C	-2.981 7
河北—C	0.292 4		山东—C	-3.247 8
辽宁—C	-0.914 4		上海—C	-5.512 0
北京—C	7.402 4		福建—C	2.609 1
浙江—C	-2.808 6			
R-squared	0.548 5		F-statistic	374.201 9
			Prob(F-statistic)	0.000 0
Hausman 检验				
Test Summary	Chi-Sq. Statistic		Chi-Sq. d. f.	Prob.
Cross-section random	0.460 7		1	0.497 3

根据 Hausman 检验，概率值等于0.497 3，大于0.05，本书选择随机效应变截距模型。根据拟合结果，第三产业比重与人均 GDP 之间的拟合模型如下：

$$TE=\underset{-7.4096}{-26.1256}+a_i^*+\underset{19.3188}{8.8514}\times \ln PGDP \quad R^2=0.5485 \tag{3-13}$$

其中：$a_{BJ}^*=7.40$，$a_{HB}^*=0.29$，$a_{ZJ}^*=-2.81$，$a_{LN}^*=-0.91$，$a_{JS}^*=-5.19$，$a_{FJ}^*=2.61$，$a_{GD}^*=3.12$，$a_{TJ}^*=-2.98$，$a_{HN}^*=7.23$，$a_{SD}^*=-3.25$

$a_{SH}^*=-5.51$

将上述两个模型应用于广西北部湾经济区的数据，我们得出1996—2009年广西北部湾经济区第一产业与第三产业的预测值，通过将预测值与真实值对比，我们得出表3-23。

表 3-23　广西北部湾经济区第一产业、第三产业模型结果

年份	PGDP(美元)	第一产业			第三产业		
		真实值(%)	预测值(%)	偏差(%)	真实值(%)	预测值(%)	偏差(%)
1996	654.93	29.50	21.34	8.16	39.30	31.23	8.06
1997	735.53	29.38	20.27	9.11	40.33	32.26	8.07
1998	771.86	29.96	19.83	10.14	42.05	32.69	9.36
1999	826.30	29.72	19.20	10.51	43.10	33.30	9.80
2000	860.49	28.86	18.83	10.03	44.21	33.66	10.55
2001	928.72	27.46	18.13	9.34	46.12	34.34	11.78
2002	1 012.52	26.00	17.33	8.67	46.93	35.11	11.82
2003	866.02	25.80	18.77	7.03	45.18	33.72	11.46
2004	954.52	23.70	17.88	5.83	44.96	34.58	10.37
2005	1 098.85	22.10	16.58	5.51	44.64	35.84	8.81
2006	1 264.79	20.52	15.29	5.24	43.40	37.09	6.32
2007	1 450.00	19.19	14.03	5.16	43.62	38.30	5.32
2008	1 653.22	18.87	12.82	6.05	42.96	39.47	3.49
2009	1 871.37	17.78	11.68	6.10	45.63	40.57	5.05

分析表 3-23，我们能够得出以下结论：对于第一产业来说，1996—2002 年的真实值与预测值之间的偏差集中在 9 左右，而 2003—2009 年，偏差在 5.85 左右波动，因而广西北部湾经济区第一产业模型中的 $a^* = 5.85$；对于第三产业来说，1996—2009 年的真实值与预测值之间的波动较大，这主要是由于广西北部湾经济区第三产业变动较大，规律性不是很强，但是在 2005—2009 年之间，其偏差波动性比较稳定，大概围绕5.79左右震荡，因而广西北部湾经济区第三产业模型中的 $a^* = 5.79$。

根据以上分析结果，北部湾经济区第一产业比例与人均 GDP 之间符合以下模型的估计：

$$PR = 86.8219 - 9.1967 \times \ln PGDP \quad (3\text{-}14)$$

北部湾经济区第三产业比例与人均 GDP 之间的模型为：

$$TE = -20.3356 + 8.8514 \times \ln PGDP \quad (3\text{-}15)$$

将相关数据代入以上两个模型，得出广西北部湾经济区三次产业结构比例预测结果，如表3-24：

表3-24 广西北部湾经济区三次产业结构预测(%)

年份	第一产业	第二产业	第三产业	年份	第一产业	第二产业	第三产业
2009	17.67	36.11	46.22	2020	6.43	36.53	57.04
2010	16.53	36.15	47.31	2021	5.53	36.57	57.90
2011	15.47	36.19	48.34	2022	4.64	36.60	58.76
2012	14.34	36.24	49.43	2023	3.77	36.63	59.60
2013	13.15	36.28	50.57	2024	2.90	36.66	60.44
2014	12.13	36.32	51.55	2025	2.03	36.70	61.27
2015	11.13	36.36	52.51	2026	1.18	36.73	62.09
2016	10.16	36.39	53.45	2027	0.33	36.76	62.91
2017	9.20	36.43	54.37	2028	0.45	35.83	63.72
2018	8.27	36.46	55.27	2029	0.50	34.97	64.53
2019	7.34	36.50	56.16	2030	0.34	34.33	65.33

（四）第一产业就业人员比例

根据配第-克拉克定理，随着一个国家国民经济的发展以及人均国民收入水平的提高，产业重心和劳动力会在三个部门之间进行转移，劳动力首先由第一产业向第二产业转移；当人均国民收入水平进一步提高时，劳动力便向第三产业转移。劳动力在各产业间的变化趋势是：第一产业逐步减少，第二、第三产业逐步增加。这一定律阐明了社会经济的发展引起产业结构的变动和人力资源流动的规律。通过考察世界各国经济的增长规律，发展经济学指出，随着经济的发展，一个国家的农业就业人数和农业产值占GDP的比重都相对下降，而且农业就业人数还会绝对下降。造成这种现象的原因主要是恩格尔定律以及农业部门生产率的提高。

本专著通过描绘各个地区第一产业就业人员比例与人均GDP之间的散点图（如图3-6），可以看出，两者之间不是简单的线性关系，而是第一产业就业人员比例与人均GDP的自然对数之间存在着显著的线性关系。

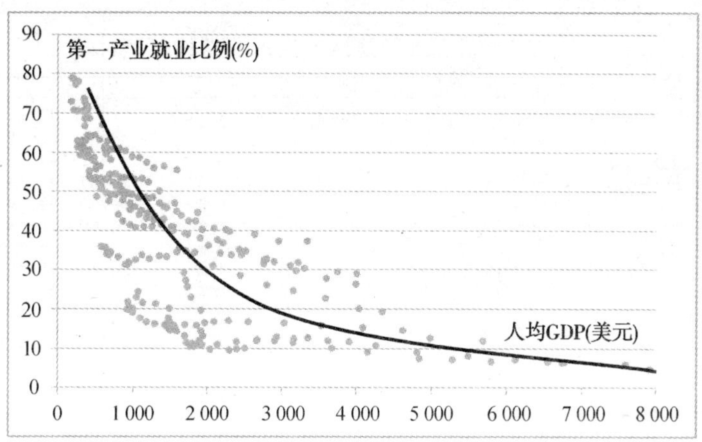

图 3-6　第一产业就业人员比例与人均 GDP 的散点图

本书对东部地区 11 个省市的第一产业就业比例 n 与人均 GDP 的自然对数进行面板数据分析,分析结果如表 3-25:

表 3-25　东部地区 11 个省市的第一产业就业比例与人均 GDP 回归分析结果

固定效应变截距模型				
变量	系数	标准差	t-值	概率
C	119.647 9	2.430 2	49.233 5	0
lnPGDP	-11.471 9	0.341 6	-33.587 4	0
Fixed Effects (Cross)				
北京　C	-17.911 2		河北—C	7.784 3
浙江—C	2.500 2		辽宁—C	-5.499 2
江苏—C	5.652 3		福建—C	8.083 6
广东—C	4.432 8		海南—C	18.215 5
上海—C	-15.514 3		天津—C	-16.930 0
山东—C	14.037 8			
R-squared	0.964 6		Prob(F-stat.)	0

续表

随机效应变截距模型				
变量	系数	标准差	t-值	概率
C	121.776 8	2.863 9	42.520 5	0
lnPGDP	-11.711 9	0.339 9	-34.461 9	0
Random Effects（Cross）				
北京—C	-17.865 9		河北—C	7.784 3
浙江—C	2.048 7		辽宁—C	-5.499 2
江苏—C	5.098 7		福建—C	8.083 6
广东—C	3.886 7		海南—C	18.215 5
上海—C	-15.455 2		天津—C	-16.930 0
山东—C	13.247 5			
R-squared	0.785 7		Prob(F-stat.)	0
Hausman 检验				
Test Summary	Chi-Sq. Statistic		Chi-Sq. d. f.	Prob.
Cross-section random	49.697 6		1	0

通过对比固定效应变截距模型和随机效应变截距模型的拟合结果，我们可以看出，两种模型的拟合效果都较为显著，但是其中固定效应变截距模型的拟合效果最好，拟合优度 $R^2=0.96$，另外通过 Hausman 检验，卡方统计量值为 49.697 6，而且显著性概率为 0，从而拒绝原假设，认为固定效应变截距模型与随机效应变截距模型的估计量存在实质性的差异，选择固定效应变截距模型。模型拟合结果如下：

$$E_1=\underset{49.2335}{119.6479}+a_i^*-\underset{-33.5874}{11.4719}\ln PGDP \quad R^2=0.9646 \tag{3-16}$$

其中：$a_{BJ}^*=-17.91$，$a_{HB}^*=7.78$，$a_{ZJ}^*=2.50$，$a_{LN}^*=5.50$，$a_{JS}^*=5.65$，$a_{FJ}^*=8.08$，$a_{GD}^*=4.43$，$a_{TJ}^*=-16.93$，$a_{HN}^*=18.22$，$a_{SD}^*=14.04$，$a_{SH}^*=-15.51$

我们将模型应用于广西北部湾经济区的数据，代入广西北部湾经济区 1996 年到 2009 年的人均 GDP 数值，计算出广西北部湾经济区的第一产业就业比例，根据真实值与预测值之间的偏差，再计算出广西北

部湾经济区的 a^*，为下一步预测广西北部湾经济区未来的第一产业就业比例提供参考。

表 3-26 第一产业就业人员比例预测值与真实值对比

年份	人均 GDP（美元）	lnPGDP	第一产业就业比重(%)	预测值(%)	偏差(%)
1996	654.93	6.48	58.38	45.26	13.12
1997	735.53	6.60	57.98	43.93	14.05
1998	771.86	6.65	57.62	43.37	14.25
1999	826.30	6.72	57.08	42.59	14.48
2000	860.49	6.76	54.95	42.13	12.83
2001	928.72	6.83	53.84	41.25	12.59
2002	1 012.52	6.92	53.97	40.26	13.71
2003	866.02	6.76	57.68	42.05	15.62
2004	954.52	6.86	58.67	40.94	17.73
2005	1 098.85	7.00	55.71	39.32	16.38
2006	1 264.79	7.14	56.08	37.71	18.37
2007	1 450.00	7.28	53.84	36.14	17.70
2008	1 653.22	7.41	55.56	34.64	20.92
2009	1 871.37	7.53	50.91	33.21	17.69

根据表 3-26，1996 年到 2002 年之间的第一产业就业人员比例真实值与预测值之间的偏差集中在 12.59～14.48 之间，而 2003 年到 2009 年二者的偏差集中在 15.62～20.91 之间，均值为 17.78，而且大部分年份的偏差都在 17.70 左右，这是由于南宁市进行了一次行政区域的调整，造成数据之间的间断以及不连续。因此，与现实最接近的情况是北部湾的 $a^*=17.78$，即广西北部湾经济区的第一产业就业人员比例与人均 GDP 之间符合以下模型估计：

$$E_1=137.4279-11.4719\ln PGDP \tag{3-17}$$

预测结果如表 3-27 所示。

表 3-27 广西北部湾经济区第一产业就业人员比例预测

年份	预测值(%)	年份	预测值(%)
2010	49.75	2021	36.03
2011	48.42	2022	34.92
2012	47.01	2023	33.82
2013	45.53	2024	32.74
2014	44.26	2025	31.66
2015	43.02	2026	30.60
2016	41.80	2027	29.54
2017	40.61	2028	28.49
2018	39.44	2029	27.44
2019	38.29	2030	26.40
2020	37.15		

(五)指标预测值及对应的工业化阶段

最后根据各个指标所拟合的模型,本书预测出 2010—2030 年的指标值,并根据工业化阶段的划分标准,判定出各个指标所处的工业化阶段,结果如表 3-28:

表 3-28 指标预测值及所处工业化阶段

年份	PGDP(美元)		城市化率(%)		第一产业就业比例(%)		产业结构(%)			
	指标值	阶段	指标值	阶段	指标值	阶段	指标值			阶段
							第一	第二	第三	
2006	1 189.47	1	41.44	2	56.19	2	21.70	35.96	42.34	2
2007	1 383.01	2	42.97	2	54.46	2	20.31	36.01	43.68	2
2008	1 601.19	2	44.45	2	52.78	2	18.96	36.06	44.97	3
2009	1 842.30	2	45.87	2	51.17	2	17.67	36.11	46.22	3
2010	2 085.39	2	46.42	2	49.75	2	16.53	36.15	47.31	3
2011	2 341.43	2	47.59	2	48.42	2	15.47	36.19	48.34	3
2012	2 647.90	3	48.84	2	47.01	2	14.34	36.24	49.43	3
2013	3 012.78	3	50.14	3	45.53	2	13.15	36.28	50.57	3

续表

年份	PGDP(美元)		城市化率(%)		第一产业就业比例(%)		产业结构(%)			
	指标值	阶段	指标值	阶段	指标值	阶段	指标值			阶段
							第一	第二	第三	
2014	3 366.34	3	51.26	3	44.26	3	12.13	36.32	51.55	3
2015	3 751.35	3	52.36	3	43.02	3	11.13	36.36	52.51	3
2016	4 170.64	3	53.43	3	41.80	3	10.16	36.39	53.45	3
2017	4 627.24	3	54.48	3	40.61	3	9.20	36.43	54.37	4
2018	5 124.48	3	55.51	3	39.44	3	8.27	36.46	55.27	4
2019	5 665.98	4	56.53	3	38.29	3	7.34	36.50	56.16	4
2020	6 255.66	4	57.53	3	37.15	3	6.43	36.53	57.04	4
2021	6 897.83	4	58.52	3	36.03	3	5.53	36.57	57.90	4
2022	7 597.15	4	59.50	3	34.92	3	4.64	36.60	58.76	4
2023	8 358.72	4	60.46	4	33.82	3	3.77	36.63	59.60	4
2024	9 188.06	4	61.42	4	32.74	3	2.90	36.66	60.44	5
2025	10 091.21	5	62.37	4	31.66	3	2.03	36.70	61.27	5
2026	11 074.74	5	63.31	4	30.60	3	1.18	36.73	62.09	5
2027	12 145.81	5	64.24	4	29.54	4	0.33	36.76	62.91	5
2028	13 312.20	5	65.17	4	28.49	4	0.45	35.83	63.72	5
2029	14 582.40	5	66.09	4	27.44	4	0.50	34.97	64.53	5
2030	15 965.65	5	67.01	4	26.40	4	0.34	34.33	65.33	5

三、工业化水平综合指数的计算

根据陈佳贵等人在《经济研究》中的研究成果，本书选用能够衡量工业化水平的指标变量和对应的指标值，采用综合解释能力较强的加权合成法来构造能反映一个国家或地区工业化进程的综合指数 K。

首先，搜集整理各指标的具体数值并根据模型计算出其预测值；其次，对指标值进行指标同向性以及无量纲化处理，得出评价值；再次，根据层次分析法计算出各指标的权重；最后，根据加权合成法计算各指标的综合值。

根据其观点，若要进行指标的无量纲化处理，采用阶段阈值法比较有效，其公式为：

$$\begin{cases}\lambda_i=(j_i-2)\times33+(x_{ij}-\min_{ij})/(\max_{ij}-\min_{ij}),(j_i=2,3,4)\\ \lambda_i=0,(j_i=1)\\ \lambda_i=100,(j_i=5)\end{cases} \tag{3-18}$$

其中，i 代表第 i 个指标，λ_i 为 i 指标的评测值，j_i 为 i 指标值所处的阶段(1～5)。x_{ij} 为 i 指标在 j 阶段的实际值，$\max_{ij}$ 为 i 指标在 j 阶段的最大参考值，$\min_{ij}$ 为 i 指标在 j 阶段的最小参考值，$0\leqslant\lambda_i\leqslant100$。

对于确定工业化综合指数的权重 w_i 问题，陈佳贵等人采用层次分析法参考专家的意见构造出各指标的比较判断矩阵，并通过逻辑一致性检验，确定出各指标的权重。他们认为，人均 GDP 的重要性>三次产业结构的重要性>城市化率的重要性>第一产业就业比例的重要性。但是广西北部湾经济区由于其第三产业虚高的问题，从而三次产业结构的权重要适当地降低，但其地位不变。根据该课题组的研究成果，结合实际情况，我们将权重确定为人均 GDP42.5%，三次产业结构比 26.5%，城市化率 17.5%，第一产业就业人口比例 13.5%。

地区工业化水平综合评价值 $K=\sum_{i=1}^{n}\lambda_i w_i/\sum_{i=1}^{n}w_i$，其中 n 为评价指标的个数。针对广西北部湾经济区的数据，本书利用上述方法进行处理，得出每一年的综合评价值 K，当 K=0 时，表示当前处于前工业化阶段，用“一”表示；当 0<K<33 时，表示处于工业化初期阶段，用“二”表示；当 33≤K<66 时，表示处于工业化中期阶段，用“三”表示；当66≤K<99 时，表示处于工业化后期阶段，用“四”表示；“五”表示后工业化阶段，此时 K≥99。另外，当 K 值未超过该阶段的中间值时，表示处于该时期的前半阶段，用“(Ⅰ)”表示；而当 K 值超过该阶段的中间值时，表示处于该时期的后半阶段，用“(Ⅱ)”表示。

根据广西北部湾经济区工业化指标的预测值及工业化划分标准，本书计算出广西北部湾经济区 2006—2030 年的工业化水平综合评价指数 K，并划分出不同年份所处的工业化阶段，结果如表 3-29：

表3-29 广西北部湾经济区工业化水平综合指数K的计算及工业化阶段划分

年份	PGDP		城市化率		第一产业就业		产业结构		综合指数K	阶段
	阶段	ai	阶段	ai	阶段	ai	阶段	ai		
2006	1	0.00	2	0.57	2	0.75	2	0	0.20	二(Ⅰ)
2007	2	0.05	2	0.65	2	0.63	2	0	0.22	二(Ⅰ)
2008	2	0.21	2	0.72	2	0.52	3	33	9.03	二(Ⅰ)
2009	2	0.40	2	0.79	2	0.41	3	33	9.11	二(Ⅰ)
2010	2	0.58	2	0.86	2	0.32	3	33	9.18	二(Ⅰ)
2011	2	0.77	2	0.91	2	0.23	3	33	9.26	二(Ⅰ)
2012	3	33.00	2	0.98	2	0.13	3	33	22.96	二(Ⅱ)
2013	3	33.14	3	33.08	2	0.04	3	33	28.62	二(Ⅱ)
2014	3	33.28	3	33.20	3	33.95	3	33	33.28	三(Ⅰ)
2015	3	33.42	3	33.31	3	33.87	3	33	33.35	三(Ⅰ)
2016	3	33.58	3	33.41	3	33.79	3	33	33.42	三(Ⅰ)
2017	3	33.75	3	33.52	3	33.71	4	66	42.25	三(Ⅰ)
2018	3	33.94	3	33.62	3	33.63	4	66	42.34	三(Ⅰ)
2019	4	66.08	3	33.72	3	33.55	4	66	56.01	三(Ⅱ)
2020	4	66.21	3	33.82	3	33.48	4	66	56.07	三(Ⅱ)
2021	4	66.35	3	33.92	3	33.40	4	66	56.13	三(Ⅱ)
2022	4	66.50	3	33.95	3	33.33	4	66	56.19	三(Ⅱ)
2023	4	66.66	4	66.08	3	33.25	4	66	61.88	三(Ⅱ)
2024	4	66.84	4	66.14	3	33.18	5	100	70.96	四(Ⅰ)
2025	5	100.00	4	66.20	3	33.11	5	100	85.06	四(Ⅱ)
2026	5	100.00	4	66.27	3	33.04	5	100	85.06	四(Ⅱ)
2027	5	100.00	4	66.33	4	66.98	5	100	89.65	四(Ⅱ)
2028	5	100.00	4	66.39	4	66.92	5	100	89.65	四(Ⅱ)
2029	5	100.00	4	66.45	4	66.87	5	100	89.66	四(Ⅱ)
2030	5	100.00	4	66.51	4	66.82	5	100	89.66	四(Ⅱ)

四、广西北部湾经济区工业化阶段演变

根据表3-29的指标预测结果，从人均GDP来看，广西北部湾经济区目前仍处于工业化初期向中期的过渡阶段；广西北部湾经济区到2012年底才能进入工业化中期阶段；到2019年，广西北部湾经济区人均GDP将达到5 665美元，这时我们才认为广西北部湾经济区进入工业化后期；后工业化阶段则开始于2025年。

根据城市化率来判断的话，当前广西北部湾经济区也处于工业化初期阶段；可能在2013年进入工业化中期阶段，这种境况会持续到2022年；2023年到2030年，广西北部湾经济区会进入工业化后期阶段。

根据三次产业结构的数据，2012年广西北部湾经济区会处于工业化中期阶段；而2013—2017年，广西北部湾经济区处于工业化后期阶段；2024年以后广西北部湾经济区就会进入后工业化阶段。从实际情况来看，广西北部湾经济区的第三产业处于虚高状态，仅从产业结构来看，会过高估计广西北部湾经济区的工业化进程。

从第一产业就业人员比例来看，因广西北部湾经济区长期处于落后状态，第一产业就业人员比例较大，当前处于工业化初期阶段，到2014年才会进入工业化中期阶段，一直到2027年才能进入工业化后期阶段。

依据工业化进程的各项指标以及计算出来的工业化综合指数K来判断，广西北部湾经济区当前处于工业化初期阶段，在未来20年里会逐步跨越各工业化阶段，只有到2035年后，广西北部湾经济区才会进入后工业化阶段。具体划分结果如表3-30：

表3-30 广西北部湾经济区工业化阶段的划分

工业化阶段	工业化初期	工业化中期	工业化后期	后工业化阶段
年 份	2013年之前	2014—2023年	2024—2030年	预计2035年

第四节 工业化阶段定位下的广西北部湾经济区产业发展

一、广西北部湾经济区重化工业发展研究

(一)广西北部湾经济区重化工业的发展现状

广西北部湾经济区具有发展重化工业的区位、交通、资源、政策优势以及广阔的经济腹地,而且广西北部湾经济区经济的快速增长既为重化工业的发展提供了需求,也为重化工业提供了支撑资金。

自2008年以来,广西北部湾经济区内总投资超过3 000亿元,有临海三大电厂项目、钦州市中石油投资150亿元建设的千万吨炼油项目、防城港市武钢柳钢联合投资的千万吨级钢铁项目等一大批重大项目相继开工建设或竣工投产,且相关的配套设施建设也是如火如荼。广西北部湾港务集团已筹措了100多亿元资金,建成生产性泊位191个,在2010年,港口吞吐量达到10 923万吨。另外,随着以1 000万亩速生林为支撑的芬兰斯道拉恩索集团及印尼的金光集团林浆纸一体化项目、年产水泥超过千万吨的海螺集团项目的加速布局,广西北部湾经济区的重化工业将会形成产业集聚。

广西北部湾经济区现在已经形成了较为齐全的重化工业体系,包括石化、钢铁、造纸、电力以及装备制造业等,相应的基础设施建设也比较完善;公路、铁路、航空、海运等交通设施比较发达并还在逐步完善。另外,广西电网投资43.8亿元建设的三大火电厂已经投产,总装机容量600万千瓦,能较好地满足广西北部湾经济区的用电需求。

但是广西北部湾经济区当前也存在一些不足和问题,如工业基础薄弱、工业结构水平较低、产业结构趋同、相应的产业支持服务体系较落后、资金投入滞后等问题,制约了广西北部湾经济区重化工业的发展。不仅如此,广西北部湾经济区重化工业的发展还面临着其他东盟

国家和国内相邻省份的竞争，这对于广西北部湾经济区也是一个较大的挑战。

（二）发达经济区的重化工业发展历程

在工业化初期，广东省重工业总产值为1 095.1亿元，占工业总产值的比例为32.66%；浙江省重工业总产值为1 484.49亿元，占比为43.23%。

在工业化中期，广东省重工业总产值为5 561.73亿元，占工业总产值的比例为45.26%；浙江省重工业总产值为3 029.74亿元，占比为45.88%；北京市重工业总产值为173.32亿元，占比达到了56.32%；上海市重工业总产值达到了247.99亿元，占比为48.2%。

到了工业化后期，广东省重工业总产值为41 589.91亿元，占工业总产值的比例为60.91%；浙江省重工业总产值为23 838.86亿元，占比为58.09%；北京市重工业总产值为2 399.98亿元，占比达到了75.63%；上海市重工业总产值达到了19 224.74亿元，占比为58.7%。

在后工业化时期，重化工业继续发展。2009年，北京市的重工业总产值达到9 272亿元，占工业总产值的比例达到84%；上海重工业总产值为19 224.74亿元，占比为77.2%。

在重化工业内部，产业结构之间也会出现"高加工度化"现象，即工业结构表现为从以采掘业、原材料工业为中心向以加工、组装工业为中心演进。以广东省为例，其从工业化初期到工业化后期的重化工业发展过程中，较好地表现出了由原材料工业向组装工业的转变过程。在工业化初期，广东省重化工业总产值为1 823.65亿元，其中原材料工业如金属、石油开采及冶炼等工业总产值为924.46亿元，占重化工业的比值为50.69%，而设备制造等加工组装工业的总产值为899.19亿元，占重化工业的比值为49.31%。在工业化中期，广东省重化工业总产值达到9 723.59亿元，其中原材料工业总产值为3 417.19亿元，占重化工业的比值为35.14%，而加工组装工业的总产值为6 306.4亿元，占重化工业的比值为64.86%。到了工业化后期，广东省重化工业总产值达到 56 991.28 亿元，其中原材料工业总产值为 20 409.18 亿元，占重化工业的比值为35.81%，而加工组装工业的总产值为 36 582.1 亿元，占重化工业的比值为 64.19%。

（三）广西北部湾经济区重化工业的发展目标与发展建议

对比发达地区的重工业发展水平，在工业化初期阶段结束时，也就是 2013 年左右，北部湾经济区的重化工业产值占工业总产值的比例应该达到 35%；到工业化中期阶段结束时，大概在 2023 年左右，广西北部湾经济区重化工业总产值占比应该达到 45%；而在工业化后期阶段，大概在 2030 年，该比值应该超过 60%；而到了后工业化时代，重化工业总产值占全部工业总产值的比例要超过 75%。

除了在量上要达到目标之外，广西北部湾经济区重化工业内部的产业结构也要逐渐趋向合理化和高度化。在工业化初期，工业基础较弱，此时的重化工业内部原料工业和采掘工业所占比重较大，而加工工业比较弱；到了工业化中期，随着技术和资本的积累，原料工业的比重会适当减少，而加工工业会取得较快发展，重化工业产业链延长，产品增多；到了工业化后期，重化工业内部加工工业比重会占据绝对优势，高端装备制造业、精细化工业等附加值高、技术要求精良的知识密集型重化工业在此时起到主要作用。

为了实现以上目标，广西北部湾经济区首先应该根据自身特点，选择主导产业，优先发展石化、钢铁、电力等产业，同时配以高新技术产业、金融保险业以及现代物流业等辅助产业的发展，带动重化工业的集聚和集群，加快广西北部湾经济区的工业化进程。[①] 其次，优化产业布局，在防城港形成钢铁工业基地，在南宁布局以铝加工业为主的精细化工业，在北海优先发展造船等高端装备制造业，而在钦州大力发展石化工业和造纸业。[②] 再次，通过招商引资等手段，培育出一批龙头企业以

---

① 陈康波：《广西临港产业集群发展研究》，广西大学（硕士论文），2008。

② 张建中、朱晓影：《基于环境承载力的广西北部湾经济区重化产业布局研究》，载《创新》，2009（6）。

及大型企业，积极争取国家的支持，加快大型炼油厂、大型钢铁厂等重大项目的建设，提高工业的规模化程度，加快工业产业结构调整。最后，加快广西北部湾经济区人才的培养和引进，促进企业科技创新。通过制定优惠的人才引进政策，完善技术创新体系，增强广西北部湾经济区的科技创新能力，提高产业的核心竞争力。

二、广西北部湾经济区高新技术产业发展研究

(一)广西北部湾经济区高新技术产业的发展现状

广西北部湾经济区高新技术产业在20世纪80年代就已经产生，经过20多年的努力发展，截至2009年底，广西北部湾经济区建有国家级高新技术产业开发区1个，自治区级高新技术产业园区1个，以及各类经济技术开发区、经济园区、经济合作区等园区20多个。现在形成了以南宁、北海为中心，以电子信息产业、生物制药、新材料、海洋产业等8个高新技术产业为主导的发展格局。

据统计，2008年，南宁和北海两市高新区的工业增加值达到119.63亿元，比2007年增长35.19%；工业总产值360.84亿元，与2007年相比增长18.10%；总收入481.90亿元，增长了9.86%；而且总利税达到49.69亿元，出口创汇2.76亿美元，分别比2007年增长18.27%、66.82%。另外，广西北部湾经济区除高新区外的高新技术产业增加值为88.79亿元，工业产值为353.24亿元，产品出口5.4亿美元，全年高新技术产业实现利税334.64亿元，各指标分别比2007年增长25.84%、37.80%、31.79%和22.30%。①

2009年，广西北部湾经济区的68家高新技术企业创造的工业产值达到546.83亿元，同比增长了28.8%，高新技术产业产值占广西北部湾经济区工业总产值的比例达到20%以上。截至2009年底，广西北部湾经济区拥有广西80%的高校和科研院所，科技人员数量占广西全区

---

① 李为：《广西北部湾经济区发展现状及对策研究》，载《研究探索》，2011(1)。

的50.4%,达到3.4万人。广西北部湾经济区确立了电子信息、新材料、生物制药和机电一体化四个产业为高新技术主导产业,这四个产业的总产值占到了整个广西北部湾经济区高新技术产业总产值的80%左右。①

2008年广西北部湾经济区的开发上升为国家战略以来,受惠于国家政策及资金的支持,广西北部湾经济区的高新技术产业取得了快速发展,但是与发达地区相比,现阶段仍然存在较多问题。首先,广西北部湾经济区高新技术产业的基础较为薄弱,产业总体规模小,未形成产业集群;其次,经济区内高新技术骨干企业、世界500强等大型企业较少,对周边产业的带动作用不强;再次,科技创新能力较弱,人才较为缺乏,融资能力差以及技术服务平台不完善和服务体系不健全等也制约了广西北部湾经济区高新技术产业的发展。

(二)广西北部湾经济区高新技术产业的发展趋势及建议

根据《广西壮族自治区高新技术产业调整和振兴规划》,到2015年,广西北部湾经济区要基本建成国家高新技术产业带,培育出一批具有国内外影响力的骨干企业,培育3家以上年销售收入超过100亿元的大型高新技术企业,培育和发展高新技术企业300家以上;到2020年,建设形成完善的广西北部湾经济区国家高新技术产业带,建成电子信息、新材料、生物医药等八大高新技术产业基地,经济区内高新技术产业的工业增加值占全部工业增加值的比重超过30%。

在工业化初期结束时,广东省高新技术产业中电子信息产业和电器机械及专用设备产业、石油化工产业等四大产业的工业总产值就达到873亿元,占工业总产值的比例达到26%;到工业化中期阶段,该比例达到43.94%,工业化后期为46%,高新技术产业成为名副其实的支柱产业。

浙江省在工业化初期阶段,电子信息产业、电器机械及专用设备产

① 中央政府门户网站:《广西壮族自治区打造广西北部湾经济区高新技术产业带》,2010年8月7日。

业、核燃料加工、化学和医药产业等六大高新技术产业工业总产值为787 亿元,占全部工业总产值的比例为 22.93%;在工业化中期,高新技术工业总产值达到1 795亿元,占全部工业总产值的比例为 27.19%;2009 年,该比例也达到了 25.72%。

北京和上海的工业化比较发达,在 20 世纪 80 年代就已经进入了工业化后期阶段,两个地区的高新技术产业发展轨迹比较接近。在工业化后期,电子信息产业和电器机械及专用设备产业、核燃料加工、化学和医药六大产业工业总产值占全部工业总产值的比例分别达到 53%和 33%,在后工业化时期的 2009 年,两个地区的高新技术产业工业化总产值占比比较接近,都达到 42% 左右。

根据高新技术产业振兴规划以及发达地区的高新技术产业发展经验,广西北部湾经济区在 2013 年高新技术产业总产值占全部工业总产值的比例要达到 20%,到工业化中期结束时即 2023 年左右,该比例要达到 30% 左右;到工业化后期即 2030 年左右,广西北部湾经济区要将高新技术产业培育成为支柱产业,高新技术产业总产值占全部工业总产值的比例要超过 40%。

要实现以上目标,在当前阶段,广西北部湾经济区要根据自身的资源优势以及产业特点,选择发展电子信息、生物制药、海洋、新材料以及新能源等高技术产业;将高新技术产业作为重要的新兴产业来培育,在税收、金融以及创新能力上给予重点支持;优化广西北部湾经济区的产业布局,吸引世界 500 强等大型高新技术企业落户广西北部湾经济区,培育发展一批具有知识产权以及较强创新能力和竞争力的高新技术企业。

三、广西北部湾经济区现代服务业的发展

(一)广西北部湾经济区现代服务业的发展现状

2009 年,广西北部湾经济区市辖区第三产业从业人员 44.56 万人,比 2008 年减少 6.4 万人,但是代表先进生产力水平的现代服务业,如交通运输、信息传输、计算机服务和软件业、金融业、房地产业、科学研

究、技术服务和地质勘查业等的人数为20.22万人，比2008年增长2.3万人，2007年则为15.87万人。

2009年，广西北部湾经济区市辖区第三产业产值为895.21亿元，其中五大现代服务业的增加值达到了448.88亿元，比2008年的302.91亿元增加145.97亿元，增长速度达到48.19%。而且，广西北部湾经济区的第三产业占地区生产总值的比例在2009年达到了45.63%，而2008年为42.96%，在产业结构中占据了绝对优势，其中现代服务业增加值占第三产业增加值的比例超过了50%，甚至占地区生产总值的比例也达到了26.11%。

由于数据的不可获得性，上述数据的统计口径较窄，仅统计了市辖区的数据，相对于整个广西北部湾经济区来说，这些指标的相对值会高一些，但这不影响本书的研究结果，本书收集整理到的数据仍然可以说明广西北部湾经济区的服务业达到了一个相当的高度，并且第三产业内部现代服务业也具有一定的优势。

(二)发达经济区的现代服务业发展历程

对于现代服务业在不同工业化阶段的发展状况，根据第二章的研究，发展具有明确的规律性，比较符合发展经济学以及产业经济学的理论。总体来说，现代服务业在国内发达地区，如广东、浙江、北京和上海具有相似的发展轨迹。

在工业化初期，五大现代服务业在经济结构中的发展都比较落后，广东省在该阶段末期GDP绝对值仅有389亿元，占地区GDP的比例仅为15.89%；至于浙江省，在该阶段末期的GDP绝对值为411.49亿元，占地区GDP的比例为11.67%，所占比重都较小，对经济的带动作用不明显。

在工业化中期，随着工业的迅速发展，第二产业对现代服务业的需求不断增加，从而带动服务业较快发展。在这个时期，广东省现代服务业的生产总值达到1 827.65亿元，相比工业化初期阶段增加了近5倍，所占比重也有所提升，达到18.92%。在浙江省，该时期的现代服务业生产总值为777.89亿元,比初期增长了近一倍,所占比重稍微有所上升。而在服务业较为发达的北京市,该阶段现代服务业生产总值占地区生产总值的比例达到17.04%。

到了工业化后期,现代服务业取得了长远的发展,在经济中占据了一定的优势,此时服务业成为拉动经济增长的重要力量。广东省现代服务业生产总值在2009年,即工业化后期的中期阶段,达到8 056.86亿元,占地区生产总值的比例超过20%;而浙江省绝对值也达到了4 804.62亿元,所占比例同样超过20%;工业化后期的北京市和上海市,服务业的发展都达到了一个更高的高度,北京市现代服务业生产总值占地区GDP的比例达到了37.75%,上海市的该比例为27.5%。

而在后工业化时期,现代服务业在经济结构中会占据主导地位,如北京和上海,2009年现代服务业生产总值占地区GDP的比例分别达到了42%和31%。

(三)广西北部湾经济区现代服务业的发展目标及发展建议

根据广西统计年鉴,经过对数据的整理和计算,广西北部湾经济区当前服务业占地区生产总值的比例就已经达到了26%,而这在广东、浙江、北京和上海4个发达地区现代服务业的发展过程中是在工业化后期才实现的,而当前广西北部湾经济区尚处于工业化初期阶段,但这并不能说明广西北部湾经济区的产业结构就处于较高的水平。

通过对比广西北部湾经济区与广东、上海两地区的产业结构的变动规律,可以看出广西北部湾经济区和其他地区的产业结构变化规律存在较大的差异,在相对于当前广西北部湾经济区的发展水平下,其他发达经济区的产业结构中都是第二产业的比重高于第三产业和第一产业。但是广西北部湾经济区在经济发展水平极其低下的时候,第三产业却占据了绝对的优势,这是相当反常的。经济发展的一般规律是第二产业首先带动第三产业的发展,在第二产业发展到一定高度时对第三产业产生需求拉动,然后第三产业快速发展。而广西北部湾经济区第二产业的资本密集度和技术水平较低,这说明该地区第二产业并没有达到较高的发展水平,此时第三产业的高速增长并不是工业发展到较高水平之后的结果,这就说明广西北部湾经济区第三产业存在虚高问题。

因此,广西北部湾经济区当前的主要任务是大力发展第二产业,同时优化服务业的内部结构,大力发展生产性服务业,满足工业现代化大发展的需求。目前广西北部湾经济区的现代服务业保持当前的发展速度即可,即使所占比重有所下降也是合理的,预计到 2023 年广西北部湾经济区进入工业化后期时,在工业取得良好发展的前提下,现代服务业占地区生产总值的比重将为 30%。在 2035 年前后,广西北部湾经济区进入后工业化阶段时,现代服务业生产总值占地区生产总值的比重争取超过 35%。

四、广西北部湾经济区县域产业发展

(一)广西北部湾经济区县域产业的发展现状

2010 年,广西北部湾经济区地区生产总值为 3 043.8 亿元,其中南宁生产总值为 1 800.3 亿元,北海为 401.4 亿元,防城港为 320.4 亿元,钦州为 520.7 亿元。各个地区生产总值占经济区生产总值的比例分别为:南宁 59.1%、北海 13.2%、防城港 10.5%、钦州 17.1%。而在 2008 年,广西北部湾经济区的 GDP 为 2 219.7 亿元,南宁生产总值为1 316.2 亿元,北海为 313.88 亿元,防城港为 212.18 亿元,钦州为 377.42 亿元。南宁市生产总值占经济区生产总值的比例为 59.3%,北海为 14.14%,防城港为9.56%,钦州为 17%。

根据 2008 年与 2010 年广西北部湾经济区内各个地区 GDP 的绝对值与相对值的对比,本书认为在当前阶段,广西北部湾经济区内南宁市是增长极,其现在的极化效应强于涓流效应,南宁吸引了周边地区大量的资本及劳动力,增长速度较快,其在经济区中所处的地位正在不断提高。

在 2009 年广西北部湾经济区各个地区的产业结构中,南宁市第一产业生产总值占地区 GDP 的比例为 14%，第二产业占比为 35%，第三产业为 51%，三次产业分别比 2008 年增长 5.8%、17% 和 16.4%；北海市第一产业生产总值占地区 GDP 的比例为 24%，第二产业占比为 37%，第三产业为 39%，三次产业分别比 2008 年增长 4.7%、23% 和 16.5%；防城港市第一产业生产总值占地区 GDP 的比例为 16%，第二产业占比为 50%，第三产业为 34%，三次产业分别比 2008 年增长 4.7%、36.2% 和 16.5%；钦州市第一产业生产总值占地区 GDP 的比例为 29%，第二产业占比为 36%，第三产业亦为 36%，三次产业分别比 2008 年增长 5.8%、19.6% 和 19.2%。广西北部湾经济区内 16 个县域经济中，三次产业结构总体为 31.74∶36.53∶31.73，三次产业总值比 2008 年分别平均增长 5%、19.58%、15.25%。

广西北部湾经济区的县域经济目前处于工业化初期的低层次、粗放型阶段。特色产业较少，高科技含量低，附加值高、市场空间大的优势项目很少，产业升级较慢。农业比重较大，而且没有形成规模，农民组织化程度低，大多只是生产初级产品，并且产业链较短。第二产业中大企业非常少，企业设备落后、管理落后、产品的市场竞争力弱。第三产业中现代服务业所占比重较小，传统的交通运输以及餐饮占了绝大部分，产业结构优化处于较低的状况。

对比广西北部湾经济区南北钦防四市以及十六县域的产业结构，本书发现，在当前工业化初级阶段，作为区域增长极的南宁市三次产业结构已处于“三二一”阶段，但各产业经济增长速度落后于周边地区；而北海、防城港、钦州三市三次产业基本处于“二三一”阶段，第二产业增长速度最快，第三产业次之，第一产业最慢，经济发展较为合理；16 个县域经济发展速度慢，第一产业所占比例过大，第二、第三产业的内部也存在较多的问题，产业结构相当落后。因此，笔者认为广西北部湾经济区内，南宁市的增长极作用尚未体现出来，对县域产业的影响不明显。

（二）发达地区的县域产业发展历程

针对珠三角经济区，本书研究县域产业发展中的顺德模式。根据

第二章的研究,广州和深圳两个超大型城市发挥着增长极的作用,其经济增长状况及产业的发展随着工业化阶段的变化而变化,并且影响着县域产业的发展。

在工业化初期,县域产业的发展主要是靠自身的资源,受到增长极的影响较小,此时的县域产业的主要特点是第一产业所占比重较大,经济发展速度较慢,工业所占比重较小,第三产业发展缓慢,而此时核心城市的产业结构中,第三产业已经占据绝对优势,但工业发展也较落后。

到了工业化中期,广州、深圳两地市区的极化效应增强,第二产业在吸收其他地区资源以及劳动力的情况下快速发展,第三产业发展较为稳定。而15个县域的经济发展速度较慢,产业结构中第一产业所占比重依然较高,第二产业发展速度减缓。在第二产业发展不足的情况下,第三产业出现一定的虚高现象,生产资料大多流向了核心城市,第二产业发展受到了一定限制。

在工业化后期,广州、深圳两地的经济得到了充分的发展,增长极开始发挥涓流效应。此时核心城市的产业结构为绝对的“三二一”结构,第三产业发展速度最快。县域经济发展速度此时也开始加快,并且超过核心城市,产业结构中第二产业占据主导地位,而且增长速度最快,第一产业比重降低,第三产业有一定的发展。这个阶段,在增长极产业扩散作用的带动下,县域产业取得快速增长,尤其是第二产业,城乡差距逐渐缩小。

对于浙江省,本书考察的是县域经济发展模式中的温州模式。温州市市区作为增长极而周边8个县作为非核心区域,其县域产业发展具有一定的特色。从工业化初期一直到工业化后期,也就是从1995年到2009年,温州市市区GDP与县域GDP的比值一直在增大,表明温州市区的经济地位在上升,但县域经济在一开始就发展良好,温州地区不存在明显的经济增长极。

在工业化初期阶段,温州地区县域产业中的第二产业就占据了绝对优势,通过大力发展民营经济,发展专业化加工以及培育专业化的市场,自发地发展商品经济,发展特色产业,形成特色产业块状经济;经过不断的产业升级,促进民营经济向集约化、规模化发展,以此推动县域产业的发展。一直到工业化中期,县域产业中第一产业所占比重一直比较低,而第二产业一直是经济发展的主要推动力量。到工业化后期,温州市市区的产业结构发生了一定的变化,第三产业占据主导地位,但第二、第三产业之间的差距较小,在县域经济的拉动下,温州市区的地位得到一定的提升。

通过对比顺德模式与温州模式,本书发现,在存在增长极与不存在显著增长极的区域中,县域产业的发展规律是不一样的。

区域经济中存在显著的增长极,如顺德模式,则县域产业的发展受增长极的影响较大,发展速度随着工业化阶段的不同而不同,此时县域经济就要借助毗邻增长极的地理优势,大力发展外向型和民营经济,大力推进两头在外的生产方式,主抓制造和装配,形成专业化的市场,通过招商引资形成制造业基地,发展"一镇一品",积极承接增长极核心城市的产业转移来发展自身的县域产业。

区域经济中不存在增长极时,如温州模式,县域产业的发展只是受到自身资源以及市场的影响,而受其他地域经济的干扰较小。此时县域产业的发展就要面向市场需求,大力发展专业化的民营经济、市场经济和特色产业块或者产业带经济,形成"小企业,大产业"的局面;在条件落后、缺乏核心城市产业辐射的情况下,通过发展自身的特色产业,然后经过产业升级来推动县域产业的发展。

(三)广西北部湾经济区县域产业的发展建议

当前北部湾经济区尚处于工业化初期阶段,是增长极的极化效应强于涓流效应时期,这时的生产资料流向核心城市,县域产业的发展受到一定的影响。在当前工业化阶段,广西北部湾经济区的各个县级区域得到核心城市的带动作用较小,因此各个县域经济的发展可以参考温州模式,各县根据自身的资源、区位特色选择适合自己的主导产业,大力培育个体经济和私营经济,发展乡村工业,发展出"小企业,大产业"的产业格局,打造一定的特色产业带,然后经过产业提升,形成特色产业企业集群,推动县域经济的发展。

到工业化后期(大概2030年)甚至后工业化阶段,广西北部湾经济区核心城市增长极的涓流效应会强于极化效应,县域经济受到增长极的影响较大。此时,县域产业的发展可以参照顺德模式,大力发展第二产业,根据自身已取得较好发展的特色产业,依靠核心城市,大力发展"销售在外,制造在内"的生产方式,主抓制造和装配,形成专业化的市场,发展"一县一品",积极承接增长极核心城市相应产业的转移,通过核心城市大型工业企业的转移,推动当地特色产业的集约化发展,促进县域经济的可持续发展。

第五节　结论

在2008年以前,中国沿海从北向南存在环渤海经济区、长三角经济区、珠三角经济区,这些经济区的快速增长对中国经济的腾飞起到了巨大的作用,也改善了当地居民的生活环境。为了完善我国的沿海经济带,合理布局区域经济,中央从区位、资源等层面考虑,在2008年1月批准《广西北部湾经济区发展规划》,将广西北部湾经济区的开发上升为国家战略,并着重将广西北部湾经济区打造成一个新的经济增长极。在政策和资金的推动下,结合自身所具有的巨大的区位、生产资料优势,广西北部湾经济区近两年取得了飞速的发展,经济增长速度远远高于全国平均水平。

但是,广西北部湾经济区当前正处于工业化初期阶段,产业结构水平较低,经济发展存在较多问题,由于工业化和产业的优化升级是区域经济实现可持续发展的必经之路,因此预测出广西北部湾经济区的工业化进程及相应的产业发展趋势,对于广西北部湾经济区的产业优化升级和经济的持续高速发展具有重要的意义。为此,本书主要对广西北部湾经济区的工业化发展趋势以及产业发展状况进行研究。

本章的研究结论如下:

(1)回顾整理了国内外关于工业化进程和产业发展的研究理论和

文献,总结出工业化进程中不同产业的发展轨迹,得出产业发展的一般规律。首先,以国内发达省市,即以广东、浙江、北京和上海为参考对象,根据第三章收集整理的指标值,依照相关工业化进程划分标准,并结合相关研究成果,判断出这4个发达省市的工业化进程。其次,收集整理不同工业化阶段4个地区的劳动与资源密集型产业、资本密集与重化工业、高新技术产业、现代服务业以及珠三角经济区和浙江温州地区的县域产业发展数据,验证出工业化与产业发展的一般规律在中国仍然具有较好的适用性,可以用来预测广西北部湾经济区在不同工业化阶段的产业发展状况。

(2)预测广西北部湾经济区的工业化进程。首先,通过广西历年的统计年鉴和东部11个省市的统计年鉴,收集整理出广西北部湾经济区近5~10年和东部11省市1979—2009年的人均GDP、三次产业结构、城市化率、第一产业就业比例4个衡量工业化进程的指标值。其次,利用Eviews软件,采用面板数据分析方法,根据固定效应变截距模型拟合出东部11个发达省市的人均GDP与增长率、人均GDP与三次产业结构比例、人均GDP与城市化率、人均GDP与第一产业就业比例之间的函数关系,拟合优度都较大,拟合效果比较好,能够反映变量之间的函数关系。再次,将广西北部湾经济区的相应历史数据代入东部发达地区模型得出预测值,将预测值与实际值对比,本书发现东部11省市的经济发展规律与广西北部湾经济区的相应指标变化历程非常一致,仅仅是截距项存在一个固定的偏差,经过截距项的调整,拟合出广西北部湾经济区相应指标变量的模型。最后,根据拟合出的模型,预测出广西北部湾经济区4个指标在2010—2030年的指标值,根据阶段阈值法和加权合成法,构造出广西北部湾经济区的工业化水平综合指数,划分出广西北部湾经济区在不同年份所处的工业化阶段:2013年之前为工业化初期阶段,2014—2023年为工业化中期阶段,2024—2030年为工业化后期阶段,预计到2035年左右进入后工业化时期。

(3)预测广西北部湾经济区高新技术产业、现代服务业、县域产业以及重化工业的发展前景并提出发展建议。首先,根据相关文献及统计数据，总结广西北部湾经济区四大产业的发展现状，分析其存在的问题和面临的挑战。其次，根据发达地区相关产业在不同工业化阶段的发展状况，结合广西北部湾经济区的实际情况，总结出广西北部湾经济区产业的具体发展情况及在相应工业化阶段能够达到的合理目标。再次，根据相关理论，提出广西北部湾经济区要实现相应的产业发展目标应该采取的政策和措施，对产业的发展提出建议。本书认为，广西北部湾经济区在2013年高新技术产业总产值占全部工业总产值的比例要达到20%；到工业化中期结束时即2023年左右，该比例要达到30%左右；到2030年工业化后期时，广西北部湾经济区要将高新技术产业培育成为支柱产业，高新技术产业总产值占工业总产值的比例要超过40%。对于现代服务业，目前保持当前的发展速度即可，即使所占比重有所下降也是合理的，预计到2023年，在工业取得良好发展的前提下，现代服务业占地区生产总值的比重将达到30%，在2035年前后，该比重争取超过35%。对于县域产业，在当前应该参照温州模式，大力发展小企业；到2023年以后，应该参照顺德模式，大力发展特色产业。对于重化工业，到2013年左右，广西北部湾经济区的重化工业占工业总产值的比例应该达到35%；到2023年左右，广西北部湾经济区重化工业总产值占比应该达到45%；到2030年，该比值应该超过60%；而到了2035年以后，重化工业总产值占全部工业总产值的比例要超过75%。

第四章　广西北部湾经济区的区域经济发展模式

第一节　我国经济增长阶段下的海峡西岸经济区与广西北部湾经济区

一、经济增长阶段决定了我国目前的经济发展方式

当前，商品贬值无法抑制我国出口的快速增长。这意味着人民币升值并没有转变我国过度依赖出口的经济增长方式，内需不足导致经济增长中的产出增加必须寻求外部需求来解决。事实上这对于目前我国所处的经济增长阶段来说是一种正常的现象。在一国长期的经济增长进程和我国所处的经济增长阶段定位中，我国经济不但在改革开放以后打破了资本陷阱对我国经济增长的约束，而且目前仍然处在迈向中等发达国家的过程中。在这一阶段，我国的经济增长仍然主要依赖于资本、劳动力和土地等生产要素的投入，而技术进步对经济增长的影响则主要体现为引进技术而非自主研发技术。所以我国目前所处的经济增长阶段也意味着，在我国经济迈向中等发达国家的过程中，技术尤其是自主研发技术将逐渐成为制约我国经济增长的主要因素。①

依靠要素投入扩张的粗放型增长阶段，由于资本形成率过高，国民

---

①　对经济增长进程与我国经济增长阶段性定位及相关问题的论述参见秦敬云、陈甬军：《我国经济增长率中长期演变趋势研究——基于2000—2010年国内省域面板数据的分析与预测》，载《经济学动态》，2011(11)。

收入中分配于劳动的比例少,内需不足,因此出口必然是拉动经济增长的主要力量之一。但是,随着我国经济的不断增长,预计到2025年前后,我国人均GDP将达到10 000美元(以1999年价格和美元为基准),超过中上等收入国家人均GDP水平的9 000美元(朱孔来,2002)。届时,技术进步尤其是自主研发的技术进步将成为推动我国经济增长的主要力量,我国的经济增长也将由依靠要素投入的粗放型增长转变为依靠技术、知识的集约型增长。而且,随着人民币的进一步升值,我国降低出口商品价格以维持国际竞争力的空间也越来越小,因而以商品贬值为前提的对外贸易增长变得不可持续,过度依赖出口的经济增长模式也将不可持续。

总之,人民币名义与实际汇率都在上升,但这并没有对我国的出口带来不利影响。与之并行的只能是我国出口商品价格(体现为人民币价格)的下降。这种现状与我国目前依赖外部技术背景下的资源(劳动力、资本和土地)消耗型而非自主技术依赖型的经济增长阶段是相符合的,但这种模式是不可持续的。

二、全国区域经济体系下的海峡西岸与广西北部湾经济区

对于像中国这样的大国,依靠人口红利、贸易红利支撑的外向型经济发展模式是不可持续的。但是,如果我国具备完整的区域经济体系,通过区域间的差异化发展,实现区域间的外向型和国家整体的内生型发展模式是可能的。事实上,全国区域经济体系中的各个经济区域犹如世界经济中的小型开放经济体(秦敬云,2008),各个小型开放经济体共同构成和支撑了全国的经济增长。对此问题的解决,从我国近年来尤其是2009年以来区域发展规划的密集出台可以窥见端倪。我国区域发展规划的密集出台,表明我国区域经济发展模式正逐渐由以政绩为导向的行政区域转向以市场为导向的经济区域(张颢瀚,2009)。

置身于我国区域经济体系下的海峡西岸经济区与广西北部湾经济区,分别位于珠江三角洲的东北面和西南面。对于海峡西岸经济区的

界定虽有广义和狭义之分，但在实际运作中都以狭义为主，即台湾海峡西岸的福建省，核心区为厦门、金门、澎湖。而广西北部湾经济区则由南宁、北海、钦州、防城港四市及所辖行政区域组成，其所产生的背景则是中国与东盟经济联系的加强以及中国—东盟自由贸易区的建成。海峡西岸经济区和广西北部湾经济区的出现，仍然是我国经济发展模式转变下的构建区域经济体系的产物。

在全国区域经济体系中，海峡西岸经济区和广西北部湾经济区有两个主要的共同点：一是海峡西岸经济区与广西北部湾经济区都具有特殊的政策含义。面向台湾的海峡西岸经济区是作为中国大陆对台政策的重点实施区域，而面向东盟国家的广西北部湾经济区也同样是作为中国对东盟国家实施自由贸易政策的示范区。因此，海峡西岸经济区和广西北部湾经济区都是我国相关政策的“先行先试区域”。二是由于两个经济区都是沿海省区，都具有优良的港口和贸易条件，而且都面对经济发展条件明显优于各自经济区的中国台湾地区和东盟国家，因此外向型即依赖于出口带动地区经济发展成为两个经济区的一致选择。

第二节　海峡西岸与广西北部湾经济区发展现状对比

一、海峡西岸与广西北部湾经济区经济发展水平及趋势

海峡西岸与广西北部湾经济区 2009 年的人均 GDP 分别为 33 840 元和 18 941 元，折算成 1994 年基准的美元价分别为 2 737 美元和1 497 美元，海峡西岸经济区大约是广西北部湾经济区的 2 倍。但从近年来两个经济区的经济增长率看，2005—2009 年广西北部湾经济区的经济增长率分别为 13.0%、14.3%、15.1%、13.9%、14.3%，而海峡西岸经济区则分别为 10.8%、14.0%、14.4%、12.2%、11.6%，广西北部湾经

济区的增长速度要略快于海峡西岸经济区。按照2003—2009[①]年海峡西岸经济区人均GDP平均增长率12%和北部湾经济区人均GDP平均增长率13%以及每5年降低1个百分点进行推算,我们得到海峡西岸和广西北部湾经济区GDP增长趋势预测结果,如表4-1所示。

表4-1 2010—2030年海峡西岸和广西北部湾人均GDP增长预测

年份	海峡西岸(元)	海峡西岸(美元)	北部湾(元)	北部湾(美元)	年份	海峡西岸(元)	海峡西岸(美元)	北部湾(元)	北部湾(美元)
2010	26 423	3 066	14 582	1 692	2021	85 536	9 924	51 625	5 990
2011	29 594	3 434	16 477	1 912	2022	94 089	10 917	57 303	6 649
2012	33 145	3 846	18 619	2 160	2023	103 498	12 009	63 607	7 380
2013	37 122	4 307	21 040	2 441	2024	113 848	13 209	70 604	8 192
2014	41 577	4 824	23 775	2 759	2025	125 233	14 530	77 664	9 011
2015	46 566	5 403	26 628	3 090	2026	137 756	15 983	85 430	9 912
2016	51 688	5 997	29 823	3 460	2027	151 532	17 582	93 973	10 903
2017	57 374	6 657	33 402	3 876	2028	166 685	19 340	103 371	11 994
2018	63 685	7 389	37 410	4 341	2029	183 353	21 274	113 708	13 193
2019	70 691	8 202	41 900	4 861	2030	201 689	23 401	125 078	14 512
2020	77 760	9 022	46 509	5 396					

注:表中美元数据均以1994年美元兑换率为基准测算。

由表4-1可见,海峡西岸经济区到2019年人均GDP将达到8 202美元,广西北部湾经济区到2024年人均GDP将达到8 192美元,先后达到N.塞尔奎因"发达经济初级阶段"的下限标准8 190美元(以1994年为基准价),二者之间经济发展水平的差距约为5年。

二、海峡西岸与广西北部湾经济区工业化进程的阶段性差异

参照表4-2所示的工业化阶段衡量指标,2009年海峡西岸经济区的人均GDP为3 567美元(2000年基准),处于工业化的中期阶段,这

① 北部湾各市2002年有较大的行政区划调整,2002年及之前的数据与2003年之后的数据不具有可比性,因此对两个经济区的人均GDP增长率均采用2003—2009年的增长率求简单平均值。

与N.赛尔奎因界定的工业化中期阶段的人均GDP标准是相吻合的。2009年,海峡西岸经济区的城镇人口比重为51.4%,三次产业结构和就业结构分别为9.7∶49.1∶41.2和29.5∶35.8∶34.7,虽然从第一产业所占产值和就业的比重衡量,都处于工业化后期阶段,但都接近于工业化中期和后期的临界值。因此,综合人均GDP、城市化率、第一产业所占产值和就业比重4项指标,可以认定海峡西岸经济区目前已经处于工业化的中期阶段。

表4-2　工业化阶段与衡量指标①

工业化阶段	人均GDP（美元,2000）	产业结构	第一产业就业比重	城市化率
前工业化阶段	660～1 320	A>I	60%以上	30%以下
工业化初期	1 320～2 640	A>20%,A<I	45%～60%	30%～50%
工业化中期	2 640～5 280	A<20%,I>S	30%～45%	50%～60%
工业化后期	5 280～9 910	A<10%,I>S	10%～30%	60%～75%
后工业化阶段	9 910以上	A<10%,I<S	10%以下	75%以上

注:表中A、I、S分别代表第一、二、三产业。

广西北部湾经济区2009年人均GDP为1 872美元(2000年基准),城市化率为45.4%,均处于工业化初期标准的范围。三次产业结构和就业结构分别为17.8∶36.6∶45.6和50.9∶19.8∶29.3,第一产业所占产值比重接近于工业化初期与中期的临界值20%,就业比重则处于工业化初期阶段45%～60%的范围内。因此,综合4项指标,广西北部湾经济区目前仍然处于工业化初期阶段。

三、两个经济区中心城市的发展对比

我们将海峡西岸经济区与广西北部湾经济区核心城市进行对比发现,城市之间的发展水平存在较大的差距。首先,从表4-3中的数据对

① 中国社会科学院经济学部课题组:《我国进入工业中期后半阶段——1995—2005年中国工业化水平评价与分析》,载《新华文摘》,2008(1)。

比看,海峡西岸经济区的3个核心城市福州、厦门、泉州市辖区人口都超过100万,而广西北部湾经济区只有南宁是人口超过100万的城市。因此,海峡西岸经济区表现出南部(厦门)、中部(泉州)和北部(福州)3个中心城市对腹地各城市呈弧形辐射态势,中心城市的发展对整个经济区的带动作用相得益彰。而广西北部湾经济区则完全依靠南宁单核作用,加上南宁自身经济发展水平不高,对经济区的辐射和带动作用也不强。其次,从GDP总量看,海峡西岸经济区的福州和厦门的市辖区GDP都超过1 000亿元,泉州市辖区的GDP总量虽然低于1 000亿元,但晋江、石狮和南安三市组成的次级中心城市群的GDP总量超过了2 000亿元,全市的GDP总量超过3 000亿元。相比之下,广西北部湾经济区则只有南宁市辖区的GDP超过1 000亿元,其他3个城市市辖区的GDP总量则只有200亿元左右。GDP总量是衡量一个城市能否发挥其作为区域中心城市功能的重要指标。因此,相比之下,海峡西岸经济区的3个中心城市对经济区的辐射和带动作用要强于广西北部湾经济区各城市。再次,在海峡西岸经济区各中心城市的产业结构中,第一产业的比重要明显低于北部湾经济区的南宁,人均GDP和城镇人口比重都明显高于南宁。这些都表明海峡西岸经济区中心城市的经济发展水平要高于广西北部湾经济区中心城市。

表4-3 海峡西岸与广西北部湾经济区各城市市辖区主要经济指标对比

城市	全市/市辖区	GDP(亿元)	三次产业结构(%)			人均GDP(元)	人口(万)	城镇人口比重(%)
			第一产业	第二产业	第三产业			
福州	全市	2 604	9.29	42.56	48.15	38 015	687.0	59.0
	市辖区	1 328	0.84	35.74	63.41	49 003	271.0	96.3
厦门	全市	1 737	1.18	47.26	51.56	68 938	252.0	81.6
泉州	全市	3 069	3.80	57.95	38.25	39 227	786.0	52.3
	市辖区	704	1.70	54.32	43.98	54 142	132.2	76.8
南宁	全市	1 525	13.93	34.59	51.48	21 829	697.9	50.5
	市辖区	1 104	7.02	33.18	24.57	41 358	267.0	51.4

第三节 基于人民币升值和商品贬值下的两个经济区发展路径比较

一、人民币升值与我国出口商品贬值

人民币的升值始于2005年7月22日，我国汇率政策由原来的固定汇率制转为浮动汇率制，之后人民币一路升值，到2008年7月22日，人民币对美元汇率由2005年7月21日的8.11下降到6.830 9，3年间人民币升值15.77%。之后受到金融危机的影响，人民币对美元的汇率在长达近2年的时间内一直徘徊于6.83到6.84之间。自2010年6月21日起，人民币对美元汇率进一步由6.827 5下降到2011年9月21日的6.377 2，三个月的时间进一步升值5.55%（以2005年7月21日为基准）。与人民币快速升值相伴随的并不是所预期的我国出口贸易增长减速、进出口贸易顺差的逆转，而是出口额仍然保持快速增长、进出口贸易顺差屡创新高的现象。这种现象表明我国过于依赖货物出口的粗放型增长方式（林民书，2009）并没有因为人民币的对外升值而发生根本性转变。在这种背景下，海峡西岸经济区和广西北部湾经济区先后于2006年和2008年出现在我国的区域经济版图中。但事实上，除了海峡西岸经济区和广西北部湾经济区外，近年来我国制订出台或即将出台的区域经济规划达到20多项。在逐渐构筑起我国区域经济版图的同时，海峡西岸经济区和广西北部湾经济区虽然具有诸多相同或相似的特征，但又具有较大的经济发展水平差距，因此在发展路径上存在差异。广西、福建两省（区）政府于2010年8月27日在福州共同签署了《关于进一步深化桂闽合作框架协议》，因而比较两个经济区的发展路径，对促进广西北部湾经济区的发展进而推动广西经济的快速增长具有重要意义。

人民币对美元汇率由2005年7月21日的8.11下降到2011年9

月 21 日的 6.377 2,6 年多的时间内升值 27.17%。而且,考虑到 2005 年 7 月以来我国与美国通货膨胀率存在差异,除了 2006 年之前以及受全球金融危机影响的 2009 年之外,我国的通胀率都明显高于美国,如图 4-1 所示。因而在如式(4-1)所示的实际汇率核算公式中,P/P*>1,人民币对美元的实际汇率升值幅度还要大于名义汇率的升值幅度。

$$\varepsilon = e\times\left(\frac{P}{P*}\right) \tag{4-1}$$

其中 ε 为实际汇率,e 为名义汇率,P 为国内价格,P* 为国外价格。

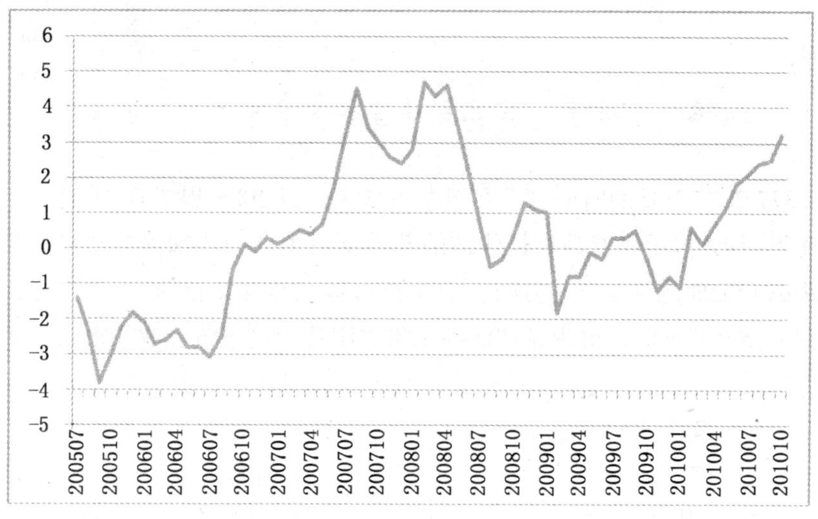

图 4-1　2005 年 7 月以来中国与美国月度通胀率差值变化趋势

但是,与人民币升值相伴随的是如图 4-2 所示的我国的出口持续高增长率和净出口额(贸易顺差)不断上升的趋势。其间虽然于 2008 年底到 2010 年初出现出口增长率为负、贸易逆差的现象,但自 2010 年初以来双双又出现强劲的复苏势头。

在人民币不断升值的情况下,我国的出口仍然保持高增长,这表明我国出口商品的竞争力并没有下降。即使我国出口的商品在国外需求的价格弹性较低,也应该具有较高的国与国之间的替代弹性。因此,我

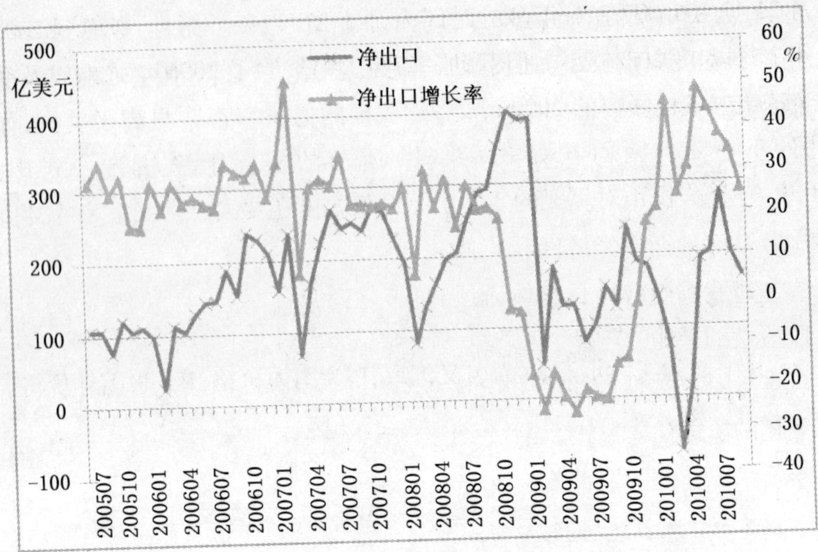

图 4-2　2005 年 7 月至 2010 年 9 月我国月度出口增长率及净出口额变化趋势

国出口的持续高增长表明我国商品在国外市场上的价格不会因为人民币的升值而上升。

如式(4-2)所示，我国出口商品的国内与国外价格之间的换算关系为：

$$P_D = \frac{P_F}{\varepsilon} = \frac{(P_D^A + P_F^A)}{\varepsilon} \tag{4-2}$$

其中，P_D为商品的国内价格，P_F 为商品的国外价格，P_D^A 为出口商品原材料中国内采购部分的价值，P_F^A 为出口商品原材料中国外采购部分的价值，ε 为实际汇率。

式(4-2)意味着，如果我国出口商品为保持在国外市场上的竞争而保持价格不变，但由于实际汇率 ε 的上升，就意味着我国出口商品以人民币衡量的国内价格 P_D应该有相当程度的降低。而且，出口商品原料中国内采购部分的比例越大则价格降低应该越多。考虑到我国出口商品事实上是以机电产品和高新技术产品为主(2010 年 1—10 月占出口总值的 69%)，而这些出口产品中相当大一部分的原部件是从国外进口的，在人民币升值的过程中价值抵消后，机电产品和高新技术产品的价格降低程度应该较小。但劳动密集型、国内资源型出口产品的价格降低幅度实际上较大。

二、广西北部湾经济区与海峡西岸经济区发展路径比较

从海峡西岸经济区和广西北部湾经济区的经济发展水平看，都没有超越我国经济增长整体阶段，二者之间目前只有时间的差距而没有阶段性的差距。因此，两个经济区目前的经济增长都仍然主要依赖于资本等要素的投入和扩张。但二者之间经济发展水平的差距，加上工业化的阶段性差距，会导致两个经济区在进入依靠技术尤其是自主创新技术驱动经济增长的阶段后，经济发展路径出现较大的差异。

（一）人民币持续升值和商品贬值条件下两个经济区外向型经济发展模式的不可持续性

由于我国整体内需不足，依靠出口的外向型经济发展模式是两个经济区的必然选择。但是，在人民币持续升值和商品贬值的不可持续性下，过度依赖出口以拉动地区经济增长本身不具有可持续性。在全国区域经济体系下，面向各自所处的区位优势，注重区域差异化发展，构建区域间的分工与协作，将外向型经济发展模式转化成全国区域经济体系下的区外指向型发展模式，成为两个经济区解决经济增长过程中供需矛盾的必然选择。因此，在人民币升值和商品贬值背景下，两个经济区的经济发展路径应该服从于全国区域经济体系的合理分工与合作。

（二）经济发展水平差异下两个经济区经济增长模式侧重点的差异

如表 4-1 所示，海峡西岸和广西北部湾经济区将先后于 2019 年和 2024 年进入中等偏上收入国家阶段的经济发展水平（秦敬云、赵细国，2011）。进入中等偏上收入阶段，需要两个经济区的经济增长由目前仍然依靠资本等要素的投入和扩张，转向主要依靠技术尤其是自主创新

技术驱动。5年的差距意味着海峡西岸经济区从现在开始就应逐渐转向主要依靠技术的经济发展模式，而广西北部湾经济区目前的经济增长仍然主要依靠吸引资本，但要在2015年前后逐渐转向依靠技术保障经济可持续增长的经济发展模式。

（三）工业化阶段差异下两个经济区产业发展选择的不同

从产业发展选择看，已经进入工业化中期阶段并逐渐向工业化高级阶段迈进的海峡西岸经济区，应在推动资本密集型产业集约化发展的同时，注重培育发展技术和知识密集型的高新技术产业、战略性新兴产业。而尚处于工业化初级阶段的北部湾经济区，目前应主要大力发展资本密集型重化工业和重加工工业以及以资本密集为主导的技术与知识密集型产业（加工贸易），在壮大广西北部湾经济区经济总量的同时逐渐寻求新的产业和经济增长点，并为培育和发展技术和知识密集型高新技术产业、战略性新兴产业做好资本、技术和人才准备。

（四）核心城市发展目标的差异

从核心城市功能的角度看，海峡西岸经济区核心城市功能已经较强，因此重点是发挥福州、厦门和泉州的核心城市辐射功能，带动周边尤其是仍然较落后的宁德、南平、三明和龙岩的发展，逐渐实现区域平衡发展。而广西北部湾经济区核心城市南宁的辐射功能仍然较弱，因此壮大经济总量、集聚周边要素，增强南宁作为核心城市的辐射和带动功能是近期的主要目标。

由于城市功能不足，广西北部湾经济区县域经济尚无法与邻近城市形成合理的分工与合作，从而促进城市—县域经济的共同发展，因此县域经济主要依靠自身积累缓慢发展。而海峡西岸经济区的主要城市尤其是福州、厦门、泉州已经具有较强的辐射和带动作用，能够通过产业扩散、功能辐射与周边县域城镇形成合理的分工与合作，城市—县域经济的共生型发展成为主导次区域经济发展的模式。

第四节　基于广西一体化的广西北部湾经济区城市组团化发展

人口城市化是伴随一个国家或地区经济发展而出现的人口向城市聚集的经济现象。尽管广西的经济发展水平在我国仍处于相对落后的状态,但在北部湾经济区的开发被提升为国家层面的发展战略之后,经济发展的加快也将推动广西城市化的快速发展。在这种情况下,广西城市化进程的演变以及广西城市的组团化发展对广西未来城市及经济的发展都会产生重要的影响。

一、广西的城市化进程

依据《中国统计年鉴》目前对于城市化进程指标的统计,衡量城市化率的指标主要是城镇人口(或市镇人口)占总人口的比例。目前《广西统计年鉴》中的此项指标显示,到 2010 年,广西市镇人口占总人口的比例为 40.11%,自 2000 年以来广西的城市化率演变趋势如图 4-3 所示。

尽管由于数据的可获得性使得目前能够得到的关于广西城市化率的有效数据仅有 2000—2010 年共 11 年的数据,但仍然可以清晰地显示出,在 2003 年之前广西处于慢速城市化的阶段,之后则明显加快。2003—2010 年,广西城市化率从 29.06% 上升到 40.11%,7 年间提高了 11.05 个百分点,年均提高 1.58 个百分点。广西的这种变化过程与城市化的一般进程是一致的。按照美国学者诺瑟姆的研究,当一个国家或地区城市化率达到 30% 之前,处于慢速城市化阶段,城市化率在 30% ~60% 时则处于快速城市化的阶段,60% 之后城市化进程将再次减缓并进入城市化完善和后城市化阶段。因此,可以预期,在城市化率达到 60% 之前,广西都可能延续目前的快速城市化状态。

采用广西 2000 年之后的城市化率(ROC)数据作为因变量,以年份

(year)作为自变量,我们得到以下回归模型:

$$2000—2010\text{年}: ROC = \underset{-16.200}{-2\,713.087} + \underset{16.400}{1.370} \times year \quad R^2 = 0.968 \quad (4-3)$$

$$2003—2010\text{年}: ROC = \underset{-17.878}{-3\,071.628} + \underset{18.084}{1.548} \times year \quad R^2 = 0.982 \quad (4-4)$$

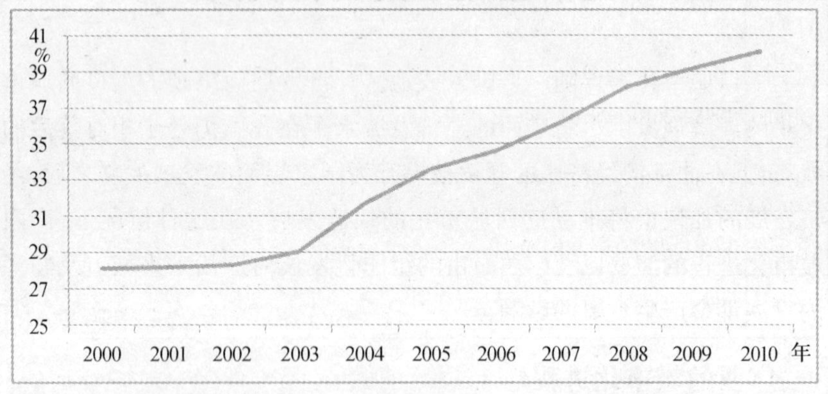

图 4-3　2000—2010 年广西城市化率(市镇人口比例)变化趋势

考虑到广西在 2003 年是慢速城市化与快速城市化的转折点,因此得到以上两个回归模型。但无论是(4-3)式还是(4-4)式,回归模型的样本数据实际上都很少,均未达到小样本数据量的要求。但其中的数据尤其是 2003—2010 年间的数据线性效果好,所以回归结果具有一定的可信性。但在样本数据过少情况下得到的回归模型,要用于预测广西以后的城市化进程,还需要其他模型来佐证。表 4-4 是采用全国及部分省市相关数据所作的回归分析结果。

从表 4-4 中的回归结果可以验证以下两点:①结合我国整体及江苏的回归结果可见,在快速城市化阶段,年均城市化率将提升 1.4 个百分点左右。②在快速城市化阶段之后,向城市化完善阶段的转折点大致出现在城市化率达到 50% ~60% 之时。而且,如北京和上海的回归结果所示,城市化率则可能年均降低 0.6 ~0.9 个百分点。北京进入平稳的城市化完善阶段是 1970 年,起始城市化率为 52.26%。但在 1990 年出现了一次数据的校正,由 1989 年的 61.77% 提升到 1990 年的 73.48%,而之前和之后的城市化率演变曲线的斜率基本相同。上海进入平稳的城市化完善阶段是1977年,起始城市化率为58.21%,而且之后直到目前的城市化率(88.9%)的演变都较为平稳。

表4-4　全国及部分省市相关数据的回归分析结果

国家/地区	年限	城市化率区间(%)	参数系数及t-统计量			R^2
			C	year	D	
中国	1995—2010	29.04~49.95	-2 725.870 (170.344)	1.381 (172.818)		1.000
上海	1978—2010	58.21~88.90	-1 714.732 (-23.642)	0.896 (24.626)		0.950
北京	1970—2010	52.26~85.90	-1 129.498 (-22.916)	0.599 (24.066)	9.809 (16.726)	0.994
江苏	1990—2009	21.6~55.6	-2 932.897 (-19.004)	1.484 (19.178)	7.271 (8.148)	0.994

注:C为常数项;year为年;D为哑变量,表示该地区在样本数据中出现断点年份,之前和之后存在截距差(已经通过数据趋势图观察),其中北京出现在1989年,江苏出现在1999年。

依据对广西城市化率数据的回归结果,以及对快速城市化阶段年均城市化率提升及快速城市化向城市化完善阶段转折的验证,得到广西城市化率在今后的演变趋势,如图4-4所示。从图中可以看出,按照(4-3)式和(4-4)式的回归模型,预计广西到2017年前后城市化率将达到50%,在2024年达到60%左右。如果以50%为转折点并在之后按照北京和上海的年均城市化率提高比例,则预计到2030年广西的城市化率将达到57%~61%。但如果以60%为转折点并在之后按照北京和上海的年均城市化率提高比例,则预计到2030年广西的城市化率将达到64%~66%。因此,预计到2030年,广西的城市化率将会达到并超过60%。

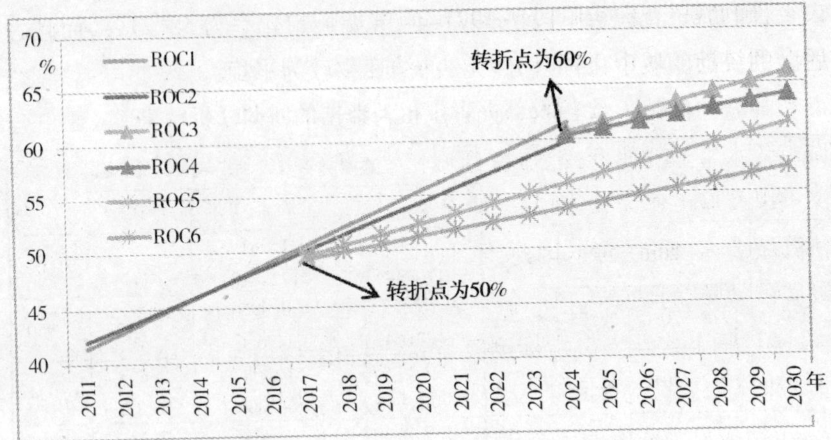

图4-4　2011—2030年广西城市化率预测

注：其中ROC1为按照广西2003—2010年的数据回归模型得到的预测曲线，ROC2为按照广西2000—2010年的数据回归模型得到的预测曲线，ROC3和ROC4分别为以广西达到城市化率60%左右后分别以上海和北京的年均城市化速度得到的预测，而ROC5和ROC6则分别为以广西达到城市化率50%左右后分别以上海和北京的年均城市化速度得到的预测。

按照目前广西1996—2009年0.82%的人口增长率和2010年广西总人口5 159万来计算，到2030年，广西人口将达到6 100万左右，而60%左右的城市化率则意味着届时广西城市人口将达到3 660万，比2010年近乎翻一番，净增1 810万人，年均净增城市人口90万人。如果广西每个城市的城市化进程都一致的话，那么每个城市的人口规模都将翻一番。而事实上，由于城市化进程中人口有向大城市集中的趋势，因此目前的一些大城市如南宁、柳州和桂林面临的城市人口增长压力将会更大。

二、广西城市与城市人口分布

在《广西统计年鉴》中，目前有自1978年以来的全区非农业人口数据，但非农业人口不能直接替代城镇人口，只能作为城镇人口的参考数据。另外一项指标则是自2000年以来的市镇人口数据，该项指标采用了比较科学的考虑了人口密度因素的2000年五普城镇人口比重统计口径，因而被广泛地用于研究我国的城市化问题。但在广西及广西各地区的统计年鉴中，目前仍然无法找到针对广西各个地级城市、县级城市和县城的城镇人口数据，而仅有非农业人口数据。这种指标算出的城市化水平显然偏低，但考虑到城镇本身就是以非农业人口为主的居民点以及城市作为第二、三产业聚集地的特征，可以用非农业人口作为估算城镇人口的参考。因此，本书拟用广西各市、县非农业人口估算各级城市、城镇的城镇人口。估算过程主要分为以下几个步骤：

（1）由非农业人口指标测算城镇人口指标。广西 2010 年各市、县非农业人口总数为 846.41 万人，而同年广西市镇人口总数为 1 849 万人，市镇人口为非农业人口的 2.184 倍。因此，如果假定广西各市、县非农业人口与城镇人口之间的比例关系相同的话，那么测算广西各市、县的城镇人口时需要在非农业人口的基础上乘以 2.18。

（2）乡镇层次非农业人口。由于在统计年鉴中，市、县级地区的非农业人口数还包括了各自所辖乡、镇的非农业人口数，因此，以各市、县非农业人口为基础估算城镇人口时还要剔出其中所包含的乡镇非农业人口数。但由于没有有关广西乡镇非农业人口的确切数据，因此对广西全区乡镇非农业人口的数据也只能进行大致估算。按照南宁和桂林统计年鉴中 2009 年的数据，南宁市所辖镇（不含县城所在镇）的平均非农业人口为 3 101 人，所辖乡的平均非农业人口为 1 254 人；桂林市所辖镇的平均非农业人口为 2 519 人，所辖乡的平均非农业人口为 983 人。由此计算桂林和南宁所辖镇的平均非农业人口为 2 810 人，而所辖乡的平均非农业人口为 1 119 人。以此为基础，2010 年广西共有 702 个镇、482 个乡（含民族乡），则广西乡镇层次的非农业人口数为 249.58 万人，占非农业人口总数的 29.49%。因此，乡镇以上层次的非农业人口，即市（辖区）、县（城乡镇）两个层次的非农业人口占广西非农业人口的 70.51%。

（3）广西各城市（市辖区）、县城（城乡镇）城镇人口的估算。以广西 2010 年各市、县城所辖地区非农业人口数为基准，乘以城市（市辖区)、县城(城乡镇)非农业人口所占比例(70.51%),再乘以由非农业人口估算城镇人口的推算因子2.18,得到如表4-5所示的数据。

表4-5　广西各城市及县城城镇人口估算[①][②]　　(单位:万)

城市	南宁	186.65	柳州	97.50	桂林	71.09	梧州	42.73	北海	42.55
	玉林	34.06	防城港	32.09	钦州	29.98	贵港	25.48	来宾	16.88
	贺州	16.58	百色	15.63	河池	15.20	崇左	9.35		
县级市	桂平	22.55	岑溪	20.18	北流	16.97	宜州	13.19	合山	8.96
	东兴	5.19	凭祥	4.74						
县城(城乡镇)	合浦县	27.66	博白县	21.65	宾阳县	19.87	横县	18.73	灵山县	18.79
	武鸣县	17.10	藤县	16.65	平南县	16.65	陆川县	15.98	全州县	12.80
	容县	12.04	柳江县	11.69	鹿寨县	11.33	扶绥县	11.05	浦北县	10.45
	苍梧县	9.92	灵川县	9.90	临桂县	8.63	荔浦县	8.15	南丹县	8.09
	宁明县	8.02	田东县	7.95	武宣县	7.80	柳城县	7.71	上林县	7.49
	龙州县	7.02	平果县	6.71	大新县	6.51	钟山县	6.49	田阳县	6.49
	平乐县	6.40	融安县	6.34	环江县	6.21	融水县	6.18	大化县	6.18
	罗城县	6.16	富川县	6.11	平桂区	6.08	马山县	6.02	隆安县	5.93
	昭平县	5.87	都安县	5.79	恭城县	5.71	象州县	5.60	兴安县	5.47
	阳朔县	5.30	兴业县	5.21	靖西县	5.18	灌阳县	4.57	永福县	4.52
	上思县	4.44	蒙山县	4.30	忻城县	4.29	德保县	4.02	三江县	3.71
	天等县	3.53	龙胜县	3.27	东兰县	3.05	金秀县	2.97	巴马县	2.91
	资源县	2.91	天峨县	2.60	隆林县	2.50	田林县	2.21	那坡县	2.18
	凤山县	2.06	西林县	1.89	凌云县	1.72	乐业县	1.70		

从表4-5中的数据可见,广西最大的城市为南宁,城镇人口超过180万;其次是柳州,城镇人口也接近100万;桂林排第三,城镇人口约70万。其他各城市人口均不足50万,为中小城市。因此,总体而言,广

① 表中数据:南宁市区城镇人口为南宁市总人口减去所辖镇人口后的数据;桂林市和柳州市所辖各区均无镇级单位,因此全部人口均为城镇人口。

② 结合2009年《中国城市建设统计年鉴》和《中国城乡建设统计年鉴》中有关广西县城总人口的数据,表4-5中对广西各城市及县城城镇人口的估算合理性较强。

西的城市、县城规模偏小。

三、广西城市组团的空间分布

结合表4-5中广西各城市、县城人口分布，能够主导广西城市组团化发展的城市仅有南宁、柳州和桂林3个城市。按照广西的相关规划，南宁和柳州将规划建设成超大城市，而桂林则将规划建设成特大城市，这意味着，到2015年，南宁市建成区人口规模力争达到300万人左右，柳州达到230万人，桂林达到120万人。①

从3个城市的分布区位来看，可以将广西城市的组团化发展分为两个部分：一是以南宁为中心，包括钦州、北海、防城港、玉林、贵港在内的南部组团；二是以柳州、桂林为轴线，包括来宾、河池、贺州、梧州在内的北部组团。此外，百色离南宁组团和桂柳组团都较远，但整体上还是归属南部组团。

在这样的组团划分下，两个组团各有特征。首先看北部组团。桂林和柳州之间的距离约140千米，分别以两个城市为中心，半径100千米范围内的市级城市仅有来宾，之外的柳州—河池、桂林—贺州的距离约150千米，而梧州无论与桂林还是柳州的距离均超过了200千米。但与之相对的是，北部组团的县城分布较为合理。以柳州为中心，半径50千米范围内的县城有柳江（11km）、柳城（40km）、鹿寨（35km）、象州（48km）4个，50～100千米范围内的县级市和县城则有忻城、合山、武宣、金秀、融水、融安、罗城、宜州8个；以桂林为中心，半径50千米范围内的县城有临桂（10km）、灵川（15km）、永福（40km）3个，50～100千米范围内的县城则有兴安、阳朔、平乐、恭城、荔浦、龙胜、资源、三江、灌阳、融安10个。但桂林与柳州两个中心城市之间县城的分布却很少，沿桂柳高速公路，桂林与柳州之间除桂林南部的永福县（距桂林40km）、柳州北部的鹿寨县（距柳州35km）之外，中间再无县城分布，而

---

① 《广西壮族自治区人民政府关于加快建设南宁柳州超大城市桂林特大城市的意见》（桂政发〔2010〕81号）。

永福与鹿寨之间的距离超过了60km。

其次看南部组团。中心城市南宁目前城市人口已经接近200万，地区生产总值也已超过1 800亿元(《广西统计年鉴》,2011)。但在该城市组团中，中心城市南宁与周边城市的距离均较远，以南宁为中心，在半径100千米范围内没有一个市级城市，在半径150千米范围内有崇左、钦州、防城港和贵港4个市级城市，与玉林、北海的距离均超过150千米，与百色的距离甚至超过了200千米。此外，作为南部组团的中心城市，周边的卫星城镇也很少。同样以南宁为中心，半径50千米范围内仅有武鸣和扶绥(崇左)两个县城，半径50～100千米范围内则有隆安、上林、宾阳、横县、马山、平果(百色)、上思(防城港)7个县城，其他的县级城镇均离南宁100千米以上。进一步从乡镇分布看，南宁周围半径10千米范围内的乡镇主要有石埠镇(西)、安吉镇(北)、沙井镇(西南)、那洪镇(南)、亭子乡(东南)、津头乡(东)，且均在5～7千米半径范围内。吴圩(西南)、那马(南)、蒲庙(东南)、江西镇(西)、四塘镇(东)、甘圩镇和甘圩乡(北)这些乡镇与南宁的距离均接近或超过20千米。南部组团中心城市的南宁如此，钦州、防城港和北海3个城市半径150千米范围内的城市只有南宁，县级市和县城也只有东兴、合浦、上思和灵山4个。尤其是布局于南宁与钦州、防城港、北海3个城市之间的县城十分少，仅有偏西的上思县。

再从两大城市组团内部的城市规模分布看。通过计算南部组团和北部组团的城市首位度指数(两城市指数)、四城市指数和十一城市指数[①]，我们得到如表4-6所示的结果。按照位序—规模的原理，所谓正常的两城市指数应该是2，正常的四城市指数和十一城市指数应该是1。但很显然，无论是分别以桂林和柳州为中心的北部组团还是以南宁为中心的南部组团，各项指数都明显偏离了指数标准值，表明广西城市组团中城市规模分布极不合理。

---

① 两城市指数：S=P1/P2。四城市指数：S=P1/(P2+P3+P4)。十一城市指数：S=2P1/(P2+P3+…+P11)。

表 4-6　广西两大城市组团的城市分布指数

城市群		两城市指数	四城市指数	十一城市指数
北部组团	桂林中心	4.29(桂林/贺州)	1.81	1.63
	柳州中心	5.78(柳州/来宾)	2.15	1.82
南部组团		4.39(南宁/北海)	1.72	1.38

综合以上分析可以得出:第一,广西的两个城市组团,无论是北部组团还是南部组团,组团内部的中心城市周围的县城乃至乡镇分布密度均较低,不利于在快速城市化的过程中通过城市、县城乃至乡镇的发展、蔓延而相互连接,进而形成都市连绵区,因而城市规模的扩大进程会比较缓慢。即使是按部分城市目前的规划将部分距离较远的县城规划进城区(如桂林将阳朔规划为城区),也仍然会因为距离城市中心太远而不利于县城在功能分化和产业布局上形成与主城区之间的优势互补效应。第二,城市之间的联系松散。从北部组团看,两个中心城市之间赖以联系的次级城镇太少,仅有桂林南部 40 千米的永福和柳州北部 35 千米的鹿寨,而永福和鹿寨之间的距离则超过了 60 千米,无法架起沟通与联系两个中心城市经济和社会的桥梁。从南部组团看,南宁与北部湾三市之间同样缺少作为经济和社会联系桥梁的县城,而南宁与玉林、贵港、百色之间的状况也大致如此。第三,城市规模分布不合理,主要体现为北部组团中的大城市不够大,以及两个组团中第二层次城市与第一层次城市之间规模落差过大。

四、广西北部湾经济区城市组团的功能分化

在尚处于快速城市化和工业化阶段的广西,城市的功能分化仍然会促进城市组团化发展,从而推动城市经济发展。而且,结合广西目前的城市分布看,南部组团中南宁、北海、钦州和防城港 4 个城市在广西北部湾经济区整体战略的影响下,近年来都在功能分化方面有了一定的体现。而南部组团的其他城市以及北部组团整体,都因为缺乏促进城市功能分化的因素而尚未形成分工与合作的发展态势。

基于南宁作为经济区内首位城市的地位，南宁的功能正朝着服务地区经济发展，努力成为经济区域金融中心、科技服务中心和生产者服务中心演进。而在临港有着优良深水港带来便捷的海上运输的条件下，防城港和钦州都正逐渐成为经济区域内大型石化工业、重加工工业、有色金属产业的发展基地。北海则充分利用其在高新技术产业方面的已有基础和发展态势，以高新技术产业的发展带动北海的工业化与城市化进程。

表 4-7　2006—2010 年广西北部湾经济区各城市三次产业结构演变

城市	2006 年(%)			2010 年(%)		
	第一产业	第二产业	第三产业	第一产业	第二产业	第三产业
南宁	15.44	34.17	50.39	13.58	36.21	50.21
北海	24.97	41.00	34.03	21.72	41.82	36.46
钦州	21.61	42.70	35.70	14.80	49.86	35.33
防城港	34.41	35.60	29.99	25.39	41.97	32.64

由表 4-7 可见，南宁在 2006—2010 年间，尽管第二产业所占比重增加了 2 个百分点，但几乎全部来源于第一产业的降低，而第三产业几乎保持不变，仍然保持在 50% 以上。在广西北部湾经济区快速工业化的形势下，南宁市近年来第三产业保持了与工业同样快速发展的态势。而钦州和防城港尽管第三产业比重也几乎保持不变，但均在 30% ~ 35% 的较低水平，而第二产业的比重则得到迅速提高，尤其是钦州，已经接近 50%。因此，在广西北部湾经济区城市功能分担中，钦州和防城港实际扮演了承担工业尤其是重化工业和重加工工业发展的角色。北海在 2006—2010 年间三次产业结构几乎保持不变，仅仅体现为第一产业比重降低了 3 个百分点，并分别转移到第二产业 0.82 个百分点和第三产业 2.4 个百分点。这表明北海在近年来的经济发展中，由于定位于高新技术产业的发展，但又缺少诸如钦州石化、防城港有色金属等重大工业项目的带动，因此第二产业尤其是高新技术产业的发展相对较慢，产业结构的优化和城市功能角色的树立进程也就较慢。

城市功能的变化同样从城市土地利用的分布可以得到体现。从表4-8中1998—2008年广西北部湾经济区4个城市的土地利用分类指标看,除北海可能因为2007—2008年间的数据修正而无法看出其城市土地利用变化趋势外,其他3个城市的土地利用都显示出了与其城市功能演变相对应的变化趋势。南宁由于其城市功能向经济区域服务化的转变,因此城市土地的利用主要向居住、公共设施、道路、广场和绿地倾斜,与此相应的工业用地所占比例减少。而防城港和钦州则明显表现出生活用地的减少,工业用地所占比例则快速增加,表明这两个城市正因工业化进程的加速而促使从生活性城市向生产性城市转变,所以可以预期在未来的广西北部湾经济区内它们也将承担工业基地的角色。

表4-8　广西北部湾经济区主要城市土地利用分类指标数据

城市	年份	城市用地分类指标(%)				
		居住用地	工业与仓储用地	公用设施用地	交通道路与广场	其他
南宁	1998	30.54	24.42	16.49	20.89	7.66
	2008	33.17	14.29	21.7	15.34	15.51
北海	1998	17.68	24.26	29.7	22.32	6.04
	2008	10.9	26.7	8.65	12.03	41.73
防城港	1998	43.33	14.23	15.54	16.07	10.84
	2008	35.43	19.83	13.54	16.61	14.59
钦州	1998	38.77	22.24	15.73	17.5	5.76
	2008	30.64	27.81	18.19	17.81	5.54

五、促进广西城市组团发展的对策

第一,加快城市快速交通干线及网络的建设,缓解由于城市间距离较大对广西城市组团化发展带来的不利影响。由于广西南北两大城市组团内部各城市之间的距离普遍较大,因此不利于城市之间城市流的流通。以广西北部湾经济区为例,经济区内公路总量偏小,密度偏低,等级不高。而快速交通干线及网络的建设则可以大大加快城市之间城市流的流通速度。目前，长三角、珠三角地区在城市之间距离本就较小的情况下仍致力于城市之间快速交通干线及网络的建设，意图进一步提高城市之间城市流的往来速度，让城市经济在快速的流动中提升活力。因此，要促进广西城市组团的发展，构建快速交通干线及网络必不可少。

第二，提升城市密度，尤其是中心城市周边的城镇密度。城市密度较大意味着城市化的进程会模糊城市之间的边界线，进而实现城市之间的一体化发展，增加城市组合的竞争力。而中心城市周边城镇密度的提升则意味着随着中心城市的发展，可以在周边城镇形成城市的新中心而减少中心城市在发展进程中某一时期集中开发所带来的成本压力。而且，周边城镇的发展可以承担中心城市的部分功能，利于中心城市主体功能的发挥。

第三，通过城市功能的分化加强城市之间的联系。广西各城市组团内部的各个城市联系较为松散，关键就在于城市组团内部所承担功能不明确。以广西北部湾经济区为例，各个城市都在争做北部湾经济区首位城市，而没有明确自身的优势和地位并发挥自身功能的整体观念，城市之间更多的是竞争意识而较少有合作意识。因此，应该通过城市功能的分化，明确南宁作为北部湾经济区核心城市并发挥其作为地区经济服务中心的作用，钦州作为工业尤其是重化工业基地及保税港区所确定的对东盟国家的贸易交往中心，防城港作为港口物流中心及临港产业发展基地，北海作为高新技术产业发展基地，以此明确和发挥各自在广西北部湾经济区经济发展中的地位与作用，形成广西北部湾经济区各城市整体参与区域与国际性经济竞争。而对于桂北城市组团，则应明确柳州作为工业中心、桂林作为科教文化中心的双中心城市体系，促进桂北城市组团的发展。同时，促进其他城市在各城市组团中形成相应的功能定位，通过城市组团的整体分工与合作实现城市经济的整体快速发展。

第五节　基础设施建设与广西北部湾经济区一体化发展

一、适应北部湾经济区城市功能定位的道路交通体系建设

（一）广西北部湾经济区交通体系现状

广西北部湾经济区目前已经形成了以南宁为中心，南宁—钦州—防城港—北海的高速公路和铁路，南宁—崇左、南宁—柳州—桂林的高速公路和铁路，南宁—玉林、南宁—百色、南宁—河池的高速公路，以及北海—广东湛江、南宁经玉林到梧州再到珠三角、南宁经河池到贵州（但从河池到贵州遵义的高速公路未通）、南宁经百色到贵州（但百色之后未通高速公路）的高速公路等交通干线网。这样的交通网络体系虽然看上去充分体现了南宁作为广西北部湾经济区核心首位城市的地位与作用，但存在这样几个问题：一是由于客货运输均围绕南宁为中心来完成，因此不能突出南宁作为广西北部湾经济区核心首位城市所应发挥的主体服务功能，反而增加了南宁的城市功能负担。二是作为北部湾、广西乃至大西南出海口的北部湾沿海港口，尤其是防城港的货物集散地功能严重依赖于南宁，反而不利于港口的建设与发展，也不利于充分发挥北部湾沿海海港的功能，从而影响到其作为广西乃至大西南地区货物进出海口的地位与作用。三是由于交通网络以南宁为中心，且集中在南宁与周边地级城市之间，因此在南宁—崇左—防城港—钦州—南宁、南宁—玉林—北海—钦州—南宁、南宁—崇左—凭祥—百色—南宁以及南宁—柳州—贺州—梧州—玉林—南宁等环绕区域均没有快速交通干线布局。但事实上，随着广西北部湾经济区各城市的快速发展，产业向周边县市甚至乡镇扩散将成必然，因而着眼未来，建设以上环绕区域的快速交通干线对于大城市周边县市甚至乡镇在以后作为城市产业扩散区十分重要。

(二)广西北部湾经济区综合交通体系的构建思路

按照广西北部湾经济区各城市的功能定位,即南宁主要以提供行政管理、管理咨询、法律咨询、技术服务等服务功能,防城港和钦州主要定位于大型现代化工业产业发展,北海主要发展环境友好型高新技术服务业,防城港、钦州和北海沿海港口共同发挥国内外大宗货物运输进出海口的物流集散地功能,广西北部湾经济区综合交通体系也应以此为基础来构建。由此,广西北部湾经济区综合交通体系的构建要满足以下几个条件:第一,要有利于北部湾各城市及其辐射区域与南宁之间的快速往来。以南宁为中心的辐射交通网络重点是人流与信息流,开通南宁到北海、钦州、防城港等北部湾经济区各城市及南宁到崇左、百色、河池,柳州—桂林,玉林—梧州的城际高速铁路。而且,以南宁为中心的城际高速铁路的建成将带来各城市与南宁之间人员快速流动,也有利于充分满足扩建后的南宁吴圩机场客货运量日益增长的需求。第二,要有利于各地区以北部湾沿海港口尤其是防城港海港为中心的货物进出海运输。这就要求在广西北部湾经济区综合交通体系建设过程中重点突出北部湾沿海港口的物流枢纽地位,构建以高速公路和货运铁路为主的货物运输通道,比如,在目前已有南宁—钦州—防城港—北海高速公路和铁路的基础上兴建崇左—钦州—防城港—北海、玉林—钦州—防城港—北海的高速公路和铁路,强化广西北部湾经济区沿海地区对内陆地区的货物集散辐射功能。第三,要有利于广西北部湾经济区经济实力发展壮大,并满足作为广西经济增长极和珠三角与大西南之间的经济高地的需要。作为广西经济增长极,广西北部湾经济区之外的各个城市,尤其是中北部的百色、河池、柳州、梧州、桂林、贺州,都必须经过南宁才能到达北部湾沿海各港口从事货物进出海运输,这其实是增加了南宁城市功能的负担,不利于南宁城市主体服务功能的发挥。因此,构建以北部湾沿海港口为中心的港区—玉林—梧州—贺州、港区—崇左—百色—河池、港区—贵港—桂林 3 条纵贯广西南北的高速公路、铁路运输通道,对于发挥北部湾沿海港口货物集散地功能尤其重要。第四,要有利于将广西北部湾经济区发展成为珠三角产业承接地和大西南出海口。因此,从自治区层面加快建设百色到云南、河池到贵州、桂林到湖南以及玉林经广东罗定到珠三角的快速交通干线对广西北部湾经济区的发展极具重要意义。此外,加快南宁吴圩机场的建设,提高广西与珠三角、大西南地区乃至全国、世界各地的人员与货物流通速度,对于实现广西北部湾经济区的功能定位与作用也十分重要。

经过这样的交通干线建设,可以起到以下几个方面的作用:第一,基本上可以实现广西北部湾经济区各城市之间以及南宁—崇左—防城港—钦州—南宁、南宁—玉林—北海—钦州—南宁两个环绕区域与北部湾沿海港口之间的快速往来。第二,可以通过纵贯南北4条快速交通干线达到北部湾经济区对广西全区人流、物流、信息流等的辐射效应,发挥其作为广西经济增长极的地位与作用。第三,今后随着百色到云南、河池到贵州、桂林到湖南以及玉林经广东罗定到珠三角的快速交通干线的建成,广西北部湾经济区将真正成为珠三角和大西南之间的经济高地,在承接珠三角产业转移和发挥大西南地区出海口通道的作用下实现快速发展。

二、广西北部湾经济区港口建设

(一)广西北部湾港

广西北部湾经济区发展规划实施以后,广西北部湾沿海的防城港、钦州港和北海港已统一使用广西北部湾港,以推动沿海港口资源的整合。广西北部湾港包括"一港、三域、八区、多港点"。其中,"一港"是指广西北部湾港,"三域"是指防城港域、钦州港域和北海港域,"八区"包括渔沥港区、企沙港区、龙门港区、金谷港区、大榄坪港区、石步岭港区、铁山港西岗区和铁山港东港区,"多港点"则是指主要为当地生产生活及旅游客运服务的规模较小的港点。

截至2010年底,广西北部湾港共有生产性泊位217个,其中万吨级以上泊位49个，泊位长度24 694米，最大靠泊能力为20万吨，设计年货物综合通过能力1.22亿吨，其中货物1.03亿吨、集装箱130万吨、汽车40万辆、旅客491万人。2010年广西北部湾港共完成货物吞吐量11 923.04万吨，同比增长42.06%。在广西北部湾港中，防城港是最主要的海港区域，2010年累计完成货物吞吐量7 650.42万吨，占广西北部湾港的64.2%；其次是钦州港域，2010年累计完成货物吞吐量3 022.1万吨，占广西北部湾港的25.3%。目前，钦州港域和北海港域还在加快发展。2010年钦州港域固定资产投资达到33.27亿元，高于防城港域的19.73亿元。北海港域固定资产投资虽然低于防城港域，但相比原有港口规模和货物运输能力，其11.89亿元的固定资产投资仍然意味着比防城港域更快的发展速度。①

(二)港口

目前，广西北部湾经济区各城市海港分散化发展趋势比较严重。这对于海港资源丰富的广西北部湾经济区发挥其作为广西经济增长极与珠三角和大西南地区之间经济高地的定位是不利的。因此，广西北部湾经济区海港以后建设与发展的重点是整合各城市港口资源，实现一体化发展。而一体化发展的重点，一是通过加强各港口的信息化建设，面向经济区外包括到北部湾辐射区域、到西南各省市的进出海货物在各港口实现自动化择优泊位，而到经济区内各城市及所辖地的货物则采取就近原则选择泊位以降低货物到岸、离岸的运输成本。二是海港资源的分类化管理与建设，主要是如何向自建海港的企业分配海港资源，着重依据企业生产经营规模及其发展趋势，将海港资源与未来北部湾经济区的发展紧密联系起来。三是通过北部湾沿海港口一体化建设与发展，打造临港工业集聚区，以海港资源促进产业的集群化发展。

三、其他基础设施建设

广西北部湾经济区除道路交通体系和海港建设外，还应关注以下

---

① 数据来源：《中国港口年鉴(2011)》，214～215页。

几个方面：

一是以南宁为中心的高速信息网络基础设施建设。基于南宁在广西北部湾经济区核心首位城市的地位，发挥其对经济区内及辐射区域城市的综合服务功能则需要以高速信息网络为核心，加强与周边区域的信息流通。

二是环保基础设施建设。在广西北部湾经济区开发开放加快的背景下，重化工业、重加工工业势必加快发展。而且，随着经济的发展、收入水平的提高，城市化进程驱动下的人口向城市集聚必然带来生活方式的转变。重化工业、重加工工业的发展以及居民生活方式由农村向城市的转变，甚至是农村生活方式的城市化都可能带来环境污染的加剧。

三是能源基础设施建设。由于广西北部湾经济区水电能源的缺乏，能源的供给会更加严重地依赖于火电。但在国家节能减排形势日益趋紧的情况下，广西北部湾经济区产业发展、居民生活、城市公共设施用电都在不断增加，二者的矛盾必须通过新的能源供给来加以解决。因此，加强广西北部湾经济区能源基础设施建设，包括风能、生物质能、潮汐能、太阳能等新兴能源的基础设施建设，对于广西北部湾经济区城市经济的持续快速发展至关重要。

第五章 广西北部湾经济区城市土地利用模式

第一节 广西北部湾经济区城市土地利用现状与问题

一、引言

到2007年底,我国有13.2亿人口,其中城镇人口5.9亿,约占总人口的45%。估计到2030年,我国的城镇人口比例将会达到60%,而按联合国生育水平的方案预测,中国总人口将在2030年左右达到峰值,约为14.5亿。由此估算,今后20年间,我国城镇还将吸纳人口2.8亿,平均每年净增城镇人口1 400万左右。与城市人口的快速增长相对应的是,在人多地少的国情和确保耕地18亿亩红线的政策约束下,城市化进程中可供利用的土地越来越紧张。

然而,与日趋紧张的可用城市土地状况相对应的却是,在我国城市化和城市经济发展的过程中,由于种种原因,各地区利用各种办法为促进本地区的经济发展而不断采用土地耗费型的城市土地利用模式。

在东部,改革开放以来,部分城市通过大量吸引外资,促进了城市经济(GDP总值和人均GDP)的快速增长。尽管外资在我国所投资的产业经历了劳动密集型产业—资本密集型产业—知识和技术密集型产业的过程,但这并不意味着外资在我国的投资是应我国的资源优势的改变而转化的。实际上,外资在我国的投资大多属于资本密集型和技术密集型产业链中相对资本密集不足和相对技术密集不足的产业,而在这些产业发展环节中的资本设备和生产技术已经成熟,生产线的建成在世界各国的成本相差无几,那么削减劳动力、土地成本就成为大型跨国公司寻求更低生产成本以增强其产品全球竞争力的目标。因此,外资在我国东部沿海地区投资所发展的资本和技术密集型产业也大多是成品装配型的国际代工模式。在这种发展模式下,土地的利用面积几乎是随着投资规模的增加而呈等比例上升的。而且自改革开放以来,我国东部沿海地区在吸引外资的过程中大多按照外商的要求免费或有期限免费提供相应面积的土地。这虽然增强了外资的吸引力,但同时也导致了土地的严重浪费。由此,在2000年前后东部沿海地区开始出现严重的土地紧缺问题。土地紧缺导致我国在城市经济发展过程中出现两个十分严重的问题:一是由于土地成本的快速上升,东部城市过早地出现了产业向周边卫星城镇转移,在带来城市土地改变用途的巨大二次开发成本的同时,由于周边卫星城镇无力承担工业发展带来的环境污染和治理成本,人类赖以生存的自然环境急剧恶化。二是由于东部地区土地成本的快速上升,使我国出现了大规模的产业西迁浪潮。而在产业西迁浪潮中,西部地区更多的是复制了东部沿海地区曾经的发展历程。可以预见的是,土地紧缺问题会更快地出现在西部地区。

广西北部湾经济区的情况与中国的整体国情十分相似,而且广西北部湾经济区的建设也恰好出现在产业西迁浪潮中。由于地形多为丘陵,土地资源十分缺乏,广西北部湾经济区在上升为国家层面的发展战略后势必会加大开发力度。在不断吸引外资和承接东部产业转移的过程中如果不注意土地资源的集约利用,城市土地紧缺状况势必更快出现。由此,我们不禁要思索,从目前国内各地区、各城市发展过程中城市土地利用状况来看,城市土地的集约利用应该受到哪些指标的约束?要支撑广西北部湾经济区城市经济的可持续发展,这些指标对广西北部湾经济区应该有什么样的理想值设定,它们又有什么样的变化趋势?依照这些理想指标值设定,需要采取什么样的政策和措施来改善与促进广西北部湾经济区的城市土地利用状况？本书将尝试研究和解释这些问题，并提出解决这些问题的途径。

二、城市土地利用模式的文献回顾及其演变

（一）国外城市土地利用模式的文献回顾

最先考虑到城市土地利用问题的是韦伯，他提出了工业区位理论，在韦伯看来，以最低成本为基础，原料成本、运输成本和劳工成本是影响一个工厂选址的三大成本要素。韦伯的工业区位理论发表于1909年，尚处于资本主义工业革命刚刚完成的时期，因此韦伯对城市土地利用的研究也主要集中于工业企业在厂址的选择上。之后，在20世纪20年代到20世纪40年代间出现了城市土地利用结构的"三大经典模式"，即伯吉斯（Burgess，1925）的"同心圆模式"（concentric ring model），霍伊特（Hoyt，1939）的"扇形模式"和哈里斯、厄尔曼（Harris、Ullman，1945）的"多核模式"。伯吉斯的"同心圆模式"立足于研究城市功能区布局和演变的动力与机制，提出了在一个假设为均质平面的城市地域内，土地使用功能由内而外，构成中心商业区—过渡地带—工人居住区—中产阶级居住区—高级或通勤人口居住区的同心圈层结构。霍伊特质疑了均质平面的假设，但他保留了"同心圆模式"中的地租机制，同时结合放射道路的影响，于1939年提出了"扇形模式"。但伯吉斯和霍伊特的城市内部结构模式均假设为单中心，哈里斯和厄尔曼在1945年提出了更为精细的"多核模式"，认为城市内部除主要经济胞体（economic cells）——中心商务区（CBD）外，还有次要经济胞体散布在整个体系内。这一模式仍然保留了地租理论，如它假设付租能力比较高的高密度住宅倾向于接近中心点和其他主要经济胞体。到了20世纪60年代，阿隆索（1964）构建了现代城市区位模型。与之前的工业区位理论和"三大经典模型"从企业和城市功能出发探讨城市土地利用不同，阿隆索从家庭在平衡通勤成本和土地成本的基础上来探讨家庭作出接近或远离城市中心的区位选择。步履克纳（1974）和亨德森（1985）

通过将阿隆索模型中的距离参数改变为闲暇时间表明，当距离增加导致住房成本的减少被闲暇时间的减少所抵消时，则产生了城市土地利用的区位均衡。穆特(1969)和米尔斯(1967)则进一步用住房替换土地，在家庭选址的最优区位上，通勤距离增加导致的运输成本提高会被相应的住房成本减少所抵消。20 世纪 80 年代，沿着穆特和米尔斯模型的扩展研究也仍然是围绕城市居民的住房决策来进行的。到 20 世纪末，对城市土地利用的最新研究则主要集中于资本全球流动和产业全球转移情况下的城市土地利用的空间结构演变，以及在此基础上城市产业和要素的集聚对城市土地利用效率进而对一国经济发展的影响(E. L. Glaser, 2000; Masahisa Fujita, Paul Krugman, Anthony J. Venables,1999)。

(二)国外城市土地利用模式的阶段划分

实际上，从国外对城市土地利用的研究来看，大体可以区分为三个阶段：第一个阶段是 20 世纪 40 年代以前，这期间出现了韦伯的工业区位理论和城市土地利用结构的“三大经典模型”；第二个阶段是 20 世纪 60 年代阿隆索模型出现之后围绕家庭、通勤成本和住房需求的研究；第三个阶段则是 20 世纪 80 年代后，在经济全球化和区域经济一体化趋势日益增强的背景下，产业和要素(主要是资本要素)全球流动带来城市空间重构。实际上，这种阶段的划分是符合西方主要发达资本主义国家经济发展阶段的。西方主要发达资本主义国家的工业革命虽然到 19 世纪末 20 世纪初已经完成，但一方面一直到 20 世纪 40 年代第二次世界大战结束后资本主义世界的重建时期，工业发展仍然是主要发达资本主义国家经济发展的主题，因而此时削减工业企业的成本、增强工业企业产品的竞争力是促进国家经济发展的主要动力；另一方面，主要发达资本主义国家城市化进程仍处于城市体系的形成阶段，而按功能分区的城市土地利用扩张有利于形成和定位各城市自身在城市体系中的角色和地位。因此在第一阶段，城市土地利用扩张的主要目标仍然是服务于工业发展的功能区划模型。而到 20 世纪 60 年代，二战后主要资本主义国家经济重建已经基本结束,主要资本主义国家的经济逐渐由实体经济向服务经济转化,工业在向一些新兴工业化国家转移的过程中获得了更大的全球竞争优势,因此城市土地利用的重点逐渐偏离了工业企业的区位布局,而转向研究如何在城市土地地租的梯度分布下居民在通勤成本(取决于与城市中心的距离)与住房需求(决定其对城市土地的需求)之间的均衡。显然,这种均衡下的城市居民通过其对通勤成本的敏感性决定了其居住地与城市中心距离的远近,并在居住坐标体系下确定了城市内部的产业布局,如图 5-1 所示。

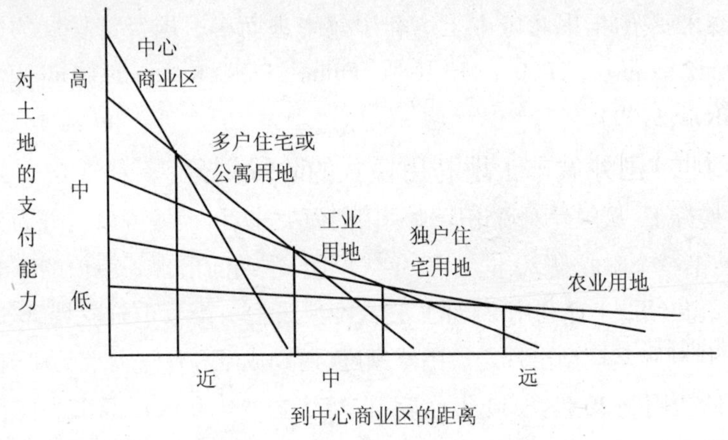

图 5-1　单中心城市的土地利用模式

(三)国外城市土地利用模式不同阶段的动力因素

按照国外城市土地利用模式演变的三个阶段,经过第一阶段城市土地利用的扩张,各城市在整个国内城市体系中的功能和地位已经确定。而第二阶段的城市土地利用模式是按照城市土地距离城市中心商业区的远近和对土地支付能力的高低来决定城市土地用途的,有利于城市土地的集约利用。而且,随着城市化进程的深入,郊区人口的增多,制造业向郊区的迁移带动零售业、服务业、教育娱乐设施乃至一些公司、金融机构在郊区的出现,形成功能完备的新的中心区,从而大城市开始出现多中心格局。[①] 城市多中心乃至大都市区化的趋势都是在土地支付能力和与中心商业区距离两个指标的支配下，产业、企业和居民利用城市土地政策所决定的城市土地利用扩张的结果。在第二阶段的城市土地利用模式下，国内城市体系中城市的功能和地位得到进一步体现，而自20世纪80年代开始的经济全球化和区域经济一体化趋势则对城市在全球城市体系中的功能和地位提出了明确的要求，在此基础上，城市土地利用模式也必须体现产业和要素全球流动所带来的对城市土地需求的变化。在这一阶段中，城市功能发挥的全球性和区域性越来越明显，因此在第三阶段，城市土地利用模式的动力机制已经带有强烈的外部推动因素，而非前两个阶段主要依靠城市自身的内在动力因素。

因此，按照国外对城市土地利用研究的三个阶段划分，以及主要发达资本主义国家经济发展和城市扩张进程来看，城市土地利用在三个阶段的扩张方式是不一样的：第一阶段由于主要强调城市土地的功能定位，因此城市土地的利用主要体现为摊大饼式的扩张；第二阶段由于城市土地利用的均衡取决于居民住宅选址所付出的成本和所获得的效用间的均衡（企业土地利用成本和所获得的利润间的均衡），因此更加强调城市土地的集约利用；而在第三阶段，城市土地利用的均衡则主要取决于经济全球化和区域经济一体化背景下产业和要素流动所带来的土地供求均衡。因此，城市土地利用三个阶段划分的标准是由城市经济发展中产业的升级换代所导致的城市主体功能的演变，以及城市主体功能所决定的其对城市土地的不同需求来确定的。

（四）我国城市土地利用的阶段定位

我国改革开放以来，在工业化带动城市化的进程中，城市土地利用模式与国外第一阶段即强调城市的功能定位下的粗放式扩张是一致的。但是，由于我国人多地少的实际国情，在尚处于工业化和城市化中

① 安虎森：《区域经济学通论》，612页，北京：经济科学出版社，2004。

期阶段的2000年左右就开始出现了严重的土地制约瓶颈效应。于是之后针对我国土地集约利用的研究文献越来越多，如何芳(2003)、林增杰和张锋(2005)、陈威(2005)、曹银贵(2008)等，而此时我国城市土地利用模式也进入了西方城市土地利用模式的第二阶段。但是，由于我国改革开放政策的实施和经济全球化与区域经济一体化几乎是同步的，加上20世纪90年代开始的大量外商直接投资我国，因此我国的城市土地利用模式还受到强烈的外部因素影响。正是在这种强烈的外部因素影响下，我国城市在尚未通过城市土地利用模式的扩张与调整完成构建国内城市体系的情况下(即尚未完成城市土地利用模式的第二阶段)，就因为经济全球化和区域经济一体化背景下的产业和要素流动趋势导致我国城市尤其是东部大城市进入在世界城市体系引导下的城市空间结构调整阶段，即城市土地利用模式的第三个阶段。

三、广西北部湾经济区城市土地利用面临的问题

面对国内外经济形势，城市土地利用既要满足城市自身内部的功能分区需求，也要满足广西北部湾经济区作为整体在不同功能和分工基础上对城市土地的需求。如果不能建立良好的城市土地利用模式，必然会因为土地利用瓶颈而制约广西北部湾经济区的经济发展。目前，广西北部湾经济区各成员城市的城市土地利用状况突出表现为土地存量不足、土地粗放利用情况严重、产业用地布局不合理。随着广西北部湾经济区现代化建设的不断深入，广西北部湾经济区城市土地利用还可能面临以下问题：

(1)从产业引进的角度看，主要引进土地密集型产业，需要大量的土地来支撑广西北部湾经济区的产业发展。由于外资在我国投资的资本、技术密集型产业集中于装配环节，大多需要占用较大面积的土地，因此广西北部湾经济区在承接东部产业转移时需要充足的土地来承载此类土地密集型产业，以支撑广西北部湾经济区的产业发展。但受耕地保护等土地政策和国家宏观调控的影响，农保地难以调整，广西北部

湾经济区的城市土地在短期内难以大幅度扩张,因而诸多工业项目建设用地将无法得到保障,这将严重地制约广西北部湾经济区的产业发展。

(2)短期内二次开发带来巨大的开发成本。纵观我国改革开放以来的经济发展历程,我们不难发现,无论是经济特区,还是其他沿海城市,甚至是内陆城市,在其发展过程中都或多或少出现了土地短期二次开发的情况。因此,广西北部湾经济区在发展过程中,应更加注意产业分布,尽量避免土地在短期内二次开发。产业的发展有着自身的规律,产业实现其经济效益需要一定的时间。如果产业分布不合理和城市扩张过快,导致城市土地成本急剧上升,从而迫使相关产业和大型企业外迁,就会产生土地短期内二次开发的巨额成本。这无论对一个城市经济的增长,还是对整个区域的综合发展,都是极为不利的。就广西北部湾经济区而言,产业分布包括单个城市的产业分布、整个经济区内功能分区和跨国边境经济合作功能区的布局。相关数据显示,广西北部湾经济区内目前的产业分布不够科学合理:单个城市第二、三产业分布和城区内开发区的产业分布不能很好地适应长远发展。各行政区发展自成体系、产业同构、同质竞争、生产力布局重复、生产要素在区域内流动不畅、市场分割,这些都将不利于形成经济区内功能分区的合理布局。外向性发展各自为政、与国际接轨速度慢,这对跨国边境经济合作功能区的建设将是一个阻碍。由于经济区正处于发展起步阶段,完全可以通过调整和完善产业分布,以实现经济区的整体功能最大化。

(3)招商引资过程中以土地为引资的基本条件,导致土地利用的无约束扩张。我国各地(特别是经济欠发达地区)在招商中,多以低价出让土地使用权作为重要手段来吸引投资,尤其是吸引外资。北部湾地区以南宁为例,2000—2008 年,住宅用地平均价增长了 80%(由 726 元/平方米上升到 1 310 元/平方米),商业用地平均价增长了 141%(由 1 298 元/平方米上升到 3 134 元/平方米),说明随着北部湾的大力开发和城市化的推进,土地的现实价值与潜在价值得到了体现,但工业用地价格只增长了26.5%（由368元/平方米上升到504元/平方米）。2008年工业用地出让最低价甚至是按基准地价的70%确定的，而在实际操作中，各地为了招商引资，往往推出超低地价，甚至“零地价”。价格是引导资源分配的，如果把土地价格压得太低，那么土地就得不到珍惜，导致土地无序扩张、容积率低下和资源的浪费，而且由此引来的企业也大多是为了短期内获取本应属于政府土地租金的超额利润，带来的只是对本地长期投资环境的恶化和区域间的恶性竞争。北部湾城市土地资源的利用关系到广西北部湾经济区的发展，但北部湾城市在招商引资的过程中低价出让土地、无约束扩张的问题将影响和制约广西北部湾经济区的可持续发展。

第二节 我国分组城市土地利用分析

一、城市土地指标设定及数据处理

（一）城市土地的用途范围

我国一般将城市土地划分为三个层次：第一层次，城市建成区，即城市行政区范围内经过征用的土地和实际建设发展起来的非农业生产建设地段，包括市区集中连片的部分以及分散在近郊区与城市紧密联系、有着基本完善的市政公用设施的城市建设用地；[①]第二层次，城市市区（市辖区），包括城区和郊区的农用土地和村镇所占用的土地；第三层次，城市行政区划内的土地，包括城市辖区和市辖县的全部土地。[②] 本书所讨论的城市土地利用主要是城市的第一层次，即城市建成区。城市建成区主要有居住用地、公共设施用地、工业用地、仓储用地、对外交通用地、道路广场用地、市政公用设施用地、绿地、特殊用地等类型。

---

① 黄绿筠：《中国城市土地供给管理研究》，华中农业大学博士论文，2005。

② 郭鸿懋、江曼琦：《城市空间经济学》，194页，北京：经济科学出版社，2002。

根据中华人民共和国建设部1991年3月颁布实施的《城市用地分类与规划建设用地标准》(中华人民共和国国家标准 GBJ 137-90)中的定义,城市土地的各种用途类型界定如下:

(1)居住用地:居住小区、居住街坊、居住组团和单位生活区等各种类型的成片或零星的用地。

(2)公共设施用地:居住区及居住区级以上的行政、经济、文化、教育、卫生、体育以及科研设计等机构和设施的用地,不包括居住用地中的公共服务设施用地。

(3)工业用地:工矿企业的生产车间、库房及其附属设施等用地,包括专用的铁路、码头和道路等用地,不包括露天矿用地,该用地应归入水域和其他用地。

(4)仓储用地:仓储企业的库房堆场和包装加工车间及其附属设施等用地。

(5)对外交通用地:铁路、公路、管道运输、港口和机场等城市对外交通运输及其附属设施等用地。

(6)道路广场用地:市级区级和居住区级的道路、广场和停车场等用地。

(7)市政公用设施用地:市级区级和居住区级的市政公用设施用地,包括建筑物、构筑物及管理维修设施等用地。

(8)绿地:市级区级和居住区级的公共绿地及生产防护绿地,不包括专用绿地、园地和林地。

(9)特殊用地:军事用地、外事用地和保安用地等特殊性质的用地。

(二)指标及其数据处理方法

对于每一个城市而言,其土地的利用应该容纳一定的城市人口,并在这块土地面积上产生一定的GDP。而为了保证城市土地吸纳人口和产生GDP具有可持续性,就需要在城市土地上不断投入一定的资本(固定资产投资)。这就需要对城市土地在各种用途上进行良好而有序的分配。为此,本书将依照以下指标来探讨城市土地利用模式:

(1)城市人均用地。计算公式:城市建成区面积/市(城)区人口。单位为平方千米/万人。计算城市人均用地本应用城市建成区面积除以城区人口,但在《中国城市统计年鉴》中仅提供了市区人口数据,而《中国城市建设统计年报(鉴)》中也仅提供了2006年及之后的城区人口(分为城区人口和城区暂住人口)数据。因此本部分内容对城市人均用地指标的计算,1998—2005年采用城市建成区面积除以市区人口,而2006—2010年则采用城市建成区面积除以城区人口。

(2)城市土地单位面积的产值。计算公式:市区GDP/城市建成区面积。单位为亿元/平方千米。对于城市市区GDP,采用我国历年来的GDP平减指数[①],计算以1998年为基准的累积值,再以此对历年各城市的市区GDP进行校正,得到以1998年为基准的城市市区GDP数值[②],再用于计算城市土地单位面积的产值。

(3)城市土地单位面积的投资额。计算公式:市区固定资产投资/城市建成区面积。单位为亿元/平方千米。对于城市市区固定资产投资,采用历年来的全国固定资产投资价格指数,计算以1998年为基准的累积值,利用该累积固定资产投资价格指数对历年的城市市区全社会固定资产投资总额进行校正,再用于计算城市土地单位面积的投资额。

(4)城市土地各种用途的比例。对城市土地各种用途所占比例这一指标,首先计算各个城市的各种用途土地所占的比例,然后计算各城市分组中各项指标的平均值。但由于部分城市的建成区面积数据与各分类用途面积数据加总并不一致,因此本章在计算城市人均用地、城市产值和投资密度时以建成区数据为准,而计算城市土地各用途比例时则以各种分类用途面积加总为基准。

---

① 由于在历年的统计年鉴中均未公布GDP平减指数,因此本研究报告中的GDP平减指数均采用GDP名义增长率除以实际增长率求得。

② 本专著中的各城市,尽管处于不同省、自治区、直辖市,但均采用了相同的GDP平减指数,即全国整体的GDP平减指数。

(5)变化趋势。对于城市人均用地,由于1998—2005年和2006—2010年所用人口数据的统计口径不一致,因此无法测算其变化趋势,而只是在对各分组数据分析时作分段分析。对于城市土地的各项用途指标,测算它们变化趋势的基本思路是计算1998—2010年的首尾差异,计算方法是:先计算2008—2010年各指标的平均值,然后用此平均值减去1998—2000年该指标的平均值。而对于城市单位面积的GDP产值和单位面积的投资额度,则采用2010年的该项指标,并以1998年为基础来计算该项指标的年均增长率。计算公式如下:

$$g=(\sqrt[2010-1998]{I_{2010}\div I_{1998}}-1)\times 100\% \qquad (5-1)$$

(三)数据来源

本章中所使用的数据,城市市区人口、市区GDP及三次产业结构、市区全社会固定资产投资总额等数据来源于《中国城市统计年鉴》(1999—2011),城区人口(2006—2010年)、城市土地各种用途的分类数据来源于《中国城市建设统计年报(鉴)》(1998—2010)。

二、国内分组城市土地利用的分析视角

(一)按照城市所在区域

从城市所在区域的角度看,长三角、珠三角和环渤海地区是我国经济增长的三个中心地带,也是我国目前国家层面的三大城市群。环渤海地区以北京、天津为核心,包括京津唐、山东半岛和辽东半岛三个次级城市群在内的19个城市组成的城市群;长三角地区以上海为核心,以南京、杭州为次中心,区内包含苏州、宁波等16个城市;珠三角地区则以广州、深圳为核心,包括珠海、佛山、东莞等9个城市。这三个地区目前是我国城市经济最发达的地区。研究它们的城市土地利用模式对广西北部湾经济区城市土地利用有较强的借鉴意义。

(二)按照城市在区域经济中所承担的功能

从城市在区域经济中所承担的功能角度看,考察各个区域尤其是东部沿海地区的区域经济中心城市的土地利用模式,对于广西北部湾

经济区的土地利用也有很强的借鉴意义。本部分内容对我国城市在区域经济中承担的主要功能从经济中心、行政中心和工业中心3个角度来分析。对于区域经济中心,根据国内一些研究对东部沿海地区区域经济中心城市的划分,选择了北京、天津、大连、青岛、上海、南京、苏州、宁波、福州、厦门、广州、深圳12个东部沿海城市。行政中心则以国内除拉萨(因《中国城市统计年鉴》和《中国城市建设统计年报(鉴)》中均未提供拉萨的相关数据)外各省会城市为分析对象。而对于在区域经济中以发展工业为主要特征的城市,结合国内对工业城市的划分以及笔者在研究过程中的认识,选择了重庆、天津、唐山、石家庄、太原、大同、郑州、大连、沈阳、锦州、鞍山、长春、哈尔滨、大庆、包头、兰州、克拉玛依、攀枝花、东莞、温州、株洲、无锡、淄博、潍坊、青岛、合肥、马鞍山、柳州、抚顺、本溪、佛山、中山、十堰、洛阳、保定、湘潭36个城市作为分析对象。

(三)按照城市经济发展的不同阶段

土地利用在不同的经济发展阶段分别呈现出不同的特点,即在不同的经济发展阶段中不同用途的土地对经济增长的贡献度不同。通过对我国各个区域内城市经济发展不同阶段的城市土地利用状况进行研究,对广西北部湾经济区城市做到科学、合理规划城市用地结构和用地比例有着重要的参考作用,有利于本区域内城市经济的健康、可持续发展。① 关于经济发展阶段的划分,国际上有多种标准,其中人们常用的是H. 钱纳里等人于1986年在其《工业化和经济增长的比较研究》中关于经济发展阶段的划分标准(见本书第36页表3-1)。H. 钱纳里等人认为:按照1982年美元计算,当人均GDP介于364~728美元时,经济发展处于初级产品生产阶段,即前工业化阶段;人均GDP介于728~

---

① 在本书的城市经济发展阶段划分中,将忽略通货膨胀等因素所带来的影响,采用1998年至2006年人民币与美元汇率的平均值(1USD=8.23RMB)对上述人均GDP指标进行直接换算。经过换算后,6个阶段的人均GDP指标分别为(单位:元):2 996~5 991、5 991~11 983、11 983~23 966、23 966~44 936、44 936~71 897、71 897~107 846。

1 456美元时，经济发展处于工业化初级阶段；人均 GDP 介于 1 456 ~ 2 912美元时，经济发展处于工业化中级阶段；人均 GDP 介于 2 912 ~ 5 460美元时，经济发展处于工业化高级阶段；人均 GDP 介于 5 460 ~ 8 736美元时，经济发展处于发达经济初级阶段，即后工业化阶段；人均 GDP 介于 8 736 ~ 13 104 美元时，经济发展处于发达经济阶段。本书对于我国各经济发展阶段城市土地利用的分析，分组标准是按照 2010 年各城市的人均 GDP，超过 70 000 元的为高收入城市，40 000 ~ 69 999 元的为中等收入城市，低于 39 999 元的为低收入城市，然后分别探讨各组城市土地利用各项指标的演变情况。经过分组，在总共 226 个具有有效数据的城市中，高收入城市有 41 个，中等收入城市有 80 个，低收入城市有 105 个。

三、国内主要经济区域城市土地利用分析

（一）长江三角洲经济区城市土地利用模式的特征

表 5-1　长江三角洲区域城市土地利用主要指标

年份	人均用地(km^2/万人)	单位面积 GDP(亿元/km^2)	单位面积的投资额(亿元/km^2)	城市土地各项用途的比例分布(%)								
				居住用地	公共设施用地	工业用地	仓储用地	对外交通用地	道路广场用地	市政公用设施	绿地	特殊用地
1998	1.25	3.42	1.25	28.94	10.06	27.60	4.55	7.30	7.88	3.77	7.43	2.47
1999	1.27	3.30	1.04	29.73	10.57	26.25	4.43	6.70	7.94	3.58	8.12	2.70
2000	1.28	3.61	1.22	32.12	11.59	26.01	4.18	6.47	8.25	2.95	5.91	2.52
2001	1.30	4.21	1.55	29.32	11.02	25.49	4.05	6.61	8.33	5.15	7.55	2.48
2002	1.38	4.33	1.48	29.38	12.28	26.72	3.66	5.88	9.28	3.23	7.47	2.09
2003	0.92	4.96	2.64	29.35	11.18	25.38	3.22	5.36	9.72	3.51	9.62	2.66
2004	0.98	5.36	3.05	28.36	11.13	27.35	3.43	5.79	9.80	3.15	8.95	2.05
2005	1.06	5.30	3.02	27.82	11.19	27.21	3.35	5.18	10.33	3.79	9.67	1.45
2006	0.89	5.74	3.36	26.57	11.41	31.13	2.71	4.19	10.96	2.60	8.46	1.98
2007	1.07	5.95	3.53	27.64	11.56	29.97	2.58	4.13	11.60	2.59	8.17	1.76
2008	1.13	5.99	3.47	28.56	11.42	27.98	2.47	4.09	11.99	2.77	9.04	1.69

续表

年份	人均用地(km^2/万人)	单位面积GDP(亿元/km^2)	单位面积的投资额(亿元/km^2)	城市土地各项用途的比例分布(%)								
				居住用地	公共设施用地	工业用地	仓储用地	对外交通用地	道路广场用地	市政公用设施	绿地	特殊用地
2009	1.14	6.55	4.18	28.52	11.58	27.23	2.46	4.14	12.20	2.98	9.06	1.83
2010	1.18	6.66	4.43	28.77	11.46	27.24	2.44	3.86	12.64	2.90	9.07	1.62
变化趋势(%)	—	5.71	11.12	-1.65	0.75	0.86	-1.93	-2.79	4.25	-0.55	1.90	-0.85

表5-1所示的1998—2010年长江三角洲地区城市土地利用主要指标有以下几个特征：

第一,从人均用地这一指标看,尽管1998—2005年和2006—2010年两个时间段的人口数据统计口径不一致而无法作整体分析,但分段来看,1998—2002年间该指标是不断上升的,2002—2003年的数据调整后,2003—2005年间也是趋于上升的,2006—2010年同样由0.89 km^2/万人提高到1.18 km^2/万人,且2006—2010年的4年间提高了将近1/3。因此,整体上长江三角洲地区城市用地的人口容纳能力是不断下降的。

第二,长江三角洲地区产值密度和投资密度增长较快。其中,产值密度由1998—1999年的约3.3亿元/km^2提高到2010年的6.66亿元/km^2,年均增长率为5.71%。投资密度则从1.25亿元/km^2提高到2010年的4.43亿元/km^2,年均增长率为11.12%。这两项指标的快速增长表明长江三角洲地区城市土地的开发强度在不断提高。

第三,在城市建设用地各种用途分配比例上,居住用地尽管降低了1.65个百分点,但近年来上升趋势明显,2006—2010年间上升了2.20个百分点;与之相对应的是工业用地尽管整体上提高了0.86个百分点,但2006—2010年间则趋于下降。此外,该区域城市用地所占比例增幅较大的是公共设施、道路广场和绿地,其中道路广场和绿地二者用地所占比例总共提高了超过6个百分点;而降幅较大的是仓储用地和对外交通用地,二者用地所占比例总共减少了4.72个百分点。长江三角洲地区城市建设用地分配比例的这种变化趋势表明，改革开放后，经济快速增长提升了城市经济发展水平，该地区城市内部空间结构正逐渐由原来注重产业发展环境（工业、仓储、对外交通用地）向注重居民因较高收入水平对城市生活质量追求（道路广场、绿地、城市公共设施用地）转变。

（二）珠江三角洲地区城市土地利用模式的特征

表 5-2　珠江三角洲区域城市土地利用主要指标

年份	人均用地(km^2/万人)	单位面积GDP(亿元/km^2)	单位面积的投资额(亿元/km^2)	城市土地各项用途的比例分布(%)								
				居住用地	公共设施用地	工业用地	仓储用地	对外交通用地	道路广场用地	市政公用设施	绿地	特殊用地
1998	1.04	6.46	1.84	29.65	13.51	20.39	3.67	4.50	10.22	4.15	12.70	1.22
1999	1.04	7.17	2.07	29.24	13.46	19.56	3.26	4.54	10.35	3.92	14.58	1.09
2000	0.81	7.17	1.92	29.22	13.26	19.27	3.46	4.49	12.00	5.10	12.10	1.11
2001	0.88	7.17	2.47	29.32	12.50	19.48	3.27	4.21	11.04	5.11	13.95	1.12
2002	0.69	8.76	3.47	29.60	9.84	21.07	2.67	6.39	8.22	6.10	12.91	3.20
2003	0.80	9.23	3.54	31.90	11.29	20.60	2.17	4.91	11.05	3.72	13.12	1.25
2004	1.36	6.55	2.76	32.40	10.82	22.41	2.38	4.14	10.58	3.30	12.68	1.29
2005	1.40	6.90	2.49	34.21	10.61	22.10	1.72	3.56	11.34	3.39	12.11	0.96
2006	0.79	6.99	2.77	31.17	13.21	22.64	3.65	3.78	10.72	3.78	9.78	1.26
2007	0.95	7.06	2.55	28.79	12.09	26.71	3.16	3.46	11.82	2.61	10.28	1.07
2008	1.05	7.32	2.52	27.06	11.08	29.14	2.67	3.45	12.23	2.83	9.82	1.73
2009	0.90	7.72	4.63	29.15	9.69	29.77	2.85	2.91	12.49	2.71	8.74	1.68
2010	1.23	8.21	3.19	29.19	9.67	29.68	2.15	3.47	11.81	3.99	8.40	1.64
变化趋势(%)	—	2.02	4.69	-0.90	-3.26	9.79	-0.91	1.23	1.32	-1.21	-4.14	0.54

表 5-2 为 1998—2010 年珠江三角洲地区城市土地利用的主要指标情况。表中数据显示，1998—2010 年珠江三角洲城市人均用地并没有明显的上升或下降趋势，单位土地面积的产值密度和投资密度的增长趋势也比较平缓，年均增长率分别只有 2.02% 和 4.69%。但在城市建设用地分配方面，公共设施用地和绿地所占比例均出现了较大幅度的

减少，而工业用地所占比例则提高了 9.79 个百分点。珠江三角洲城市土地在各种用途中所占比例的这种变化趋势表明，在土地资源极为有限的情况下，珠江三角洲城市土地利用仍然在向产业用地倾斜。这可能与珠江三角洲大量存在的国际代工企业自身属于资源（土地资源和劳动力资源）耗费型产业发展模式密切相关。

（三）环渤海地区城市土地利用模式的特征

表 5-3 环渤海地区城市土地利用主要指标

年份	人均用地(km^2/万人)	单位面积GDP(亿元/km^2)	单位面积的投资额(亿元/km^2)	城市土地各项用途的比例分布(%)								
				居住用地	公共设施用地	工业用地	仓储用地	对外交通用地	道路广场用地	市政公用设施	绿地	特殊用地
1998	1.02	2.60	0.72	27.73	11.38	26.98	5.62	6.04	7.49	3.03	7.08	4.65
1999	1.01	2.75	0.80	29.44	10.92	24.73	5.27	5.62	8.30	2.86	8.24	4.62
2000	0.99	3.11	0.66	28.78	11.58	25.57	5.12	5.52	8.55	3.10	8.06	3.72
2001	1.02	3.23	1.00	29.30	11.69	24.64	5.50	5.14	9.11	3.51	8.12	2.99
2002	1.05	3.23	1.00	28.59	11.19	25.94	4.83	5.11	9.33	3.66	8.46	2.88
2003	0.83	3.59	1.50	27.98	11.65	26.48	4.54	4.62	9.52	3.17	9.08	2.96
2004	0.86	3.77	1.82	27.51	11.89	27.27	4.43	4.22	9.83	3.36	9.09	2.39
2005	0.89	4.17	2.18	27.92	11.90	27.59	4.06	4.15	9.65	3.35	9.16	2.23
2006	1.09	4.41	2.27	28.07	12.68	25.22	3.79	4.72	9.91	3.78	9.44	2.39
2007	1.11	4.68	2.59	29.38	12.03	25.54	3.99	4.21	10.22	3.15	9.25	2.22
2008	1.16	5.04	3.00	29.15	11.99	25.68	4.10	4.38	10.30	3.07	9.32	2.01
2009	1.20	5.23	3.79	29.62	11.78	25.54	3.81	4.21	10.72	3.01	9.67	1.63
2010	1.24	5.45	4.12	30.03	11.38	25.59	3.47	4.70	10.58	3.13	9.23	1.88
变化趋势(%)	—	6.36	15.65	0.95	0.42	-0.16	-1.54	-1.30	2.42	0.07	1.61	-2.49

与长江三角洲地区城市人均用地指标变化趋势相一致的是，表5-3中环渤海地区城市人均用地也表现出明显的上升趋势，尤其是 2003 年之后，从 0.83km^2/万人上升到 1.24km^2/万人，差不多提高了一半。产值密度和投资密度在 1998—2010 年间也表现出了较快的增长趋势，年均增长率分别达到 6.36% 和 15.65%。但环渤海地区城市土地各种用

途所占比例的变化则相对比较平缓，除道路广场和绿地分别有2.42和1.61个百分点的上升，仓储用地、对外交通用地和特殊用地分别有1.54、1.30和2.49个百分点的下降外，城市土地所占比例最高的居住用地和工业用地变化幅度均较小。因此从环渤海地区城市土地分类用途所占比例的变化趋势中，不能清晰地显示出城市用地的演变趋势。这可能是因为环渤海地区涵盖了京津唐、山东半岛和辽东半岛三个区域的城市，这些城市群体又具有较大的综合性和复杂性。

（四）三大区域城市土地利用指标的对比分析

从三大经济区域的城市用地各项指标看：第一，尽管因为珠三角的东莞（从87km^{2}到820.6km^2）、惠州（从161km^{2}到214.96km^2）、中山（从40km^{2}到87.3km^2）3个城市在2010年城市建成区面积数据的大幅度调整而导致珠三角城市土地人均用地指标接近于长江三角洲和环渤海地区，但整体上珠三角城市土地的人口容纳能力还是要强于长三角和环渤海地区。第二，尽管珠三角城市产值密度和投资密度增长比长三角和环渤海地区均慢，但这主要是因为珠三角城市在1998年的产值密度和投资密度本来就高。1998年珠三角城市的产值密度和投资密度分别达到6.46亿元/km^{2}和1.84亿元/km^2，比长三角的该两项指标分别高88.9%和47.2%，比环渤海地区城市则分别高148.5%和155.6%。但随着长三角和环渤海地区近年来投资密度的增强，珠三角城市产值密度与长三角和环渤海地区城市差异缩小，到2010年分别只高出约19%、34%，且投资密度已经比长三角和环渤海地区城市低了近1/3。第三，城市用地的9种用途中，3个地区的城市用地差异最大的是工业用地，其中珠三角工业用地占城市用地面积比例为30%，长三角为28%，环渤海地区则为25%。而其他用途用地所占比例均比较一致，其中，居住用地占29%～30%，公共设施用地占10%～11%，仓储用地占2%～3%，对外交通用地占3%～5%，道路广场用地占11%～13%，市政公用设施用地占3%～4%，绿地占8%～9%，特殊用地占约2%。

四、国内主要功能性城市的土地利用模式

(一)沿海区域经济中心城市的土地利用模式

如表 5-4 所示的沿海经济中心城市土地利用各项指标中,人均用地呈现出了明显的上升趋势,表明沿海经济中心城市土地的人口容纳能力在下降。1998—2010 年,沿海经济中心城市的产值密度和投资密度增长均相对较慢。从城市土地在各种用途中的分配比例看,工业用地所占比例提高了 4.37 个百分点,道路广场用地所占比例上升了 4.19 个百分点,居住用地所占比例下降了 1.50 个百分点,均体现出作为沿海经济中心城市发挥其经济集聚功能的城市用地演变趋势。

表 5-4 沿海区域经济中心城市土地利用主要指标

年份	人均用地(km^2/万人)	单位面积 GDP(亿元/km^2)	单位面积的投资额(亿元/km^2)	城市土地各项用途的比例分布(%)								
				居住用地	公共设施用地	工业用地	仓储用地	对外交通用地	道路广场用地	市政公用设施	绿地	特殊用地
1998	0.74	5.17	2.02	28.26	10.32	24.61	4.73	6.39	8.23	2.84	9.88	4.73
1999	0.78	5.10	1.84	29.16	10.02	22.44	5.30	6.67	7.76	2.99	10.39	5.25
2000	0.79	5.55	1.47	28.77	10.14	21.75	4.82	6.80	8.35	2.93	11.21	5.23
2001	0.80	6.03	2.09	29.93	9.74	21.59	4.60	6.72	9.28	2.85	11.12	4.16
2002	0.85	5.83	2.10	29.82	10.51	23.81	3.77	5.89	9.27	2.79	10.33	3.82
2003	0.86	5.85	2.57	29.40	10.88	23.73	3.44	6.13	9.62	2.72	10.22	3.85
2004	0.91	5.74	2.64	29.38	10.65	23.55	4.01	5.94	9.53	2.86	11.11	2.97
2005	0.92	6.22	2.93	27.70	10.57	24.42	3.97	5.01	9.81	3.33	12.37	2.83
2006	0.90	6.04	2.92	27.71	15.60	21.58	3.51	5.98	10.04	4.04	8.49	3.04
2007	0.93	6.34	3.17	26.77	12.44	25.75	3.51	4.52	11.63	2.90	9.62	2.85
2008	1.02	6.39	3.12	25.90	12.94	26.48	3.88	4.97	11.95	2.83	8.75	2.30
2009	1.03	7.00	3.76	28.30	11.01	27.48	3.41	4.20	12.94	2.38	8.54	1.75
2010	1.08	7.07	3.85	27.49	10.39	27.94	2.87	4.86	12.03	3.38	8.69	2.36
变化趋势(%)	—	2.64	5.52	-1.50	1.29	4.37	-1.56	-1.94	4.19	-0.06	-1.83	-2.93

(二)国内行政中心城市(省会城市)的土地利用模式

表 5-5　省会城市土地利用主要指标

年份	人均用地(km^2/万人)	单位面积 GDP(亿元/km^2)	单位面积的投资额(亿元/km^2)	城市土地各项用途的比例分布(%)								
				居住用地	公共设施用地	工业用地	仓储用地	对外交通用地	道路广场用地	市政公用设施	绿地	特殊用地
1998	0.84	3.04	1.14	29.14	13.56	22.13	5.10	7.85	7.80	3.74	9.51	4.96
1999	0.81	3.40	1.20	28.67	11.93	22.22	4.92	6.87	7.67	3.43	9.20	5.10
2000	0.82	3.38	1.00	29.23	13.24	21.38	4.78	6.92	8.14	3.82	7.94	4.55
2001	0.84	3.64	1.37	29.35	13.35	20.07	4.58	6.91	8.29	5.04	8.52	3.89
2002	0.92	3.64	1.42	30.06	13.65	20.72	4.45	5.97	8.81	4.04	8.53	3.76
2003	0.73	4.04	1.85	30.11	14.17	20.52	4.07	5.59	8.73	3.89	9.31	3.62
2004	0.81	3.80	1.92	29.22	15.39	19.98	3.84	5.33	9.74	3.85	9.44	3.20
2005	0.88	4.01	2.12	29.09	15.05	19.41	3.60	5.11	9.81	4.12	10.44	3.37
2006	0.88	4.20	2.39	28.47	16.26	18.28	3.35	.4.99	10.89	4.34	10.60	2.81
2007	0.90	4.40	2.61	29.74	15.00	19.08	3.14	4.20	11.21	4.07	10.95	29.74
2008	0.93	4.48	2.73	30.48	14.82	18.24	2.86	4.10	12.02	3.87	11.08	2.54
2009	0.94	5.05	3.51	31.24	13.89	18.91	2.99	4.69	11.40	3.99	10.45	2.43
2010	0.96	5.16	3.97	30.93	13.75	18.51	2.75	4.95	11.65	4.40	10.51	2.56
变化趋势(%)	—	4.51	10.96	1.87	1.24	-3.36	-2.07	-2.63	3.82	0.42	1.80	-2.36

在我国,省会城市作为所在区域(省、自治区、直辖市)的行政中心而承担了多级行政职能(省、省会城市所在市、市辖各区及其下属行政单位)。正因为如此,表 5-5 中的数据显示,公共设施用地和市政公用设施用地所占比例在省会城市中均较高,整体上前者达到 14% ~15%,后者在 4% 左右,二者相加接近 20%,且此两种土地用途所占比例在 1998—2010 年间仍分别上升了 1.24 和 0.42 个百分点。而工业用地和仓储用地所占比例则相对较低,并在 1998—2010 年间分别降低了 3.36 和 2.07 个百分点。此外,居住用地、道路广场用地和绿地所占比例有较大幅度的增加,以及对外交通用地有较大幅度的减少,这都表现出与省会城市作为区域行政中心职能相一致的演变趋势。在人均用地指标

上,省会城市也同样体现出了城市的土地人口容纳能力下降的趋势,而在投资密度年均增长率超过10%的同时,产值密度的年均增长率则相对较慢,只有4.51%。

(三)工业城市的土地利用模式

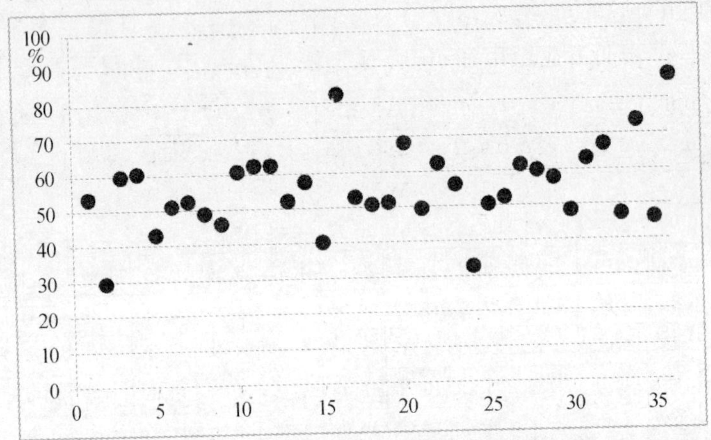

图5-2 36个工业城市三次产业结构中第二产业比重散点图

对于工业城市的界定是依据新中国成立以来产业发展政策影响下对城市的定位与认识。对于我国工业城市土地利用各项指标的分析,如图5-2所示,所选取的36个工业城市,三次产业结构中第二产业所占比例超过50%的有26个,超过2/3;超过60%的有12个,占1/3;其中大庆、攀枝花和克拉玛依3个城市第二产业所占比重甚至超过70%。这表明工业发展在所选取的城市中的确占有重要的地位。但与此同时,随着经济水平的提高,传统的工业城市也在不断转型,因而城市用地指标也会体现出相应的变化趋势。

如表5-6所示的工业城市土地利用主要指标中,人均用地至少在2006—2010年间由0.93km^2/万人上升到了1.08km^2/万人,表明工业城市土地的人口容纳能力也趋于下降。此外,在工业发展的带动下,城市土地产值密度和投资密度均呈快速增长趋势,分别达到6.69%和13.55%。而从城市土地各项用途的比例分布看,工业用地远高于作为行政中心的省会城市,表明相对于省会城市,工业城市承担了更多的工业发展职能。但工业用地所占比例也在不断减少，单纯以1998年和2010年的数据比较，这一比例减少了将近3个百分点。到2010年工业城市用地中工业用地所占比例甚至比沿海经济中心城市低了3.06个百分点，与1998年二者的情况几乎正好反过来。而与工业用地所占比例减少相对应的是绿地、道路广场用地和公共设施用地所占比例的提升，这些都表明工业城市在不断转型，工业职能在不断弱化，而其他职能在不断增强。

表5-6 工业城市土地利用主要指标

年份	人均用地(km^2/万人)	单位面积GDP(亿元/km^2)	单位面积的投资额(亿元/km^2)	城市土地各项用途的比例分布(%)								
				居住用地	公共设施用地	工业用地	仓储用地	对外交通用地	道路广场用地	市政公用设施	绿地	特殊用地
1998	1.10	2.70	0.86	29.77	10.20	27.45	4.38	5.71	7.96	3.12	8.14	3.27
1999	1.02	3.24	0.85	28.64	10.19	27.57	4.39	6.04	8.33	3.29	8.34	3.20
2000	1.01	3.44	0.86	28.18	10.70	26.82	4.48	6.15	9.17	3.62	7.76	3.13
2001	1.02	3.65	1.12	29.03	11.43	24.45	4.73	5.76	9.34	3.92	8.41	2.93
2002	1.02	4.57	1.44	28.46	11.27	26.03	4.38	5.68	8.98	3.80	8.38	3.01
2003	0.83	4.55	1.84	27.91	12.51	25.47	3.82	5.53	9.33	3.72	8.80	2.91
2004	0.96	4.82	2.22	28.83	12.37	26.25	3.72	5.35	9.23	3.53	8.36	2.37
2005	1.04	4.51	2.06	28.72	12.10	26.12	3.45	5.12	9.48	3.81	8.68	2.52
2006	0.93	4.97	2.38	28.84	12.10	25.62	3.33	4.98	9.94	3.60	9.02	2.57
2007	0.98	4.92	2.48	29.07	12.30	26.58	3.44	4.86	10.28	3.62	9.43	2.48
2008	1.01	5.22	2.65	28.20	12.14	25.92	3.34	4.67	10.25	3.47	9.79	2.22
2009	1.01	5.40	3.82	28.27	12.06	25.65	3.23	4.74	10.81	3.55	9.75	1.95
2010	1.08	5.87	3.95	29.63	11.42	24.89	2.95	4.85	11.12	3.63	9.49	2.03
变化趋势(%)	-0.01	6.69	13.55	-0.16	1.51	-1.79	-1.24	-1.21	2.24	0.21	1.60	-1.13

（四）功能性城市土地利用指标的对比分析

从各城市在区域经济中承担的功能看：到2010年，省会城市土地的人口容纳能力强于经济中心城市和工业城市，产值密度最高的是沿海经济中心城市，三种城市的投资密度则基本相等，但产值密度和投资密度的增长率最快的是工业城市，沿海经济中心城市最慢。在城市土地的各项用途中，9 种城市土地用途（依次是居住用地、公共设施用地、工业用地、仓储用地、对外交通用地、道路广场用地、市政公用设施用地、绿地、特殊用地）在 3 种城市的分布分别为：沿海经济中心城市为27：10：28：3：5：12：3：9：2，省会城市为 31：14：18：3：5：12：4：11：2，工业城市则为 30：11：25：3：5：11：4：9：2。差异最大的是工业用地，其次是居住用地和公共设施用地，其他城市土地用途所占比例则基本一致。

五、国内不同经济发展水平城市土地利用指标对比分析

（一）经济发展水平较低城市土地利用指标分析

如表 5-7 所示，经济发展水平较低（2010 年市区人均 GDP 低于或等于 39 999 元）的城市中，从城市土地利用效率看，人均用地指标在 2002 年之前未表现出明显上升或下降的变化趋势，但 2003 年之后则从 0.78km^2/万人提高到 2010 年的 1.12km^2/万人，表明城市单位面积土地的人口容纳能力趋于下降。城市土地单位面积的 GDP 从 1998 年的 1.79亿元/km^2 提高到 2010 年的 3.04 亿元/km^2，单位面积投资额则从 1998 年的 0.5 亿元/km^2 上升到 2010 年的 2.60 亿元/km^2，增长率分别达到4.51% 和 14.73%。从城市土地各项用途所占比例分布看，居住用地占 30% 左右，并且上升了 1.63 个百分点；工业用地和仓储用地则分别从 22% 左右下降到 19% 左右、从 5% 左右下降到 3.5% 左右，分别减少了 2.37 和 1.51 个百分点；与此同时，道路广场用地和绿地则分别从 8% 和 9% 上升到 11% 左右，均提升了 2 个百分点左右。

表 5-7 经济发展水平较低城市土地利用主要指标

年份	人均用地（km^2/万人）	单位面积 GDP（亿元/km^2）	单位面积的投资额（亿元/km^2）	城市土地各项用途的比例分布（%）								
				居住用地	公共设施用地	工业用地	仓储用地	对外交通用地	道路广场用地	市政公用设施	绿地	特殊用地
1998	1.10	1.79	0.50	30.90	11.75	22.24	5.15	6.59	8.03	3.59	8.81	2.93

续表

年份	人均用地(km²/万人)	单位面积GDP(亿元/km²)	单位面积的投资额(亿元/km²)	城市土地各项用途的比例分布(%)								
				居住用地	公共设施用地	工业用地	仓储用地	对外交通用地	道路广场用地	市政公用设施	绿地	特殊用地
1999	1.07	1.65	0.52	30.63	11.73	21.76	4.93	6.50	8.63	3.94	9.07	2.80
2000	1.09	1.71	0.61	30.81	12.19	21.66	4.80	6.70	8.33	3.72	8.98	2.81
2001	1.11	1.81	0.61	31.61	11.89	20.64	4.54	6.44	8.35	4.58	9.23	2.72
2002	1.11	1.86	0.68	32.15	12.25	20.39	4.56	6.23	8.76	4.00	9.12	2.53
2003	0.78	2.13	0.95	33.43	12.24	19.77	4.46	6.01	9.01	3.66	9.14	2.28
2004	0.90	2.15	1.01	31.97	12.26	20.46	4.27	6.04	9.75	3.66	9.30	2.29
2005	0.92	2.28	1.13	31.77	12.18	19.98	4.20	5.97	9.37	3.48	10.84	2.20
2006	0.95	2.49	1.35	31.39	12.80	20.18	3.84	5.35	9.87	3.89	10.45	2.23
2007	1.03	2.56	1.51	31.91	12.71	19.62	3.59	6.06	9.91	3.36	10.68	2.16
2008	1.05	2.67	1.65	31.85	12.65	19.83	3.62	5.30	10.12	3.34	11.04	2.24
2009	1.11	2.88	2.24	32.54	12.81	19.64	3.31	5.22	10.50	3.52	10.42	2.04
2010	1.12	3.04	2.60	32.85	12.55	19.07	3.41	4.75	10.81	3.32	11.28	1.96
变化趋势(%)	0.01	4.51	14.73	1.63	0.78	-2.37	-1.51	-1.51	2.15	-0.36	1.96	-0.77

(二)经济发展水平中等城市土地利用指标分析

如表5-8所示,经济发展水平中等(2010年市区人均GDP介于40 000~69 999元)城市的土地利用指标中,同样表现出2003年之后城市土地的人口容纳能力下降的趋势,而城市土地单位面积的GDP和投资金额则分别从2.5亿元/km²提高到4.5亿元/km²、从0.85亿元/km²提高到3.6亿元/km²,年均增长率分别达到4.91%和12.81%。从城市土地各项用途所占比例分布看,居住用地所占比例总体上维持在30%左右,工业用地、仓储用地和对外交通用地均有较大程度的下降,而道路广场用地和绿地所占比例则有较大幅度的上升。

表 5-8 经济发展水平中等城市土地利用主要指标

年份	人均用地(km^2/万人)	单位面积GDP(亿元/km^2)	单位面积的投资额(亿元/km^2)	城市土地各项用途的比例分布(%)								
				居住用地	公共设施用地	工业用地	仓储用地	对外交通用地	道路广场用地	市政公用设施	绿地	特殊用地
1998	1.04	2.48	0.85	30.13	11.43	24.63	4.96	6.67	7.32	3.99	7.17	3.69
1999	1.07	2.53	0.84	29.92	11.82	23.88	4.96	6.41	7.28	3.57	8.37	3.78
2000	1.10	2.65	0.75	30.53	11.70	23.78	4.79	6.47	8.14	3.58	7.81	3.19
2001	1.11	2.64	0.94	30.85	11.79	22.72	4.59	5.94	8.23	4.17	8.98	2.72
2002	1.11	3.24	1.03	30.32	11.73	23.38	4.43	5.70	8.83	3.86	9.02	2.73
2003	0.84	3.23	1.47	30.21	12.15	23.13	4.12	5.36	8.71	3.87	9.74	2.72
2004	0.98	3.09	1.54	30.63	12.55	23.09	3.87	5.20	9.34	3.67	9.14	2.52
2005	1.14	3.22	1.69	30.08	12.45	23.51	3.84	5.22	9.38	3.77	9.37	2.38
2006	0.99	3.42	1.90	29.41	13.09	23.57	3.72	4.70	10.12	3.69	9.54	2.16
2007	1.04	3.70	2.22	29.93	13.04	23.58	3.46	4.47	10.51	3.39	9.77	1.86
2008	1.08	3.90	2.46	30.23	13.08	23.24	3.32	4.33	10.67	3.40	9.94	1.78
2009	1.14	4.47	3.21	29.69	13.00	22.94	3.38	4.57	10.91	3.42	10.16	1.93
2010	1.18	4.41	3.61	30.93	12.16	22.29	3.28	4.33	11.30	3.54	10.40	1.77
变化趋势(%)	0.06	4.91	12.81	0.09	1.10	−1.27	−1.58	−2.11	3.38	−0.26	2.38	−1.73

(三)经济发展水平较高城市土地利用指标分析

表 5-9 经济发展水平较高城市土地利用主要指标

年份	人均用地(km^2/万人)	单位面积GDP(亿元/km^2)	单位面积的投资额(亿元/km^2)	城市土地各项用途的比例分布(%)								
				居住用地	公共设施用地	工业用地	仓储用地	对外交通用地	道路广场用地	市政公用设施	绿地	特殊用地
1998	1.28	3.24	1.16	28.91	12.82	23.86	5.15	6.10	7.82	3.27	9.42	2.64
1999	1.19	3.61	1.15	29.02	11.34	25.16	4.84	6.05	9.03	3.21	8.60	2.74
2000	1.13	3.98	1.11	29.04	11.63	24.53	4.77	6.13	9.10	3.45	8.56	2.79
2001	1.13	4.36	1.47	29.60	11.95	23.39	4.95	6.14	9.31	3.28	8.90	2.48
2002	1.16	5.06	1.66	29.01	11.58	24.60	4.37	6.02	9.14	3.42	9.25	2.60
2003	0.96	4.83	2.11	28.77	12.01	24.18	3.93	5.52	9.91	3.23	9.84	2.60

续表

年份	人均用地(km²/万人)	单位面积 GDP(亿元/km²)	单位面积的投资额(亿元/km²)	城市土地各项用途的比例分布(%)								
				居住用地	公共设施用地	工业用地	仓储用地	对外交通用地	道路广场用地	市政公用设施	绿地	特殊用地
2004	1.01	5.17	2.40	28.58	11.94	24.40	3.88	5.27	9.84	3.32	10.60	2.17
2005	1.05	5.59	2.60	29.55	11.70	23.64	3.88	4.75	10.30	3.61	10.63	1.95
2006	1.05	6.15	2.81	30.19	12.46	23.74	3.80	4.85	10.10	3.61	9.22	2.03
2007	1.16	6.00	2.99	28.26	12.07	24.91	3.65	4.68	10.73	3.23	10.51	1.97
2008	1.21	6.24	3.09	27.83	12.04	24.56	3.67	4.22	11.04	3.47	11.07	2.10
2009	1.23	6.94	3.88	28.51	11.47	25.01	3.46	4.41	11.39	3.20	10.74	1.81
2010	1.27	7.07	4.02	28.65	11.44	24.52	3.11	4.62	11.97	3.43	10.44	1.82
变化趋势(%)	0.04	6.72	10.91	-0.66	-0.28	0.18	-1.51	-1.68	2.82	0.06	1.89	-0.81

如表 5-9 所示,经济发展水平较高(2010 年市区人均 GDP 超过 70 000元)城市人均用地指标显示出 2002 年之前略有降低而 2003 年之后不断上升的相反变化趋势,同样表明 2003 年之后城市土地的人口容纳能力在不断下降。城市土地单位面积的 GDP 从 1998 年的3.24亿元/km^2 提高到 2010 年的 7.07 亿元/km^2,年均增长率为 6.72%;而单位土地面积投资金额则从 1998 年的 1.16 亿元/km^2 提高到 2010 年的 4.02 亿元/km^2,年均增长率为 10.91%。从城市土地各项用途所占比例分布看,居住用地略有减少,工业用地几乎维持不变,而仓储用地和对外交通用地所占比例分别减少 1.51 和 1.68 个百分点。城市土地各项用途中,居住用地、公共设施用地、仓储用地、对外交通用地和特殊用地所占比例的减少几乎全部转化为道路广场用地和绿地所占比例的提高(分别提升 2.82 和 1.89 个百分点)。

(四)国内不同经济发展水平城市土地利用指标的对比分析

从国内经济发展水平较低、中等和较高 3 个阶段城市的土地利用指标看:第一,人均用地到 2010 年均为 1.1km^2/万人 ~1.3km^2/万人,且自 2003 年之后该项指标的值均呈不断上升的趋势,表明整体上我国城市土地的人口容纳能力没有表现出随经济发展水平的提高而增强的趋势，但均体现出自 2003 年来不断下降的趋势。第二，如图 5-3（左）所示，城市土地单位面积的 GDP 在 1998—2010 年间均体现为与经济发展水平由低到高一致递增的趋势，且年均增长率分别为 4.51%、4.91% 和 6.72%。第三，如图 5-3（右）所示，城市土地单位面积投资金额同样在 1998—2010 年间随经济发展水平由低到高递增，但年均增长率则刚好相反，即低收入城市最高，高收入城市最低。由于 3 个经济发展水平阶段的城市单位土地面积的 GDP 和投资金额增长率的这种演变趋势，城市单位土地面积的 GDP 差距在扩大，而投资金额差距在缩小，但单位城市土地固定资本积累差距仍会因为图 5-3 中的右图所示的各经济发展水平间固定资本投资金额之间的差距而不断扩大。

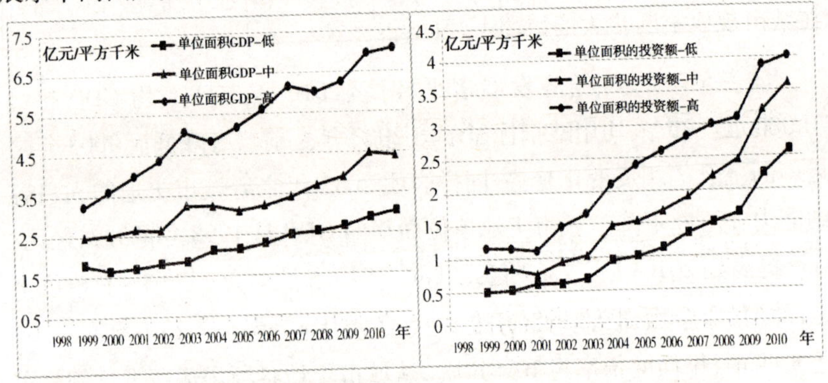

图 5-3　高、中、低经济发展水平城市单位土地面积 GDP 和投资金额

而从 3 个经济发展水平阶段城市各项土地用途所占比例分布看：第一，经济发展水平较低城市居住用地所占比例最高，其次是经济发展水平中等城市，最低的是经济发展水平较高城市，而且居住用地上升百分点分别为 1.63、0.09、-0.66，与居住用地所占比例在 3 组城市的分布高低相一致。第二，工业用地所占比例刚好与居住用地相反，即经济发展水平较高城市工业用地所占比例最高，其次是经济发展水平中等城市，经济发展水平较低城市的工业用地所占比例也最低。经济发展水平由低到高的 3 组城市工业用地变化值分别为-2.37、-1.27、0.18，刚

好与居住用地所占比例变化趋势相反。第三，道路广场用地和绿地所占比例均有较大幅度的提升。低收入城市道路广场用地和绿地所占比例分别提高了2.15和1.96个百分点，中等收入城市分别提高了3.38和2.38个百分点，高收入城市则分别提高了2.82和1.89个百分点，表明国内不同经济发展水平的城市均在较大程度上加强了市内道路广场和绿地的建设，以提高城市居民的居住环境质量。第四，仓储用地和对外交通用地在低、中、高收入阶段城市土地各用途所占比例分布中均有较大幅度的下降，低收入城市仓储用地和对外交通用地所占比例都分别减少了1.51个百分点，中等收入城市分别减少了1.58和2.11个百分点，高收入城市则分别减少了1.51和1.68个百分点。对于单个城市而言，由于仓储用地和对外交通用地占用土地面积相对比较固定，但在城市规模不断扩大的情况下，其所占比例也就会不断减少。

第三节　广西北部湾经济区城市土地利用

一、广西北部湾经济区城市用地各项指标分析

（一）广西北部湾经济区城市功能的划分

目前，广西北部湾经济区各城市的经济发展处于第一阶段，强调城市土地的功能定位，按功能分区进行城市土地利用扩张，有利于各城市形成和确定自身在城市体系中的角色和地位，这一阶段城市土地利用扩张的主要目标是服务于工业发展。

根据《广西北部湾经济区发展规划》，广西北部湾经济区的功能定位是：立足北部湾，服务“三南”（西南、华南和中南），沟通东中西，面向东南亚，充分发挥连接多区域的重要通道、交流桥梁和合作平台作用，以开放合作促开发建设，努力建成中国—东盟开放合作的物流基地、商贸基地、加工制造基地和信息交流中心，成为带动、支撑西部大开发的战略高地和开放度高、辐射力强、经济繁荣、社会和谐、生态良好的重要

国际区域经济合作区。

南宁市发展定位为广西北部湾经济区域中心。主要包括南宁市区及周边重点开发区，应发挥首府中心城市作用，重点发展高技术产业、加工制造业、商贸业和金融、会展、物流等现代服务业，建设保税物流中心，成为面向中国与东盟合作的区域性国际城市、综合交通枢纽和信息交流中心，建设成为一个交通便利、信息通畅、绿色环保、适宜创业和居住的现代化国际都市。

钦州市与防城港市发展定位为区域加工制造基地和物流基地。主要包括钦州、防城港市区和临海工业区及沿海相关地区，发挥深水大港优势，建设保税港区，发展临海重化工业和港口物流，成为利用两个市场、两种资源的加工制造基地和物流基地。

北海市主要包括北海市区、合浦县城区及周边重点开发区，应发挥亚热带滨海旅游资源优势，开发滨海旅游和跨国旅游，重点发展电子信息、生物制药、海洋开发等高技术产业和出口加工业，拓展出口加工区保税物流功能，保护良好的生态环境，成为人居环境优美舒适的海滨城市。

（二）广西北部湾经济区各城市用地的指标分析

表 5-10 至表 5-13 分别为 1998—2010 年南宁、北海、防城港和钦州 4 个城市的土地利用指标数据。

表 5-10　南宁城市土地利用主要指标

年份	人均用地(km^2/万人)	单位面积 GDP(亿元/km^2)	单位面积的投资额(亿元/km^2)	城市土地各项用途的比例分布(%)								
				居住用地	公共设施用地	工业用地	仓储用地	对外交通用地	道路广场用地	市政公用设施	绿地	特殊用地
1998	0.96	2.02	0.44	30.54	14.15	21.46	2.96	14.40	6.49	2.34	4.66	3.00
1999	0.98	2.12	0.56	31.15	14.25	20.69	2.86	14.32	6.74	2.28	4.49	3.23
2000	1.12	1.94	0.51	31.39	14.28	20.33	2.76	14.50	6.91	2.27	4.37	3.19
2001	1.14	1.78	0.69	30.57	13.99	19.64	2.77	16.64	6.87	2.22	4.22	3.09
2002	1.16	2.17	0.81	25.80	10.90	14.70	6.30	5.00	12.70	3.30	19.70	1.60
2003	0.86	2.29	1.02	25.80	10.90	14.70	6.30	5.00	12.70	3.30	19.70	1.60
2004	0.83	2.53	1.33	35.39	22.14	13.72	2.02	1.98	12.89	1.87	7.16	2.82
2005	0.68	2.58	1.54	38.37	18.88	16.57	2.12	2.29	10.89	2.21	6.06	2.59
2006	0.90	3.00	1.82	32.00	19.35	12.12	2.11	2.38	11.77	2.46	15.56	2.27
2007	0.95	3.26	2.07	33.17	19.33	12.23	2.06	2.27	13.07	2.37	13.35	2.16
2008	0.91	3.70	2.30	33.17	19.33	12.23	2.06	2.27	13.07	2.37	13.35	2.16
2009	0.89	4.12	1.24	33.17	19.33	12.23	2.05	2.27	13.07	2.37	13.35	2.15
2010	0.98	4.03	3.80	32.46	19.58	9.52	2.90	2.16	14.01	2.56	14.17	2.63
变化趋势(%)	—	5.92	19.68	1.91	5.19	-9.50	-0.52	-12.17	6.67	0.14	9.12	-0.83

南宁是广西壮族自治区首府,也是广西北部湾经济区的核心城市。从表 5-10 的数据看,城市土地的人口容纳能力有一定程度的下降,而产值密度和投资密度都有较大程度的提高。尤其是投资密度,在广西北部湾经济区效应的影响下,2006—2010 年间翻了一番。而从城市土地各种用途所占比例看,居住用地约占 1/3,公共设施用地、道路广场用地和绿地在 1998—2010 年间分别提高了 5.19、6.67 和 9.12 个百分点,工业用地和对外交通用地分别减少了 9.50 和 12.17 个百分点,表明南宁城市的产业发展功能正被大大弱化,而服务性功能则在不断增强。

从表 5-11 的数据看,2006—2010 年间,北海的城市土地的人口容纳能力大大降低。尽管投资密度在 2004 年后尤其是 2008 年后快速上升,但产值密度增长较慢。在城市土地的各项用途方面,居住用地和绿地所占比例大幅度增加，工业用地、仓储用地、对外交通用地所占比例均大幅度减少，城市功能进一步向居住、休闲型转化，产业功能则被大大地弱化。

表 5-11　北海城市土地利用主要指标

年份	人均用地（km²/万人）	单位面积 GDP（亿元/km²）	单位面积的投资额（亿元/km²）	城市土地各项用途的比例分布（%）								
				居住用地	公共设施用地	工业用地	仓储用地	对外交通用地	道路广场用地	市政公用设施	绿地	特殊用地
1998	1.51	2.07	0.45	17.68	21.30	18.46	5.80	6.93	15.39	8.40	5.22	0.82
1999	1.42	2.09	0.45	17.77	21.30	18.53	5.67	6.77	15.37	8.20	5.60	0.80
2000	1.40	1.44	0.49	17.90	21.21	18.63	5.63	6.83	15.28	8.15	5.57	0.80
2001	1.37	2.26	0.38	17.07	21.18	19.10	5.66	8.09	14.57	7.78	5.31	1.23
2002	1.32	2.50	0.54	17.30	21.07	18.99	5.63	8.18	14.53	7.74	5.35	1.23
2003	0.63	2.33	0.92	17.04	20.03	22.32	5.37	8.36	13.55	7.21	4.99	1.14
2004	0.62	2.61	1.02	21.34	21.54	22.09	5.00	7.41	11.15	5.96	4.49	1.01
2005	0.67	2.58	1.17	26.76	16.51	21.32	4.44	4.49	6.75	4.05	15.07	0.61
2006	0.64	2.69	1.51	25.28	17.52	23.00	4.89	4.24	6.38	3.89	14.23	0.58
2007	0.70	2.85	2.12	25.28	17.52	23.00	4.89	4.24	6.38	3.89	14.23	0.58
2008	1.16	2.03	1.79	—	—	—	—	—	—	—	—	—
2009	1.69	2.57	3.64	42.61	14.96	13.20	0.83	1.41	13.73	1.76	10.56	0.93
2010	1.69	3.04	5.10	41.87	14.71	12.98	0.81	1.38	13.49	1.73	12.11	0.92
变化趋势（%）		3.25	22.42	24.46	-6.44	-5.45	-4.88	-5.45	-1.74	-6.51	5.87	0.12

表 5-12　防城港城市土地利用主要指标

年份	人均用地（km²/万人）	单位面积 GDP（亿元/km²）	单位面积的投资额（亿元/km²）	城市土地各项用途的比例分布（%）								
				居住用地	公共设施用地	工业用地	仓储用地	对外交通用地	道路广场用地	市政公用设施	绿地	特殊用地
1998	1.44	1.98	0.39	43.33	11.86	6.52	7.71	1.84	14.23	3.68	9.54	1.30
1999	1.44	2.08	0.28	36.32	10.24	9.72	10.58	5.73	12.03	3.99	8.79	2.60
2000	1.41	2.13	0.38	36.41	10.10	9.64	10.85	5.71	11.94	3.98	8.77	2.60
2001	1.35	2.34	0.69	36.41	10.08	9.62	10.83	5.70	12.04	3.97	8.76	2.59

续表

年份	人均用地(km^2/万人)	单位面积GDP(亿元/km^2)	单位面积的投资额(亿元/km^2)	城市土地各项用途的比例分布(%)								
				居住用地	公共设施用地	工业用地	仓储用地	对外交通用地	道路广场用地	市政公用设施	绿地	特殊用地
2002	1.35	2.51	0.55	36.36	10.07	9.67	10.82	5.70	12.03	3.97	8.75	2.65
2003	1.78	2.51	0.64	36.26	10.17	9.59	10.74	5.65	12.16	3.94	8.85	2.63
2004	1.75	2.79	1.04	36.25	10.19	9.73	10.70	5.63	12.12	3.93	8.82	2.62
2005	1.75		1.56	36.25	10.17	9.77	10.68	5.63	12.16	3.92	8.81	2.61
2006	1.74	3.59	2.51	35.37	9.72	9.50	10.09	5.31	11.49	3.97	12.08	2.47
2007	1.31	4.52	3.45	35.28	9.69	9.48	10.06	5.30	11.46	3.96	12.31	2.46
2008	1.30	5.64	4.22	35.43	9.57	9.89	9.94	5.24	11.37	3.97	12.16	2.43
2009	2.01	4.35	4.92	29.46	7.61	8.21	7.27	4.11	15.98	3.35	21.89	2.11
2010	1.97	5.06	6.81	28.13	6.99	7.29	6.42	3.66	15.58	3.16	26.86	1.90
变化趋势(%)	0.33	8.13	26.91	-7.68	-2.68	-0.16	-1.84	-0.09	1.58	-0.39	11.27	-0.02

从表5-12所示的防城港城市土地利用主要指标看,该市城市土地的人口吸纳能力一直在降低。产值密度和投资密度尽管都呈高速增长趋势,但产值密度增长率不到投资密度增长率的1/3,远远低于前文对我国三大区域城市或三种功能型城市分析结果显示的50%。在城市各项用途所占比例分布上,尽管居住用地减少了7.68个百分点,但工业用地所占比例几乎没有增加,甚至在2005年后还有所减少。绿地和道路广场用地所占比例在2006年后尤其是2008年后快速提高,表明防城港城市土地更多地用于广场、绿地的建设,从而极大地压缩了城市产业发展所需的工业用地、仓储用地和对外交通用地。

在广西北部湾经济区的4个主要城市中,钦州不仅城市土地的人口容纳能力低,而且产值密度和投资密度也低于其他3个城市,如表5-13所示。对于钦州的城市土地利用而言,尽管公共设施用地所占比例仍然偏高,但工业用地超过20%、居住用地低于30%、道路广场用地约10%、绿地低于10%等指标表明,钦州的城市土地利用是广西北部湾经济区4个主要城市中最合理的。

表 5-13　钦州城市土地利用主要指标

年份	人均用地(km^2/万人)	单位面积 GDP(亿元/km^2)	单位面积的投资额(亿元/km^2)	城市土地各项用途的比例分布(%)								
				居住用地	公共设施用地	工业用地	仓储用地	对外交通用地	道路广场用地	市政公用设施	绿地	特殊用地
1998	3.22	0.98	0.22	38.77	13.51	12.27	9.97	8.86	8.64	2.22	4.65	1.11
1999	3.14	1.09	0.20	38.59	13.45	12.22	9.92	8.82	8.95	2.21	4.74	1.10
2000	3.05	1.14	0.17	38.59	13.43	12.18	9.89	8.80	8.97	2.20	4.84	1.10
2001	3.22	1.12	0.27	71.31	22.58	1.45	0.71	0.74	1.09	0.71	1.06	0.35
2002	3.31	1.14	0.32	33.54	11.40	20.05	6.75	5.34	10.87	2.57	8.76	0.72
2003	0.53	1.13	0.40	33.54	11.40	20.05	6.75	5.34	10.87	2.57	8.76	0.72
2004	0.52	1.18	0.59	33.54	11.40	20.05	6.75	5.34	10.87	2.57	8.76	0.72
2005	1.95	1.23	0.74	33.54	11.40	20.05	6.75	5.34	10.87	2.57	8.76	0.72
2006	1.23	2.77	2.04	29.24	19.08	16.39	4.29	8.11	14.65	1.52	6.23	0.50
2007	3.13	1.42	1.09	29.23	16.12	23.00	5.46	9.02	9.16	2.13	5.19	0.68
2008	1.68	2.08	1.08	30.64	15.58	22.08	5.73	8.74	9.07	2.61	4.90	0.64
2009	2.63	2.52	3.54	29.33	16.26	22.55	4.43	8.67	9.64	2.75	5.83	0.55
2010	3.07	1.94	1.95	28.81	15.51	23.32	4.48	8.10	10.76	2.74	5.77	0.51
变化趋势(%)	-0.68	5.86	19.94	-9.06	2.32	10.43	-5.05	-0.32	0.97	0.49	0.76	-0.54

二、广西北部湾经济区与国内各城市分组土地利用比较

(一)与三大经济区域城市土地利用比较

与长三角、珠三角和环渤海地区城市土地利用对比，广西北部湾经济区城市土地利用存在以下几个方面的问题：

1. 城市土地利用效率低

第一，到 2010 年，长三角、珠三角和环渤海地区城市土地的人口容纳能力大致在 $1km^2$/万人～$1.2km^2$/万人。而广西北部湾经济区各个城市的该项指标，除南宁接近三大经济区域城市的该项指标外，另外 3 个城市的该项指标均远高于三大经济区域，表明广西北部湾经济区城市土地的人口容纳能力低。第二，到 2010 年广西北部湾经济区城市土

地的产值密度最高的防城港为5.06亿元/km²,最低的钦州只有1.94亿元/km²,南宁和北海则分别为4.03亿元/km²和3.04亿元/km²,远低于珠三角的8.21亿元/km²、长三角的6.66亿元/km²和环渤海地区的5.45亿元/km²。第三,广西北部湾经济区城市固定资产投资的经济效益低。广西北部湾经济区产值密度和投资密度均表现出较快的增长趋势,1998—2010年间,南宁的产值密度和投资密度平均增长率为5.92%和19.68%,北海为3.25%和22.42%,防城港为8.13%和26.91%,钦州为5.86%和19.94%。这是因为广西北部湾经济区本来的经济发展水平低,所以产值密度和投资密度的起始值低,加上在近年来北部湾经济区一系列政策优势的带动下,产值密度和投资密度出现了高速增长。但从产值密度增长率与投资密度增长率的比值看,南宁、北海、防城港和钦州分别为0.30、0.14、0.30和0.29,而长三角、珠三角和环渤海地区城市的该项比值则分别为0.51、0.43和0.41。这种差距表明广西北部湾经济区城市的投资转化为促进城市经济增长的效率比较低下。也就是说,城市固定资产投资中生产性投资少而消费性投资(建广场、绿地)多。

2. 城市土地的各项用途所占比例分布不合理

到2010年,三大经济区域城市土地各项用途所占比例分布,按照居住用地、公共设施用地、工业用地、仓储用地、对外交通用地、道路广场用地、市政公用设施用地、绿地、特殊用地的顺序,长三角地区是29∶11∶27∶2∶4∶13∶3∶9∶2,珠三角地区是29∶10∶30∶2∶3∶12∶4∶8∶2,环渤海地区是30∶11∶26∶3∶5∶11∶3∶9∶2。而广西北部湾经济区各城市中,南宁的比例分布为32∶20∶10∶3∶2∶14∶3∶14∶3,北海为42∶15∶13∶1∶1∶13∶2∶12∶1,防城港为28∶7∶7∶6∶4∶16∶3∶27∶2,钦州为29∶16∶23∶4∶8∶11∶3∶6∶1。与三大经济区域城市的各项城市土地用途所占比例分布相对比,除钦州稍显合理外,另外3个城市都是对外交通用地、仓储用地和工业用地所占比例大大偏低,而道路广场用地、绿地和公共设施用地所占比例大大偏高。在长三角、珠三角和环渤海地区城市土地利用中,道路广场用地、绿地和公共设施用地所占比例在30%左右,而广西北部湾经济区各个城市则达到40%~50%。正是由于城市土地利用分布的不合理,使得广西北部湾经济区城市固定资产投资对城市经济增长的效率低下。

(二)与国内功能型城市土地利用比较

1. 南宁与经济中心城市和省会城市的比较

首先,从城市土地利用效率看,南宁城市土地的人口容纳能力略强于沿海经济中心城市,与省会城市大致相等,但产值密度大大低于沿海经济中心城市和省会城市。投资密度虽然到2010年已经达到3.80亿元/km^2,接近于沿海经济中心城市的3.85亿元/km^2和省会城市的3.97亿元/km^2,但2009年及之前的投资密度均大大低于沿海经济中心城市和省会城市,因此在南宁城市的单位土地面积上积攒的固定资本存量大大低于沿海经济中心城市和省会城市。其次,按照居住用地、公共设施用地、工业用地、仓储用地、对外交通用地、道路广场用地、市政公用设施用地、绿地、特殊用地的顺序,2010年沿海经济中心城市土地各项用途所占比例的分布为27:10:28:3:5:12:3:9:2,省会城市为31:14:18:3:5:12:4:11:2,而南宁的各项城市土地利用比例分布为32:20:10:3:2:14:3:14:3。总体上,南宁的居住用地所占比例接近经济中心城市和省会城市,但公共设施用地所占比例则大大高于沿海经济中心城市和省会城市,道路广场用地和绿地所占比例也略高于沿海经济中心城市和省会城市,而工业用地和对外交通用地所占比例则远低于沿海经济中心城市和省会城市。

2. 北海、防城港和钦州与国内工业城市的比较

首先,在城市土地利用效率上,到2010年国内工业城市土地的人口容纳能力大致为1.1km^2/万人,北海、防城港和钦州的该项指标均远高于1.1km^2/万人,3个城市土地的人口吸纳能力大大低于国内工业城市。从2010年的产值密度看,除防城港的产值密度(5.06亿元/km^2)比较接近工业城市(5.87亿元/km^2)外,北海和钦州均分别只有国内工

业城市的1/3～1/2。而从投资密度看,2010年北海和防城港的投资密度分别达到5.10亿元/km^2和6.81亿元/km^2,远高于国内工业城市的3.95亿元/km^2。但存在的问题同样是由于之前投资密度较低,因此城市单位土地面积积攒的固定资本存量低。其次,尽管在广西北部湾经济区发展规划中并未明确北海、防城港和钦州在经济区内将会发挥工业中心的职能,但在南宁作为经济区的核心首位城市而发挥服务和辐射功能的背景下,北海、防城港和钦州3个城市发挥作为经济区的工业中心和物流中心的功能是相对比较明确的。依据前文的分析,2010年国内工业城市土地各项用途所占比例分布大致为30∶11∶25∶3∶5∶11∶4∶9∶2(土地指标排列顺序同前),而北海城市土地各项用途比例分布为42∶15∶13∶1∶1∶13∶2∶12∶1,防城港为28∶7∶7∶6∶4∶16∶3∶27∶2,钦州为29∶16∶23∶4∶8∶11∶3∶6∶1。其中,北海的居住用地所占比例大大高于工业城市,防城港和钦州则接近工业城市的30%。北海和防城港的工业用地所占比例分别仅为13%和7%,大大低于工业城市的25%。此外,公共设施用地、道路广场用地和绿地3项指标占城市用地的比例总和,工业城市为31%,钦州为33%,而北海为40%,防城港更是高达50%。

(三)与国内不同经济发展水平城市土地利用的对比分析

2010年,广西北部湾经济区4个主要城市中,南宁的人均GDP为48 322元,北海为36 092元,防城港为45 751元,钦州为33 526元,南宁和防城港属于经济发展水平中等的城市组,而北海和钦州均属于经济发展水平较低的城市组。

1.北海、钦州与经济发展水平较低城市土地利用对比分析

首先,从城市土地人均用地指标看,北海和钦州的该项指标都大大超过我国经济发展水平较低的城市组,表明北海和钦州城市土地的人口容纳能力较低。其次,从图5-4(右)看,北海在2008年之前的城市土地单位面积投资金额大致与经济发展水平较低城市相等,但2009和2010年则大大高于经济发展水平较低城市。钦州则除了2010年外,城

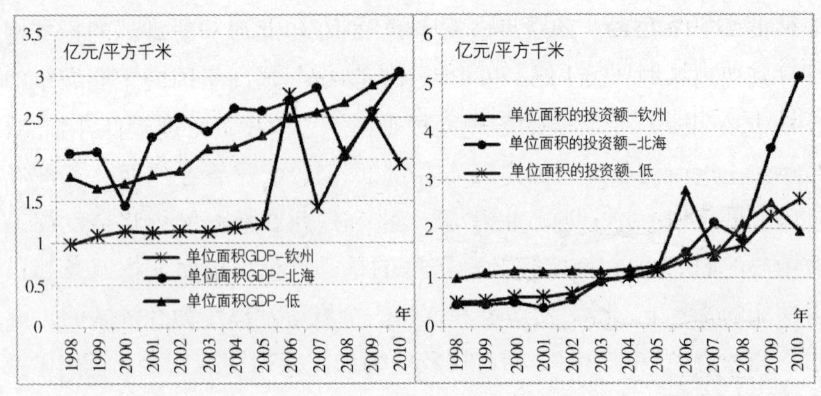

图 5-4 钦州、北海与经济发展水平较低城市单位面积 GDP 与投资金额对比

市土地单位面积投资金额一直略高于经济发展水平较低城市。由此可见,北海和钦州两个城市土地单位面积的固定资本存量积累应该不低于国内经济发展水平较低的城市,但从图 5-4(左)所反映的钦州、北海与国内经济发展水平较低城市的城市土地单位面积 GDP 对比看,钦州的该项指标在 2005 年之前一直大大低于国内经济发展水平较低城市,而 2006—2010 年间则表现出较大幅度的波动,但总体上看仍然低于国内经济发展水平较低城市。北海在 2007 年之前,除 2000 年外,整体上单位面积的 GDP 高于国内经济发展水平较低的城市,但 2008 年骤降到不足后者的 80%。由此可见,2008 年广西北部湾经济区的开发上升为国家层面的发展战略后,极大地改变了经济区域内的城市土地利用。

从钦州、北海与国内经济发展水平较低城市在城市土地各项用途所占比例分布看,近年来,北海的居住用地所占比例从原来偏低骤然上升到大大高于经济发展水平较低城市,而钦州则从原来偏高下降到低于经济发展水平较低城市(如图 5-5 左上图所示)。工业用地所占比例则呈现出与居住用地相反的趋势,北海由 2003—2007 年略高于转变为大大低于经济发展水平较低城市,而钦州却由之前低于转变为高于经济发展水平较低城市(如图 5-5 右上图所示)。而从广场、绿地和公共设施用地 3 项综合所占比例变化趋势看,尽管都呈较明显的上升趋势,但北海维持在 40% 左右,而钦州与经济发展水平较低城市一样,均延续了从低于30%向高于30%攀升的趋势。同样，仓储和对外交通用地两项综合所占比例均呈下降趋势，但北海从超过12%下降到2%左右，大大低于钦州的12%和经济发展水平较低城市的8%。

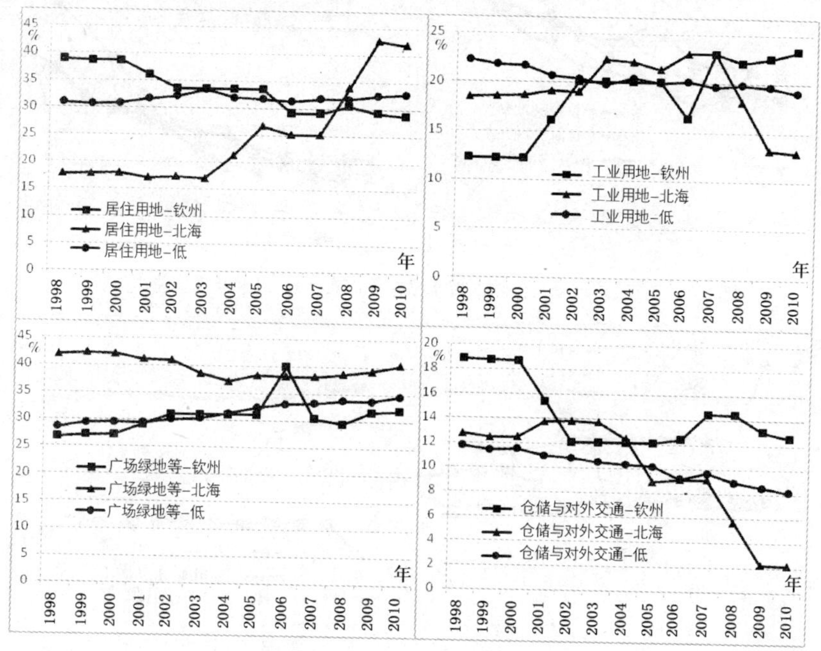

图5-5　钦州、北海与经济发展水平较低城市土地各项用途所占比例分布对比

2. 南宁、防城港与经济发展水平中等城市土地利用对比分析

从南宁、防城港与经济发展水平中等城市的城市土地利用指标看，南宁城市土地的人口容纳能力要稍强于经济发展水平中等的城市，而防城港城市土地的人口容纳能力则较弱。如图5-6左图所示，南宁的城市土地单位面积GDP一直低于经济发展水平中等城市，而防城港的城市土地单位面积GDP则自2005年之后提升到高于经济发展水平中等城市。如图5-6右图所示，在南宁、防城港与经济发展水平中等城市的城市土地投资密度对比中，南宁与经济发展水平中等城市大致一样。但防城港自2005年之后快速提高，到2010年城市土地投资密度差不多达到经济发展水平中等城市的两倍。

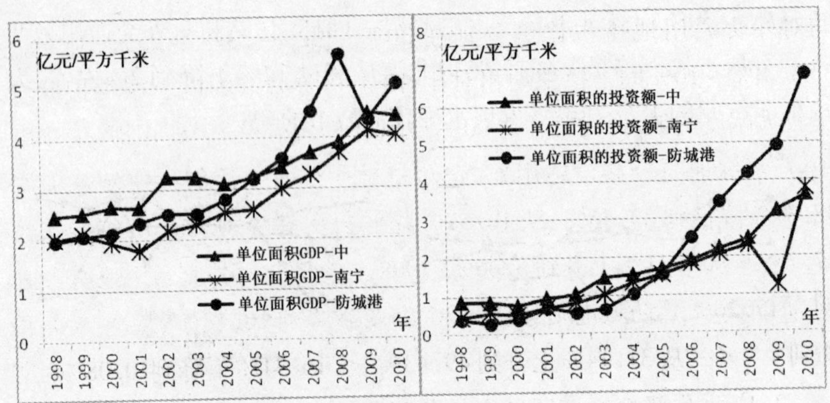

图 5-6　南宁、防城港与经济发展水平中等城市土地 GDP 与投资密度对比

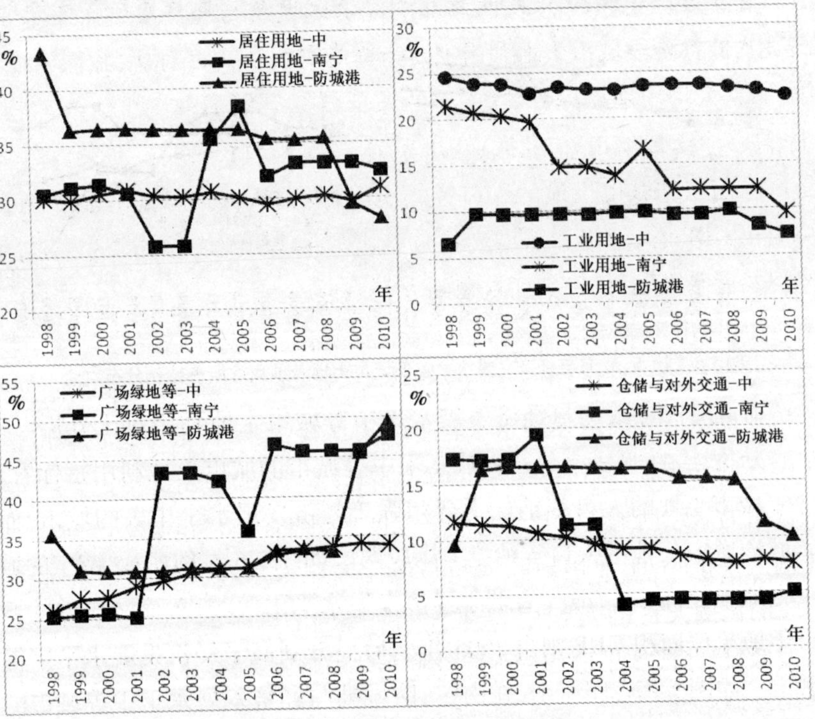

图 5-7　南宁、防城港与经济发展水平中等城市土地各项用途所占比例分布对比

如图 5-7 所示，从城市土地各项用途所占比例分布看，与经济发展水平中等城市在居住用地、工业用地、广场绿地与公共设施用地、仓储

与对外交通用地所占比例分别在30%～32%、23%～25%、30%～35%、8%～10%间平稳变动相对比，南宁和防城港的以上四类指标均呈较大幅度的波动，尤其在2000—2010年间，南宁的居住用地、工业用地、广场绿地与公共设施用地、仓储与对外交通用地所占比例分别从38.37%降低到32.46%、从16.57%降低到9.52%、从35.83%上升到47.76%、从4.41%上升到5.06%（1998年仓储与对外交通用地所占比例为17.26%），防城港则分别从36.25%下降到28.13%、从9.77%下降到7.29%、从31.14%上升到49.43%、从16.31%下降到10.08%。

3. 广西北部湾经济区城市与各阶段城市土地利用对比分析

表5-14为2010年广西北部湾经济区城市与经济发展水平处于高、中、低各阶段城市土地利用主要指标的对比。通过对比，我们发现：第一，从人均用地指标看，除南宁的该项指标略低于经济发展水平低、中、高三个阶段城市外，北海、钦州和防城港均偏高，表明广西北部湾经济区除南宁外城市土地的人口容纳能力都偏低。第二，从城市土地单位面积GDP看，南宁和防城港接近经济发展水平中等城市，北海等于经济发展水平较低城市，而钦州则大大偏低于经济发展水平较低城市。第三，从城市土地单位面积投资额看，北海和防城港都已经大大超过经济发展水平较高城市，南宁介于经济发展水平中等和较高城市之间，而钦州则仍然低于经济发展水平较低城市。第四，从城市土地各项用途所占比例分布看，居住用地除北海所占比例明显偏高外，南宁、防城港和钦州的居住用地所占比例与经济发展水平各阶段城市28%～32%的比例大致相同；工业用地除钦州与经济发展水平各阶段城市19%～24%的比例大致相当外，南宁、北海和防城港的工业用地所占比例都大大偏低；道路广场用地和绿地除钦州所占比例分别低于经济发展水平各阶段城市外，南宁、北海和防城港均明显偏高；对外交通用地所占比例表现为钦州偏高，防城港比较接近经济发展水平各阶段城市4%～5%的比例，南宁和北海均大大偏低；仓储用地所占比例则呈钦州和防城港偏高，南宁接近经济发展水平各阶段城市3%左右的比例，而北海

大大偏低的状况；公共设施用地指标方面，防城港的6.99%只有发展水平各阶段城市约12%的一半多，而南宁、北海和钦州则偏高2～7个百分点。

表5-14　2010年广西北部湾经济区城市与各阶段城市土地利用对比

城市（组）	人均用地（km^2/万人）	单位面积GDP（亿元/km^2）	单位面积的投资额（亿元/km^2）	城市土地各项用途的比例分布（%）								
				居住用地	公共设施用地	工业用地	仓储用地	对外交通用地	道路广场用地	市政公用设施	绿地	特殊用地
南宁	0.98	4.03	3.8	32.46	19.58	9.52	2.9	2.16	14.01	2.56	14.17	2.63
北海	1.69	3.04	5.1	41.87	14.71	12.98	0.81	1.38	13.49	1.73	12.11	0.92
防城港	1.97	5.06	6.81	28.13	6.99	7.29	6.42	3.66	15.58	3.16	26.86	1.9
钦州	3.07	1.94	1.95	28.81	15.51	23.32	4.48	8.1	10.76	2.74	5.77	0.51
低	1.12	3.04	2.6	32.85	12.55	19.07	3.41	4.75	10.81	3.32	11.28	1.96
中	1.18	4.41	3.61	30.93	12.16	22.29	3.28	4.33	11.3	3.54	10.4	1.77
高	1.27	7.07	4.02	28.65	11.44	24.52	3.11	4.62	11.97	3.43	10.44	1.82

三、关于广西北部湾经济区城市土地可持续利用的思考

（一）城市土地固定资本存量的积累

由于历年来广西北部湾经济区城市土地单位面积投资额较低，因此尽管近年来广西北部湾经济区城市土地的投资密度大大提高，但城市土地单位面积的固定资本存量积累仍然较少。加上近年来广西北部湾经济区城市土地投资密度增加的相当大一部分是用于广场、绿地等非生产性用途的，因而城市土地的生产性固定资本存量积累更少。因此，提高广西北部湾经济区城市土地单位面积固定资本尤其是生产性固定资本存量积累，对于提高广西北部湾经济区城市土地利用效率进而保障土地可持续利用至关重要。

（二）调整和合理分布城市土地利用比例

在广西北部湾经济区城市土地各项用途所占比例分布中，公共设施用地、道路广场用地和绿地所占比例严重偏高，而工业用地、仓储用

地和对外交通用地所占比例却大大偏低。这种城市土地用途分配不利于广西北部湾经济区城市经济增长。在可以预见的未来，随着广西北部湾经济区开放开发的深入，外部资本的涌入和内部资本的积累都需要更多的城市土地用于产业发展。但对本就人多地少的广西北部湾经济区而言，土地资源稀缺，加上目前的这种城市土地利用无序状态，必然导致广西北部湾经济区城市经济增长进程中较之东部地区更早出现土地瓶颈的制约现象。

（三）城市土地分类用途比例应随城市开发区功能而异

针对各开发区自身的特点，开发区内的土地利用类型的比例也应该有各自的侧重点。以南宁市各个开发区为例，高新区内由于对周边环境的要求相对较高，因此对绿地和市政公用设施用地的比例就要求高一些，而工业用地和居住用地及其他类型用地就要适当减少以适应高新区的土地利用模式。同时，在居住用地方面也应尽量避免散乱状况，做到合理布局。工业区和经济技术开发区的土地利用类型由于对工业用地的需求较大，在土地利用规划中应侧重于工业用地和仓储用地以及对外交通用地，以适应经济的发展和城市化进程的需要，在提高此类用地的比例的同时也要协调开发区与周边已建成区的空间布局，减少土地利用的二次开发成本。总之，各类型开发区应在满足开发区的发展需要的前提下，协调整个城市土地利用布局，以科学发展观为指导，走区域协调和可持续发展的道路，带动城市稳定、持续、协调发展。

（四）产业扩散和转移应注重功能分区和与当地配套设施的衔接，以有效利用城市土地

随着广西北部湾经济区城市化进程的不断深入，城市规模的不断扩大，城市的边缘将逐渐向周边区县推移，城市产业也将向周边卫星城镇扩散，以满足城市建设用地和经济发展的需要。城市规模的扩张和产业的扩散将驱动周边卫星城镇产业的重新组合和布局以及功能分区的重新规划。这些产业的重新组合和布局、功能分区的二次规划需要相关的配套设施为之服务，以支撑其存续和发展。因此，城市在向邻近

区县扩张的过程中应当注重产业布局的合理性、科学化以及规模化，做好产业转移、功能分区规划与当地配套设施的衔接工作，充分利用当地的现有配套设施以减少扩张的功能区内相关配套设施用地，而将土地更多地用于产业的发展，从而提高土地的利用效率，增大土地的开发强度，实现城市土地利用的可持续发展。

第四节 结论

由于受人多地少的实际情况约束，在快速城市化和工业化的进程中，如何集约利用城市土地，提高城市的人口容纳能力和经济产出效率是广西北部湾经济区亟待解决的问题。从本章的相关数据分析可以看出，相较于东部主要经济区域和国内主要功能城市的土地利用，广西北部湾经济区的城市土地利用效率仍然显得相当低下。而且，在课题组成员的实地考察中我们还发现，广西北部湾经济区的城市土地利用，即使是在新设立的开发区、新城区、新城镇的建设中也显得相当紊乱，仍然没有采取有力措施提高广西北部湾经济区城市土地利用效率。因此，对于广西北部湾经济区而言，采取适当的政策和措施，提高广西北部湾经济区城市土地利用效率，适应北部湾城市化和工业化的需要，保证广西北部湾经济区城市经济的持续快速增长，仍然显得任重而道远。

第六章　工业园区与广西北部湾区域经济增长

第一节　工业园区及其对区域经济发展的影响

一、工业园区的概念及主要类型

（一）概念

工业园区（Industrial Park）也称科学工业园区，一般是指集聚一定数量的企业，并享受一定政策优惠的特定地理区域。工业园区的兴起可以追溯到1951年。当时美国斯坦福大学在其校园内创办了斯坦福研究园，而后迅速发展成为举世闻名的"硅谷"。之后，建设科学园、工业园、科技城、技术城等各类园区就成为世界各国加快城市科技和经济发展步伐的普遍做法。而在我国，工业园是新型工业化的一种有效组织方式，它主要由政府为了促进经济发展而在一定地域范围内通过区位条件及优惠政策等吸引企业入园而形成①，是加快地区经济发展的非均衡发展战略的有效实践模式，是目前我国普遍采用的区域工业发展的政策工具。② 工业园区的发展，通过企业集群会带来资源集聚效应、分工协作效应、公共物品与区域品牌共享效应。③

---

① 周石生：《产业集群、工业园区与区域经济发展关联机理研究综述》，载《湖北社会科学》，2009（1）。

② 胡昌升、胡碧玉、梁玉冰：《从工业园区到企业集群：基于产业链延伸的思考》，载《经济体制改革》，2010（4）。

③ 周松兰：《世界工业园区建设的内在机理及成功经验借鉴》，载《市场经济研究》，2003（4）。

（二）发展阶段

工业园区的发展一般分为以下三个阶段：①

1. 第一阶段（1951—1980 年）

这是世界科学工业园区的起步、初创阶段。自 1951 年美国斯坦福大学创办闻名世界的“硅谷”后，从 1959 年开始美国先后设立了马萨诸塞州波士顿 128 公路（Route 128）、北卡罗来纳州三角研究公园（the Research Triangle of North Carolina）等著名的科学工业园区。日本从 20 世纪 60 年代后期开始从“贸易立国”转向“技术立国”，并着手实施筑波科学城计划。英国于 1957 年建立了著名的剑桥科学园，法国则于 1969 年开始建设索菲亚·安蒂波利斯科学城。在第一阶段，世界工业园数量比较少，到 1980 年全世界大约只有 50 个，且基本上分布于欧、美、日等发达资本主义国家，少数科学工业园区成效显著，能起到良好的示范作用。

2. 第二阶段（1980—1990 年）

这是世界工业园区的快速发展时期。到 1989 年底，美国已设立了 141 个科学工业园区。到 1990 年日本也在全国选定了 18 个地方兴建技术城，法国自 1984 年后又在波尔多、马赛、斯特拉斯堡、里昂、图卢兹等地建立科学园区，德国到 1990 年已建立 70 多个科学园。与此同时，一些新兴工业化国家和地区也相继创建了一批科学工业园区，如中国台湾（新竹）、韩国（大德）、新加坡（肯特岗）等。在此阶段，世界工业园区新增 500 多个，使世界科学园总数达到 641 个；一些发展中国家和地区开始举办科学园，从而使科学园的分布扩大到 34 个国家和地区，但仍主要分布在少数发达国家。科学工业园在各国和各地区的经济发展和产业升级中开始发挥重要的带动作用。

---

① 吴林海：《世界科技工业园区发展历程、动因和发展规律的思考》，载《高科技与产业化》，1999（1）。

3. 第三阶段(20 世纪 90 年代以来)

这是工业园区的稳定发展时期。在这一阶段,世界科学工业园区在世界范围内的数量和分布继续扩大,至 1992 年,设立工业园区的国家和地区增加到 48 个。到 1997 年,世界科学工业园区数量达到 1 009 个,其中 80% 分布在美国、澳大利亚、加拿大、法国、英国、日本、德国和中国。此外,科学园在发展中国家和地区蓬勃兴起和发展,如中国内地建立了 53 个国家级科学工业园区以及几百个地方高新技术产业开发区。

(三)工业园区的类型

工业园区在发展过程中形成了多种名称和形式,包括:

1. 孵化器(创业中心)

它是指专为企业技术创新优化环境,培育创新型、技术密集型小企业,使其风险降到最小的组织形式。孵化器的规模小,一般由孵化场地、多种服务设施以及行政、经营管理人员构成。如美国创业中心、加拿大创业中心、澳大利亚创业中心、中国创业中心等。

2. 科学研究园区

它以大学为核心,通过校园土地出租等多种方式吸引企业进入校园并从事研究开发和中间试验,促进企业与大学、研究机构的结合和科技成果的转化,集科学研究、技术开发和科学知识普及于一体。如美国斯坦福研究园、英国剑桥科学园、中国北京中关村高新技术开发区。

3. 科学工业园

这类园区主要以进口高技术成果为主,依靠政府和地方的资本、劳动力投入,将高技术成果转化为商品。园区主要包括基本技术公司组参与国家、国际竞争的技术公司以及地方技术公司组。中国台湾新竹科学工业园区、日本和韩国的高技术区大多属于科学工业园。

4. 高技术园区

这类园区以自主创新的高技术成果,经产品化和生产化形成基本技术公司,并逐步衍生而形成高技术园区。美国的硅谷、128 号公路,英国的 M 4 号公路和加拿大的北硅谷等属于这种类型的园区。

5. 高技术产品出口加工园区

它是在出口加工区的基础上,提供优良投资环境和研究环境,以吸引外资、引进先进技术和智力,其高技术产品主要供出口。如新加坡肯特岗科学工业园和英国苏格兰硅谷等。

6. 科学城

它在建设初期呈现为科研机构和大学的聚集地,主要从事基础研究和应用研究,而后发展成为将科研、教学、生产、社会管理与服务结合为一体的新型城市。如苏联的新西伯利亚科学城、日本的筑波科学城。

7. 技术城

它是将产、学、研、住结合在一起的以原有地方城市为母城,充分利用母城的各种有利条件,按全新设想建设的、环境优美的、与母城形成整体城市生活圈的新兴城市。如日本熊本技术城、法国里尔技术城和意大利瓦兰扎诺技术城等。

二、工业园区对区域经济发展的影响

(一)极化效应

工业园区通过集聚外部资源促进地区经济增长,主要体现在以下几个方面:

首先是人才的集聚。以我国高新技术开发区为例,2010 年,我国高新区企业年末从业人员 859.0 万人,其中大专学历以上人员 444.6 万人,占从业人员总数的 51.8%;具有中高级职称人员 114.3 万人,占从业人员总数的 13.3%;高新区从事科技活动的人员超过 161.1 万人,占从业人员总数的 18.7%;高新区拥有的 R&D 人员和 R&D 研究人员分别为 86.8 万人和 25.7 万人,按全时当量计分别为 52.4 万人/年和15.5 万人/年,每万名劳动力中 R&D 人员和 R&D 研究人员分别为 61 人和 18 人,分别是全国平均水平的 1.9 倍和 1.2 倍;在 263 名国家“千人计划”引进的海外高层次创业人才中,近 85% 来自高新区,人才高地效应明显。①

而在北京的中关村科技园,2010 年有科技活动人员 307 370 人,占中关村科技园从业人员的 26.54%,占北京市科技活动人员的比例则高达 58.02%。② 此外,如表 6-1 所示,中关村科技园从业人员中,工程技术人员占 30.96%,硕士及以上文化程度者占 10.78%,大学本科文化程度者占 39.27%,高级职称者占 5.17%。其中,硕士及以上和大学本科文化程度者在从业人员中的比例分别是北京全市的 2.12 倍和 2.04 倍。

表 6-1　2010 年中关村科技园从业人员分布

分类		人数(人)	占从业人员比例(%)
企业人力资源情况	从业人员年末人数	1 157 992	
	工程技术人员	358 569	30.96
	留学归国人员	9 760	0.84
	中高级管理人员	95 202	8.22
文化程度	博士及以上	11 915	1.03
	留学归国人员(博士及以上)	1 436	0.12
	硕　士	112 887	9.75
	留学归国人员(硕士)	5 961	0.51
	大　学	454 694	39.27
	大　专	231 346	19.98
技术职称	高　级	59 912	5.17
	中　级	123 776	10.69
	初　级	131 467	11.35
	高级技术工人	36 385	3.14

其次是资本的集聚。从开发区建立开始,巨额的基础设施投资和

① 科学技术部发展计划司:《2010 年国家高新技术产业开发区科技创新能力分析》,2011 年 9 月 23 日:http://www.sts.org.cn/tjbg/gjscy/documents/2011/20110923.htm.

② 依据《北京统计年鉴(2011)》中的相关数据计算。

大量的新企业就不断进入，开发区成为各个城市投资强度高的区域之一。从吸引外资数据看，如表6-2所示，2008年我国东部主要经济技术开发区实际利用外资最高的天津经济技术开发区达到25.12亿美元。此外，开发区占其所在城市实际利用外资的比例高，均超过10%，其中青岛经济技术开发区达到47.29%，广州经济技术开发区和广州南沙经济技术开发区合计实际利用外资占广州市的49.62%。

表6-2　2008年我国东部主要经济技术开发区实际利用外资情况

开发区名称	实际利用外资（亿美元）	占所在城市比重（%）
天津经济技术开发区	25.12	33.85
沈阳经济技术开发区	8.23	13.71
大连经济技术开发区	13.1	26.16
苏州工业园	18	22.13
宁波经济技术开发区	6.09	24.00
青岛经济技术开发区	12.5	47.29
厦门海沧台商投资区	5.23	25.61
广州经济技术开发区	10.34	28.54
广州南沙经济技术开发区	5.53	21.08

注：各开发区实际利用外资金额来自《中国开发区年鉴（2009）》，计算开发区占各城市实际利用外资金额比例的依据则是《中国城市统计年鉴（2009）》中公布的各城市2008年实际利用外资金额。

再次是企业的集聚。在城市郊区化背景下，极化效应还突出地表现在开发区吸引从主城区搬迁来的企业方面。比如，北京经济技术开发区已经承接了来自北京主城区的北人印刷机械股份有限公司、北京吉普汽车有限公司、北京华德液压工业集团有限责任公司、北京大宝化妆品有限公司、中国印刷总公司新华印刷厂、国际广告公司、五金工具厂等大中型制造业企业。①

---

① 郑国：《经济技术开发区对城市经济空间结构的影响效应研究——以北京为例》，载《经济问题探索》，2006（8）。

(二)扩散和带动效应

扩散效应是指开发区作为区域经济的增长极与区域内其他地区产生经济联系,进而带动整个区域发展的过程。开发区作为区域经济增长极的作用过程则主要体现为:在一定科教文化和政策环境基础上建设开发区,在吸引国外 R&D 活动及生产活动的同时,通过前向和后向关联效应吸引相关生产活动在开发区聚集。这样一方面能够增加就业和提高个人收入,从而带来地区总人口的增加;另一方面可以增加地方政府的财政收入,用于建设更好的基础设施,在这两个方面的共同作用下,地方第三产业得以加快发展,同时通过教育事业的发展,劳动力的素质得以提高。[①] 而开发区的建设和发展的扩散效应带动了区域经济发展,主要体现在以下几个方面:一是能够通过产品、资本、技术、人才、信息的流动,提高周围地区的边际劳动生产率和消费水平,引发周围地区的技术进步。[②] 二是样板效应[③],即先行到达开发区的外国或外地企业家在实际操作过程中,由于其自身良好的投资场所而产生的对同行或同类企业的示范作用。三是促进了区域城市化进程。以我国长三角地区为例,由于各开发区的兴建、外资的涌入创造了大量的就业机会,不但缓解了当地农村剩余劳动力转化的问题,而且吸收了大量区外、省外的自发性迁移人口。由于大量农业人口向城镇非农产业的转移,快速城市化呈现紧密依托现有城镇体系,大、中、小城镇齐头并进、协调发展的态势,在加剧长江三角洲本就十分密集的城镇密集度的同时,使区域内城市网络的形成由此进入加速阶段。[④] 四是促进了传统产业改造升级。以湖南省为例,由于传统产业体现为均衡布局型和资源依赖型,

---

① 王缉慈:《高新技术产业开发区对区域发展影响的分析架构》,载《中国工业经济》,1998(3)。

② 崔功豪、魏清泉等:《区域分析与规划》,360 页,北京:高等教育出版社,1999。

③ 李靖宇、张洪聚:《大连经济技术开发区:综合优势与辐射功能》,载《东北亚论坛》,1996(2)。

④ 张弘:《开发区带动区域整体发展的城市化模式——以长江三角洲地区为例》,载《城市规划汇刊》,2001(6)。

因此没有形成区域主导产业。长沙高新区以及沿京广线和107国道的株洲、湘潭、衡阳、岳阳4个高新区的建设，形成了南北向的高新技术产业带。由此，一方面使更多的资金和技术转移到有发展前景的高新技术产业，克服了传统产业布局过度分散化带来的弊端；另一方面，高新区形成优势产业后又会通过多层次的区域经济发展梯度，形成高新技术带动湖南传统产业改造的梯度推移，进一步推动全省产业布局的调整。①

（三）技术创新

开发区通过构建技术创新网络系统，使得区域内企业获得重要的协同作用和技术产品的交叉繁殖，从而增强竞争力，推动企业和国家经济与社会的发展。② 以高新区为例，长期以来，国家高新区不断完善创新体系、聚集创新资源、建立科技服务平台，不断创造新观念、新技术和新制度，有效地激发了地区经济的增长。③ 2010年我国高新区专利申请量达到124 980件，占全国总申请量的10.2%，其中发明专利申请63 770件，占全国总量的16.3%。2010年国家高新区企业共获得授权专利70 378件，占全国总量的8.6%，其中发明专利授权23 905件，占全国总量的17.7%。高新区企业拥有有效专利188 970件，其中有效发明专利69 168件，高新区内每万人拥有发明专利数量为80.5件。此外，我国高新区企业2010年生产了57 838种主导产品，其中开发生产新产品销售收入达到26 306.4亿元，占产品销售收入的34.2%；高新区企业创办的科技机构已达10 320个，企业各种技术性收入达7 373.2亿元。④ 我国的高新区还培育出一批知名的高新技术企业和新的经济

---

① 常立农、刘均匀：《湖南省高新技术产业开发区带动地方传统产业改造问题研究》，载《高科技与产业化》，2001(12)。

② 谢永琴：《论我国高新技术产业园区的区域创新网络建设》，载《科学管理研究》，2005(4)。

③ 陶庆先：《高新技术产业园区竞争力与地方经济增长关系探究——基于28个省份54个国家级高新区的实证分析》，载《科技与经济》，2010(3)。

④ 科学技术部发展计划司：《2010年国家高新技术产业开发区科技创新能力分析》，2011年9月23日：http://www.sts.org.cn/tjbg/gjscy/documents/2011/20110923.htm.

增长点，如联想、方正、四通、华为、长虹、远大、亚信、新浪等著名企业或品牌，近年来活跃在市场的高新技术企业几乎都是在高新区或火炬计划中孵化成功的。高新区发展了软件、数字化、网络化、生物医药、通讯、环保、海洋及高效农业等新兴产业。①

（四）产业集群与提升产业竞争力

产业集群对于地区经济增长的作用主要在于马歇尔外部性。而工业园区则是培育产业集群的场所。

就工业园区与产业集群之间的关系来说，一方面，工业园区是培育产业集群形成的生长点和发动机，是促进产业集群进一步良性发展的重要组成部分和引导手段。② 正是由于工业园区所具有的市场竞争、区域品牌共享、招商引资的区位和要素集聚等优势③，因此有利于企业在工业园区的集聚，并在发展过程中逐步形成相关企业的协同效应以促进产业集群的发展。另一方面，工业园区的发展有赖于企业集群的形成，工业园区应以产业的集群式发展作为最终方向④，并依靠园内企业的产业关联或者业务关联所形成的协同效应而得到进一步发展。因此，对于工业园区产业集群的发展，应以打造产业链为基础，促进园区大中小型企业紧密结合、专业化分工协作的网络体系的形成，形成贯穿于整个链条的价值流、服务流、信息流和资金流，创造链条的整体竞争优势，逐渐向具有核心竞争力的产业集群发展。⑤ 但如果不考虑地区经济和产业特点的实际情况以及产业链的实际需要，使园区成为一种企业的简单堆积而非有机的集群，或者在企业自主性丧失与企业被动集

---

① 张景安：《在创新中崛起的中国科技工业园区和企业孵化器》，载《中国科技产业》，2000(5)。

② 王志华：《工业园区发展的终结——生态工业园》，载《科学与管理》，2004(1)。

③ 蔡宁、杨闩柱：《基于企业集群的工业园区发展研究》，载《中国农村经济》，2003(1)。

④ 何振翔：《产业集群与工业园区的比较及其良性互动》，载《湖南科技大学学报》(社会科学版)，2006(2)。

⑤ 李靖、魏后凯：《基于产业链的中国工业园区集群化战略》，载《经济经纬》，2007(2)。

中下形成一种政府主导下的非产业集群式的园区增长[①],都将极不利于产业集群的发展,也不利于工业园区的发展。

工业园区产业集群化发展的现象在江苏省昆山市的出口加工区有集中的体现。台湾的微盟电子是世界较大的电脑主板生产商之一。它之所以到昆山建厂,是因为昆山的出口加工区集中了广志、伦飞志合、神达、英业达等6大笔记本电脑商,年产量占世界市场的1/4,对电脑主板有着巨大的需求量,正好可以购买微盟电子的产品。而这个投资达25亿元人民币的微盟电子(昆山)有限公司,在投产前就已经吸引了100多家配套生产服务商来昆山建厂。[②] 此外,东部沿海地区的一些开发区也大多呈现出产业的集群化,尤其是电子信息产业集群化。

(五)城市空间结构演变

城市空间结构的变化是城市与外部环境的相互作用以及城市系统内各组成要素之间的相互作用结果的外在表现。从开发区与所在城市的相互作用来看,我国开发区对城市空间结构的影响力主要包括来自跨国公司的外部作用力,城市、乡村的扩散力,以及开发区的集聚力。[③]

工业园区对于城市空间结构的影响主要体现在三个方面:第一,由于工业园区的发展以及工业园区内企业集聚园区周边人口和经济活动的增加,因此形成了城市新的主体功能区。工业园区的进一步发展可能形成城市的次中心乃至城市新的中心。以我国高新区为例,在高新区建设初期主要以发展产业为主,各种商务活动并不明显,并未对商务等办公用地进行专门的安排。但随着产业的壮大特别是创业型科技企业的增多,与之相关的各种中介机构、生产性服务机构以及外来的各类办事机构不断增多,需要较为方便的对外沟通渠道、良好的配套服务设施和发展环境,这就在客观上形成了对城市办公专门用地较大的需求。

---

① 赵延东、张文霞:《集群还是堆积——对地方工业园区建设的反思》,载《中国工业经济》,2008(1)。

② 曹休宁:《基于产业集群的工业园区发展研究》,载《经济地理》,2004(4)。

③ 张晓平、刘卫东:《开发区与我国城市空间结构演进及其动力机制》,载《地理科学》,2003(2)。

因此,国内一些城市在规划中有意靠近高新区布局 CBD,或在高新区集中兴建城市的 CBD。[①] 由于城市 CBD 靠近高新区或兴建于高新区内,导致城市中心向高新区转移,促进了城市空间结构的演变。第二,通过工业园区的发展,在壮大城市人口、经济规模的同时提高了城市的能级,从而改变了城市在区域乃至全球城市体系中的地位,并因此促进城市功能的转变。城市功能的转变必然导致城市产业结构提升并进而促进城市空间结构的演变。第三,工业园区的转型导致城市空间结构的演变。随着工业园区发展的转型,如产业转移和产业升级,又会促进工业园区在城市空间结构中的功能定位发生转变,进而促进城市空间结构的演变。

开发区对国内城市空间结构有巨大的影响。苏州市东西两侧分别建设了苏州高新技术产业开发区与苏州工业园区,使苏州城市空间形态呈明显的东西带状扩展特征。重庆市在紧邻市区的西南部和东南部分别建设了重庆高新技术产业开发区和重庆经济技术开发区,在北部新区建设了重庆高新技术产业开发区新区、经济技术开发区新区和出口加工区等国家级开发区,使得重庆城市空间呈现出南扩北拓的发展态势。兰州开发区的分散式布局则为兰州市"东进西出,南伸北拓"的空间战略提供了发展平台。[②] 而天津的多个开发区则使得城市空间布局从"单核增长"转为沿海河"轴线铺开",形成了"一条扁担挑两头",以中心城区和滨海新区为主副中心,工业与商业功能分工明确的"双核心"、双中心组团式中心城市布局结构。[③]

---

① 关伟、卢莹:《高新技术产业园区与城市空间结构演变》,载《辽宁师范大学学报》(自然科学版),2007(4)。

② 张志斌、师安隆:《开发区与城市空间结构演化——以兰州市为例》,载《城市问题》,2008(11)。

③ 何丹、蔡建明、周璟:《天津开发区与城市空间结构演进分析》,载《地理科学进展》,2008(6)。

第二节　广西北部湾经济区的工业园区发展

一、广西北部湾经济区的主要工业园区

（一）广西北部湾经济区重点产业园区简况

如表6-3所示，广西北部湾经济区的29个产业园区，总面积698.6平方千米。其中，南宁市11个，北海市6个，钦州市5个，防城港市4个，玉林市1个，崇左市2个。① 经过29个产业园的建设和发展，到2015年，总产值将达到11 135亿元；初步建成以钦州、北海石化项目为重点的西南地区最大的石油化工基地，以防城港钢铁项目为龙头的区域性现代化钢铁城，以北海、南宁电子产业为主导的北部湾"硅谷"，以北海、钦州林浆纸一体化项目为核心的亚洲最大的林浆纸一体化产业基地，以钦州保税港区为重点的面向中国西南和东盟的功能强大的保税物流体系；在南宁打造全国最大的鞋城，在防城港打造全国最大的磷酸生产出口基地；建设以凭祥、东兴对东盟贸易为主的外贸基地；把重点产业园区建设成为北部湾经济区最强劲的经济增长区域，形成产业结构合理、互补性强、在西南及泛北部湾地区具有较强竞争力的现代产业体系。

表6-3　广西北部湾经济区重点产业园区布局规划情况总表

序号	园区名称	规划编制情况	面积（km^2）	已入园企业（家）	已建成企业（家）	入园企业投资（亿元）	2012年产值（亿元）	2015年产值（亿元）
合计			698.6	814	446	3 050.9	5 906.3	11 135
1. 自治区重点支持的11个重点产业园区								
1	南宁—东盟经济开发区	已编制控规	180	158	82	110	100	200

① 崇左市的两个产业园均在凭祥市。此处为广西北部湾的规划汇总，仅仅是引用该汇总资料，并未因此将崇左市纳入广西北部湾经济区加以研究。

续表

序号	园区名称	规划编制情况	面积（km^2）	已入园企业（家）	已建成企业（家）	入园企业投资（亿元）	2012年产值（亿元）	2015年产值（亿元）
2	南宁六景工业园区	正编制控规	65	71	33	209	100	500
3	北海电子产业园	正编制控规	4.67	6	4	35.79	200	600
4	北海铁山港工业区	正编制控规	132	14	14	497	300	1 000
5	钦州保税港区	已完成控规	10	5		113.74	360	600
6	钦州石化产业园	已完成控规	35.8	11	6	208.22	1 000	1 300
7	钦州综合物流加工区	正编制控规	18	2		8.75	100	200
8	防城港企沙工业区	正编制控规	92.68	4	1	942.2	700	1 500
9	防城港大西南临港工业园	已完成控规	17.2	77	24	85.75	150	300
10	玉林龙潭产业园	正编制控规	17.5	24	12	52.51	35	75
11	广西凭祥综合保税区	已完成总规及一期控规	8.5					
2.各市重点推进的18个重点产业园区								
1	南宁高新技术产业开发区	已编制控规	8.5	78	59	78.35	405	900
2	南宁经济技术开发区	正编制控规	10.8	30	5	31.28	170	300
3	南宁保税物流中心	已批复修建性详规	0.54	1			10	20
4	南宁生物制药产业园	已编制控规	5.03	30	21	13.49	90	165
5	台湾（南宁）光电产业园	正编制控规	2				10	50
6	中国 东盟物流基地	正编制控规	19.09	1	1		280	350
7	南宁江南工业园区	正编制控规	5.12	16	3	168.8	50	100
8	广西良庆经济开发区	已编制控规	2.63	31	26	15	120	180
9	南宁仙葫经济开发区	正编制控规	11.3	4		9.18	25	36
10	北海工业园区	已编制控规	19.38	5	5	73	200	400
11	北海出口加工区	已编制控规	1.45	19		30.39	150	400

续表

序号	园区名称	规划编制情况	面积（km²）	已入园企业（家）	已建成企业（家）	入园企业投资（亿元）	2012年产值（亿元）	2015年产值（亿元）
12	北海高新技术产业园区	已编制控规	2.47	9		9.49	38	63
13	合浦工业园区	已编制控规	6.12	60	27	48.02	53	90
14	钦州河东电子产业园	正编制控规	4.5	4		40.5	80	100
15	钦州港经济开发区	已完成控规	10	9	7	185	700	1 000
16	防城港粮油食品产业园	已完成修建性详规	3.23	17	9	25.35	450	600
17	东兴边境经济合作区	正在编制总规及控规	5.46	20	4	29.1	90	150
18	凭祥市边境经济区	已完成控规	7.2	139	124	44.5	50.3	191

资料来源：http://www.bbw.gov.cn/staticpages/20100302/bbw4b8cb8c2-17759.shtml.

(二)南宁市的工业园区

1.南宁高新技术产业开发区

成立于1988年，1992年经国务院批准成为国家级高新技术产业开发区，广西A类产业园区。2009年高新区规模以上工业总产值183.23亿元，是广西第一家规模以上工业总产值超百亿元的工业园区。高新区位于城市西北部，规划面积13.07平方千米，已开发面积8.5平方千米。园区基础设施配套齐全，管理体制精简高效，创新体系渐趋完善。园区内设有创业者中心、留学人员创业园、南宁软件园、大学创业园、生物产业孵化园等科技企业孵化器；设有一系列社会化服务机构，可为入区企业提供“一站式”服务。目前，高新区的入园企业有3 887家，重点发展生物工程及制药、电子信息、汽车零部件及机电、专用汽车、动漫等产业。

2.南宁经济技术开发区

创建于1992年，2001年5月经国务院批准为国家级开发区，是广西目前唯一的国家级经济技术开发区，广西A类产业园区。开发区位于南宁市的南部，总体规划面积为110.6平方千米（含托管区），已开发面积11.7平方千米。入园企业1 304家，2009年规模以上工业总产值84.1亿元，成为以制造加工业、物流业为主的综合性工业园区，重点发展精细加工、消费品工业（纸制品、饮料、钟表、游戏机、自行车、玩具等）、电线电缆等产业。

3. 南宁—东盟经济开发区

2004年3月经广西壮族自治区人民政府批准，以南宁华侨投资区为基础建立的自治区级开发区，广西A类产业园区。2005年10月，经国务院侨务办公室批准成为国侨办重点联系单位。园区距离南宁市区31千米。园区总面积180平方千米，规划面积80平方千米，现已开发6.42平方千米。开发区战略目标定位是发展成为中国—东盟自由贸易区重要的经济贸易合作窗口和载体，成为中国与东盟及其他国家经贸往来、技术合作和文化交流的平台，成为立足广西、面向全国、辐射东盟乃至世界各国的产业发展基地，成为加强中国与东盟经济、技术协作的枢纽和桥梁，建设成为广西南宁市新的产业基地、新的对外开放窗口、城镇化新区和新的经济增长点，建设成为全国最大的华侨城。入园企业191家，2009年规模以上工业总产值43.36亿元，重点发展农副产品加工、机械制造、家具制造、轻纺加工等产业。

4. 广西良庆经济开发区

2007年3月，由原广西邕宁沿海经济走廊开发区和南宁大沙田经济开发区整合而成，是自治区级开发区，广西A类产业园区。园区位于南宁市西南部，规划面积28平方千米，已开发土地面积12.07平方千米。入园企业326家，2009年规模以上工业总产值70.88亿元。开发区逐步形成了机械、轻工、建材、医药、食品、饲料、有色金属深加工等产业，重点发展制药、有色金属深加工、建材、饲料等产业。

5. 南宁六景工业园区

2002年经广西壮族自治区人民政府批准成立的自治区级开发区，广西A类产业园区。园区位于南宁市横县六景镇，离南宁市区45千米。园区交通便利，拥有水路、公路、铁路、航空“四位一体”的交通优势。园区规划面积13.72平方千米，现已开发土地面积8.5平方千米。入园企业50家，2009年规模以上工业总产值25.91亿元。园区内机械、生物工程及制药、精细化工、食品、造纸、农产品加工等产业已初具规模；将依托南宁建设成为南宁市东部工业发展的带动区，发展成为广西乃至西南地区重要的重化工业基地；重点发展化工、制浆造纸、茧丝绸及轻纺服装加工、农副产品加工等产业。

6. 南宁江南工业园区

设立于2003年7月，2006年2月经自治区人民政府批准为自治区级开发区，广西A类产业园区。园区规划面积5.12平方千米，已开发面积0.55平方千米。园区内有南南铝业、南南铝箔等铝型材及铝加工企业，还有水泥制品、医药生产、电线电缆等企业63家，2009年规模以上工业总产值20.92亿元。它是南宁打造铝加工基地的专业园区，重点发展电子工业、铝加工、仓储物流等产业。

7. 南宁仙葫经济开发区

南宁仙葫经济开发区于1994年4月正式成立，2001年初被自治区人民政府批准为自治区级开发区。2006年获得国务院实质性保留，广西A类产业园区。园区位于南宁市区东面，规划面积11.31平方千米，已开发面积9.98平方千米。现有入园企业136家，2009年规模以上工业总产值5.32亿元，重点发展消费品工业（玩具、工艺品等）、食品加工（啤酒）、制浆及纸制品等产业。

8. 南宁其他工业集中区

主要包括：隆安华侨管理区，广西A类产业园区，规划面积18.63平方千米，重点发展食品（农产品加工）、水泥、钢材和铝材加工、机械电子等产业；宾阳黎塘工业集中区，广西A类产业园区，规划面积16.13平方千米，重点做大做强以水泥和水泥制品为主的建材工业，稳步发展食品（粮油加工）工业，承接东部消费品工业（制衣、制鞋、箱包、玩具、小五金等）产业转移；南宁伊岭工业集中区，规划面积73.82平方千米，主要发展食品(肉禽加工、糖制品)工业、消费品工业、生物能源及制药;上林象山工业集中区,广西B类产业园区,规划面积11.53平方千米,重点发展冶金(钒、铝)及金属深加工、茧丝绸和服装等产业;隆安宝塔工业集中区,规划面积9.33平方千米,又称"南宁生物国家高技术产业基地宝塔医药产业园";邕宁八鲤工业集中区,园区总面积10平方千米,重点发展造纸及纸制品、消费品工业(自行车、玩具、工艺品等)、纺织服装等产业;兴宁三塘工业集中区,规划面积8平方千米,主要发展特种汽车及其配件、家具、印刷包装等产业;西乡塘工业集中区,规划面积21.01平方千米,主要依托北湖传统机械工业基地,发展机械(汽车及配件、重型机械等)制造业、制药、服装业等;宾阳芦圩工业集中区,规划面积5.37平方千米,主要发展农副产品加工、消费品加工等产业,2009年园区完成规模以上工业总产值2.69亿元;马山苏博工业集中区,规划面积2.8平方千米,主要发展农产品加工(肉类加工、乳制品)、建材、以铝加工为主的冶金和金属加工产业;青秀伶俐工业集中区,规划面积21.64平方千米,重点发展消费品工业(玩具、工艺品等)、食品(啤酒)、制浆及纸制品等产业。

(三)钦州市的工业园区

1. 钦州石化产业园

钦州石化产业园位于国家级钦州港经济技术开发区内,是广西沿海的重点发展园区,是中国西南重要的石油化工基地。园区按照国际先进化学工业园理念规划,致力于打造国内一流环境友好型大型综合石化基地,即"产业项目一体化、公用工程一体化、物流传输一体化、环保安全一体化、服务管理一体化"。目前石化产业园规划面积35.8平方千米,规划配套海岸线5 460米,可建设20多个5 000吨至10万吨级化工专业泊位。园区现已建成中石油千万吨炼厂项目,420万立方原油储库及一批改性沥青加工储运企业,成为中国西南最大的油气基地、改性沥青生产基地及道路沥青储运基地,正在建设含硫原油加工配套项目、580万立方米的原油储备库、200万吨/年重油制芳烃项目、30万吨级油气码头及航道工程等重大项目,同时在开展二期1 000万吨/年炼油、100万吨/年乙烯、100万吨/年联合芳烃项目(PX、PTA)、900万吨/年LNG等项目的前期工作,预计在2016年左右,园区将形成2 000万吨/年以上的炼油能力,形成产值2 000亿元。钦州石化产业园的目标是建设成为立足北部湾经济区、面向东盟、辐射国内、具有国际竞争力的炼化一体化石化基地和区域性石化物流交易中心。

中国石油广西石化1 000万吨/年炼油工程。中国石油广西石化1 000万吨/年炼油工程是国家炼油工业"十一五"发展规划中的重要项目,是中国石油贯彻落实国家西部大开发战略的重要举措。工程对优化国家炼油格局,缓解西南地区成品油短缺局面,保障国家能源供应安全,促进区域经济发展具有重要作用。项目于2007年2月获得国家正式核准,预算总投资152亿元,建设工期33个月,计划2009年底全面建成投产。工程定位于大规模、短流程、燃料型炼厂,包括1 000万吨/年常减压蒸馏、350万吨/年重油催化裂化、220万吨/年蜡油加氢裂化、220万吨/年连续重整等十余套主体生产装置以及公用工程、罐区、码头及码头库区、铁路专用线等配套工程,主要定位于加工中国石油在海外生产的份额原油。工程建设采用当今世界先进的加氢型工艺流程,主要工艺技术分别从美国UOP及DOW等化学公司引进;采用中外联合设计的模式,由中国石油华东勘察设计院、中国寰球工程公司、美国UOP公司、西班牙TR公司、英国AK公司、中国台湾中鼎公司等国内外18家工程公司参与设计;采用IMPT管理模式,由业主中国石油广西石化公司与英国AMEC公司、中国寰球工程公司组成项目联合管理团队共同负责工程建设的过程管理。工程建成投产后,每年可向西南地区供应700余万吨汽油、柴油、航空煤油、液化石油气等石油产品以及220多万吨聚丙烯、芳烃等石化产品。生产的油品全部达到欧Ⅲ标准,70%达到欧Ⅳ标准,污水排放全部达到国家一级标准,清洁生产达到世界一流水平,真正建成与广西秀美山川相和谐的环境友好型炼油厂。

广西玉柴石油化工有限公司及20万吨/年溶剂油项目。项目主要包括6万吨/年MTBE、20万吨/年液化气芳构化、20万吨/年裂化尾油加氢和10万吨/年重整抽余油精馏4套装置。项目占地300亩,总投资6.1亿元,定员280人。项目建成后,预计实现年销售收入25亿元,利税4.5亿元。项目计划于2011年8月正式投料试生产。

北部湾玉柴能源化工有限公司及200万吨/年重油制芳烃项目。按照广西"十二五"规划大纲,玉柴集团将建设成为广西四大千亿元企业之一,将钦州港国家级经济技术开发区培育成超千亿元的产业园区。根据玉柴能源化工板块的"十二五"战略规划,抓住"国家石化产业调整和振兴规划"和"北部湾地区开放开发"的双重机遇,在建设一期20万吨/年溶剂油项目的同时,玉柴启动二期200万吨/年重油制芳烃项目。2010年9月28日,该项目的主体公司——北部湾能源化工有限公司在钦州港成立,标志着玉柴百亿石油化工产业集群的宏伟布局正式全面铺开。项目预计总投资约93亿元,其中建设投资约83.4亿元,用地1 873亩。建成投产后每年将实现155.3亿元的销售收入,利税30.57亿元,创造1 300多个就业机会。项目以进口重油为原料,采用国内最新开发的重油加工技术和全加氢工艺,在环保有限的情况下,大量生产基础化工原料芳烃(苯、甲苯和二甲苯)和丙烯,芳烃产率高达45%,丙烯收率达11.5%。项目拟建设18套生产装置,其中11套重油加工装置(包括原料预处理、渣油加氢处理、SFCC装置和气体分馏等)和7套化工装置(包括苯乙烯、聚丙烯、MMA、PMMA、异丙醇和K树脂等)。项目主要生产高段有机原料和合成材料等化工产品,目标市场定位于华南、西南地区及东盟市场。项目建设既符合国家相关产业政策,又符合钦州石化产业园的产业发展方向和定位,将成为钦州石化产业园产业发展的标志性项目和龙头项目,延长钦州石化产业园产业链,带动园区下游石化产业的快速发展,形成钦州经济发展的新亮点。项目于2011年下半年动工建设,2014年建成投产。

2. 钦州保税港区

广西钦州保税港区于2008年5月29日获国务院批准设立,2009年12月23日通过国家验收,2011年2月16日开港运营,是我国西部沿海唯一的保税港区,也是我国距东盟最近的保税港区,属于中国目前开放层次最高、政策最优惠、功能最齐全、通关最便捷的特殊经济区域。钦州保税港区的比较优势见表6-4。功能定位上,钦州保税港区是广西北部湾经济区开放开发的核心平台,面向中国—东盟合作的自由贸易港、国际航运中心、物流中心和出口加工基地。发展目标是立足北部湾、服务大西南、面向东南亚,力争成为运行高效、功能完善、开放度高的亚太地区重要的国际物流枢纽和资源配置枢纽。政策优势则体现为:境外货物入区实行保税,国内货物入区实行出口退税,从区内运往境外货物免征关税,区内货物交易免征增值税和消费税,境外进入区内的生产性设备、物资不征关税和进口环节增值税;享受国家西部大开发政策、沿海沿边开放政策、少数民族区域自治政策、广西北部湾经济区开发开放优惠政策、国家给予广西北部湾经济区的扶持政策等优惠政策,是我国第五个海港整车进口口岸,是唯一列为政策进口口岸的保税港区。业务功能主要包括口岸、物流、加工三大功能,可以开展货物储存、国际贸易、国际采购与分销配送、国际中转、商品展示、加工研发、港口作业、检测维修服务以及其他海关允许的业务等。规划布局上,钦州保税港区规划面积10平方千米,是我国面积较大的保税港区之一,由码头作业、保税物流、出口加工和综合服务四大功能区组成,分三期进行建设,一期建设2.5平方千米,已于2011年2月16日开港运营,二期、三期建设7.5平方千米,已全面对外招商。发展重点是建设中国—东盟国际航运物流枢纽、零陆地物流成本零关税出口加工产业园、汽车红酒交易展示中心、工业原料有色金属集散地4个主要发展方向,同时重点开展现代化集装箱运输,大宗商品物流、仓储和交易,进口商品分拨配送,出口加工,涉外金融等配套服务业。

表 6-4　钦州保税港区的比较优势

项目	保税港区	保税区	出口加工区	保税物流园区	综合保税区
主要功能及业务	口岸、物流、加工	贸易、进出口加工、保税仓储	出口加工、拓展保税物流及开展研发、检测、维修业务	国际中转、配送、采购、贸易	同保税港区，但没有港口作业功能
集装箱港口功能	集装箱枢纽港在区域内	无	无	通过专门通道和卡口与港口相联系	集装箱枢纽空港在区域内
海关管理	一个海关统一监管	港口与区域分属两个海关监管，以转关方式监管衔接	港口与区域分属两个海关监管，以转关方式监管衔接	港口与区域分属两个海关监管，卡口通过两个海关监管	一个海关统一监管
外汇管理	保税监管区域外汇管理办法	保税监管区域外汇管理办法	保税监管区域外汇管理办法	保税监管区域外汇管理办法	保税监管区域外汇管理办法
贸易物流	有	无	有	有	有
加工制造	有	有	有	无	有
出口退税	国内货物入区视同出口，进入保税港区就可以办理退税	国内货物入区离境后才能办理退税	国内货物入区退税	国内货物入区退税	国内货物入区视同出口，入区就可以办理退税
集装箱增值业务	国际航线汇集，区内可以开展集装箱拆拼箱、中转等增值业务	无	无	可开展集装箱拆拼等增值业务，中转条件有限	集装箱航线汇集，区内可以开展集装箱拆拼箱、中转等增值业务
多式联运	具备直接的海铁联运、水水联运条件	无	无	间接和有限的水水联运	具备直接的集装箱多式联运条件

(四)防城港市的工业园区

1. 防城港企沙工业区

防城港企沙工业区是广西壮族自治区重点推进的大型临港工业园区之一，规划面积 285 平方千米，实际控制面积 160 平方千米。企沙工业区以发展临港重化工业为主要方向，以钢铁产业为龙头，主要发展钢铁、重型机械、能源、粮油加工、修造船及其他配套或关联产业，努力打造成为西南地区乃至东南亚极具影响力的以工业港为主导的多功能的现代化国际工业港区。

园区基础设施不断改善，园区基础设施总投资累计已超过120亿元。工业区内路网总里程已达130多千米，南防铁路及企沙支线贯通工业区各产业园；工业区内已建设6个110kV（千伏）以上变电站及四通八达的输送电网络；日供水能力可达工业用水60万吨、生活用水5万吨。路网、供电、供水等基础设施已达到接纳大型临港企业入园的条件。

企沙工业区已先后引进企业130家，合同总投资1 580多亿元，已建成投产企业76家，其中规模以上工业企业37家，总投资160多亿元。工业区主要企业有粮油加工产业集群、磷化工加工产业集群、规划容量为240万千瓦的防城港电厂、防城港千万吨级钢铁项目一期、红沙核电一期、企沙风电场等。企沙工业区紧紧抓住中国—东盟自贸区建成的重要战略机遇，加快发展，为把防城港市建设成为沿海发展新高地，打造中国—东盟合作第一城，充分发挥工业园区的核心和领跑作用，成为拉动北部湾地区经济发展的新“引擎”。

2. 防城港大西南临港工业园

防城港大西南临港工业园是广西北部湾经济区11个重点产业园区之一。大西南临港工业园占地面积12平方千米，三面环海，毗邻东南亚，背靠大西南，距防城港码头约10千米，高速公路约2千米，水陆交通非常便利。优越的地理位置，使港口区成为中国内地进出东盟重要的中转基地和便捷的出海通道。

园区规划为三大片区。其中，A区北部主要布局机械制造、特种设备制造业以及建材工业等产业，规划为综合加工区；A区南部主要布局钢铁上游企业，规划为钢铁配套项目区；B区北部主要布局港口机械制造、钢结构及设备制造产业，规划为钢材加工区；C区和B区南部主要布局磷酸深加工及其配套企业，规划为磷酸加工区。大西南临港工业园正朝着产业集群的方向发展，集群优势日益明显，目前已形成集群的特色产业是磷化产业，成为中国最大的磷酸生产出口基地，在国际上具有举足轻重的地位。

随着核电、钢铁基地等重大项目前期工作的不断推进，工业园区成为重大工业项目带动的产业聚集园，装备工业、机械制造、新型化工、商贸物流等一批新兴的产业集群正在形成之中，工业产业结构不断优化。

3. 东兴边民互市贸易区

东兴市与越南海陆相连，仅一河之隔，水路和陆路交通十分便捷，发展边境贸易具有得天独厚的优势。边境贸易分边境小额贸易和边民互市贸易两种形式。边民互市贸易是指边境地区边民在我国陆路边境20 千米以内、经政府批准的开放点或制定的集市上，在不超过规定的金额或数量范围内进行的免关税和进口环节税的商品交换活动。近年来，东兴市高度重视边境贸易的发展，把边境贸易作为兴边富民、开放带动的重要工作来抓。在边境贸易基础设施建设方面，东兴市引进了广西北部湾投资集团有限公司，投资建设东兴边民互市贸易区。东兴边民互市贸易区一期工程于2009 年6 月建成并投入营运，目前正在全面推进二期工程建设。在推进东兴边民互市贸易区建设的同时，为满足东兴市边民互市贸易快速发展的需要，东兴市市委市政府于 2010 年下半年以来又启动了杨屋边贸互市贸易点和东兴市互市贸易区北扩工程（北仑河国际商贸中心）等项目的建设。北仑河国际商贸中心项目规划总用地1 038亩，总建筑面积约 100 万平方米，估算总投资约 30 亿元。在加大基础设施建设的同时，东兴市积极利用国家给予的边境经济合作区和边境贸易的优惠政策，特别是 2008 年 11 月起实施的边民互市贸易免税额度从3 000元以下提高到 8 000 元以下的新政策，全市边境贸易发展迅速。目前，全市从事边境贸易的企业总数达到 110 多家，提供就业岗位 3 000 多个。其中，出口贸易总额达到 500 万美元以上和进口贸易总额超过 1 000 万美元的企业各有 3 家。全市直接从事互市和为边贸提供服务的边民超过 3 万人。“十一五”期间，全市外贸进出口总额年均增长 25.43%，边贸成交额连创新高，年均增长 31.75%。其中，边境小额贸易额 47 亿元，增长 78%；边境互市贸易额 64.5 亿元，增长 32%；边境贸易进出口货量 191 万吨；边境贸易税费占财政总收入的50% 以上。东兴市边境贸易出口的产品主要有布匹、成衣等轻纺产品，电风扇、洗衣机等家电产品，瓷砖、水泥等建材产品，饼干、啤酒等食品，摩托车、自行车等机械产品。进口的产品主要有农副产品、海产品、食品、工业原料等，如芝麻，木薯淀粉，茶叶，鲜活、冰鲜、冰冻海产品和干海味,绿豆糕,综合果蔬,木材,红木家具,煤炭,橡胶,矿石等。边境贸易的不断发展壮大,对推动地方经济发展、增加边民收入、维护边境地区和谐稳定起到了极其重要的作用,同时也拉动了边境旅游、房地产、运输、娱乐服务等相关产业的发展,边境贸易成为东兴市不可替代的重要支柱产业。

东兴互市贸易区项目是东兴市市委市政府与广西北部湾投资集团有限公司,为促进泛北部湾经济合作和广西北部湾经济区开放开发而合作实施的重大项目,是广西壮族自治区人民政府重点支持实施的广西北部湾经济区重点产业园区项目。主要建设内容包括边贸码头、越南农副产品和海产品商品专业市场、中国出口商品专业市场、中国—东盟旅游商品专业市场(东兴国际旅游集散中心)和物流配送中心,以及星级酒店、写字楼和生活服务区。东兴互市贸易区建设将充分利用项目所处的区位优势和优惠政策,坚持高起点规划、高标准建设,以“大商贸、大市场、大物流、大招商”的定位,深度整合各类专业市场,大力拓展边境贸易发展空间,全力打造“永不落幕的中越商品博览会”。

(五)北海市的工业园区

1. 北海高新技术产业园区

北海高新技术产业园区,是自治区重点扶持的经济园区,是广西四大高新园区之一。园区管理总面积306.63公顷,其中,核心区管理范围120.34公顷,区外产业园186.29公顷。园区实行“一区多园”的管理模式。高新园区核心区位于北海市区内南端,南连国家著名旅游景点“天下第一滩”——银滩,与北海国际客运码头相邻,距市中心2千米、北海火车站1.5千米、北海港3千米、北海机场20千米,交通便捷,地理位置优越。园区内水、电、路、排水、排污等基础设施基本完善,具备了投资者随时入区建设的条件。

园区发展的主要产业包括:电子信息产业,重点发展电力系统自动化及电气设备、软件开发和系统集成;生物工程及制药产业,重点发展生物制品、生物能源、生物材料、生物制药、生物农药、中成药、中药配方颗粒剂、中药饮片、中药提取物,同时发展生物环保产品、药用包装、医疗器械等相关产业;海洋生物产业,积极推进海水珍珠贝类(合浦南珠)、藻类、甲壳类等特色生物资源综合开发,发展海洋生物制药与保健品业,重点开发珍珠深加工系列产品、甲壳类动物甲壳素、贝类中提取天然牛磺酸和鱼油的不饱和脂肪酸等具有疗效特异的药物、保健品和化妆品,发展海洋生物医药、化妆品、海洋生物农药等产业;海产品精深加工产业,利用北部湾丰富的海洋资源,大力发展海产品精深加工,培育加工出口产品,提高海产品附加值;临海工业配套产业,重点引导和推进与林浆纸、石化产业上下游相配套的产业以及机械制造、装备工业、精细化工等临海高科技项目。

2. 北海工业园区

北海工业园区成立于 2001 年 8 月,由原北海市港澳开发区、北海市工业开发区及四川开发区整合而成。2005 年成为全国第一批通过审核公告的省级开发区。北海工业园区规划面积 19.38 平方千米,其中由中国电子北海产业园和台湾(北海)电子产业园构成的北海电子产业园是自治区重点支持的 11 个产业园区之一。2010 年园区完成工业总产值 107.93 亿元。目前工业园区产业以电子信息、生物制药、食品加工、机械制造等产业为中心。其中,电子信息产业重点发展计算机整机及零部件、光电显示、电力电子、电子元件及组件、小家电 5 个板块,同时完善软件与信息服务业的发展环境,到 2015 年年产值将超过1 000亿元。

园区相应规划有电子信息产业区、汽车(机械)产业区、食品药品产业区、仓储物流区、科研及生活配套区等几大功能分区。目前园区共引进项目 230 多个。引进的国内企业主要有中国电子集团、长城计算机公司、创新科技存储公司、景光电子公司、冠德电子公司、微创软件公司、新未来公司、北海国发公司、贝因美公司、福达汽车公司等,国外企业主要有泰国正大集团、韩国泰华木业公司等企业,初步形成了电子信息、汽车(机械)制造、海洋生物、食品药品、新能源新材料等产业群。

3. 北海出口加工区

北海出口加工区规划面积 1.454 平方千米。加工区于 2003 年经国务院批准设立,2009 年赋予拓展保税物流功能,使得加工区实现了“保税加工、保税物流”两轮驱动的发展模式。2010 年,加工区完成工业总产值73.78亿元,其中电子信息产业67.5亿元。目前加工区基本开发完毕,并已向国务院申请设立北海出口加工区B区,规划总面积10.39平方千米,以电子信息产业、机电一体化产业、新材料产业、海洋产业、林板材深加工产业为主要产业导向。

4. 中国电子北海产业园

中国电子北海产业园是中国电子信息产业集团与广西战略合作的重要组成部分。园区规划面积3 000亩,建成后产值将超过100亿元。2010年园区完成产值52.35亿元,入园企业覆盖了整机、存储、关键零部件、软件研发等主题方向。中国电子北海产业园的发展目标是"立足高端,构建产业链,打造北部湾电子产业基础"。

5. 铁山港(临海)工业区

铁山港(临海)工业区规划面积123平方千米,深水岸线47.47千米,可建深水泊位160多个,全部实施后通过能力达5.25亿吨。工业区内于2009年动工、总投资150亿元的北海炼油异地改造(20万吨/年聚丙烯)石油化工项目为今后建设60平方千米的石化产业园打下了坚实的基础,总投资158亿元的广西500万吨液化天然气(LNG)项目填补了广西在LNG项目中的空白,总投资50亿元的北海诚德新材料项目为今后发展镍钢加工产业链创造了条件。此外,铁山港(临海)工业区还包含北海远洋万吨级船舶修造厂、4800吨/天高蛋白饲料粕物流及技工项目等。

6. 合浦工业园区

合浦工业园区是1992年成立的省级工业园区,园区规划面积612.14公顷。园区发展方向为融加工、物流、商贸、居住为一体的综合性工业新城,发展主导产业为电子、生物质能源、制药、海洋生物制品、食品、机械、农副产品深加工、包装印刷等,预计到"十二五"末期实现工业产值100亿元。

二、广西北部湾经济区工业园区与广西千亿元产业发展

(一)广西北部湾经济区工业园区产业发展定位

表6-5为广西北部湾经济区各工业园区的产业发展定位。在表中

所列的27个园区中,主要可以分为四大类:第一类是高新技术开发区,有南宁高新技术产业开发区、北海高新技术产业园区2个,主要产业为电子信息、制药、生物工程、有色金属、新材料、精细化工、机电一体化、环保、汽车配件、电力设备等。第二类是综合类经济技术开发区,有南宁经济技术开发区、邕宁沿海经济走廊开发区、北海工业园区、钦州港经济开发区等,主要产业有机电、建材、汽车、工程机械、汽车零配件、铝材加工、制药、生物工程、环保、电子信息、食品加工、粮食加工、有色金属加工、金属冶炼、林产化工、新材料、纺织、日用化工、石化、通信网络等。第三类是相对专业化的工业园区,有石化产业的钦州石化产业园、电子信息产业的中国电子北海产业园等。第四类是外向型经济开发区,有北海出口加工区、钦州保税港区等,主要产业有机电、电子、制药、化工、食品、纺织、塑料、林化、木材、日用陶瓷等。

表6-5　广西北部湾经济区工业园区产业发展定位

园区	产业发展定位
南宁高新技术产业开发区	生物工程及制药、电子信息、汽车零部件及机电、专用汽车、动漫
南宁经济技术开发区	精细加工、消费品工业、电线电缆
南宁—东盟经济开发区	农副产品加工、机械制造、家具制造、轻纺加工
广西良庆经济开发区	制药、有色金属深加工、建材、饲料
南宁六景工业园区	化工、制浆造纸、茧丝绸及轻纺服装加工、农副产品加工
南宁江南工业园区	电子工业、铝加工、仓储物流
南宁仙葫经济开发区	消费品工业、食品加工、制浆及纸制品
隆安华侨管理区	食品、水泥、钢材和铝材加工、机械电子
宾阳黎塘工业集中区	建材工业、食品工业、消费品工业
南宁伊岭工业集中区	食品工业、消费品工业、生物能源及制药
上林象山工业集中区	冶金(钒、铝)及金属深加工、茧丝绸和服装
隆安宝塔工业集中区	生物医药产业
邕宁八鲤工业集中区	特种汽车及其配件、家具、印刷包装
西乡塘工业集中区	机械制造业、制药、服装业
宾阳芦圩工业集中区	农副产品加工、消费品加工

续表

园区	产业发展定位
马山苏博工业集中区	农产品加工、建材、以铝加工为主的冶金和金属加工产业
青秀伶俐工业集中区	消费品工业、食品、制浆及纸制品等产业
北海高新技术产业园区	电子信息产业、生物工程及制药、海洋生物产业、海产品精深加工、临海工业配套产业
北海工业园区	电子信息、生物制药、食品加工、机械制造
北海出口加工区	电子信息产业、机电一体化产业、新材料产业、海洋产业、林板材深加工产业
中国电子北海产业园	电子信息产业
铁山港(临海)工业区	能源化工、船舶修造等
合浦工业园区	电子、生物质能源、制药、海洋生物制品、食品、机械、农副产品深加工、包装印刷
钦州石化产业园	石化产业
钦州保税港区	近期:汽车组装制造业及零配件产业、粮油与食品加工产业、纺织与服装产业、家具制造业、商业油储与分拨 远期:新兴环保产业、机械设备制造产业、化工产业、建筑材料产业、电子产业
防城港企沙工业区	钢铁、重型机械、能源、粮油加工、修造船及其他配套或关联产业
防城港大西南临港工业园	核电、钢铁、装备工业、机械制造、新型化工、商贸物流

(二)广西“14+4”产业集群在广西北部湾经济区工业园区的分布

2010年1月,广西壮族自治区人民政府公布了《关于做大做强做优我区工业的决定》,广西将优先重点发展14个千亿元产业,即食品、汽车、石化、电力、有色金属、冶金、机械、建材、造纸与木材加工、电子信息、医药制造、纺织服装与皮革、生物、修造船及海洋工程装备,大力发展四大新兴产业,包括新材料、新能源、节能与环保、海洋,形成“14+4”的产业集群,力争到2020年,全区工业总产值、工业增加值分别比2010年翻两番以上。之后,广西陆续公布了“14+4”产业调整和振兴规划。“14+4”产业集群是广西工业化进程的支撑产业。如表6-6所示,广西“14+4”产业集群均在广西北部湾经济区工业园区有所分布。其中部分产业，如石化产业、修造船及海洋工程装备、海洋产业几乎完全集中在广西北部湾经济区的各大工业园区，而电子信息、食品、有色金属、电力、生物医药等产业的发展主体也大多集中于广西北部湾经济区的各大工业园区。

表6-6 广西“14+4”产业集群在广西北部湾经济区工业园区的分布

产业分类	产业	园区分布
千亿元产业	食品	南宁—东盟经济开发区、南宁六景工业园区、南宁仙葫经济开发区、北海工业园区、钦州保税港区、防城港企沙工业区等
	汽车	南宁高新技术产业开发区、邕宁八鲤工业集中区
	石化	钦州石化产业园、铁山港（临海）工业区
	电力	防城港大西南临港工业园
	有色金属	防城港企沙工业区、防城港大西南临港工业园、广西良庆经济开发区
	冶金	防城港企沙工业区
	机械	南宁—东盟经济开发区、防城港大西南临港工业园、防城港企沙工业区
	建材	广西良庆经济开发区、宾阳黎塘工业集中区、马山苏博工业集中区、钦州保税港区
	造纸与木材加工	南宁仙葫经济开发区、北海出口加工区、青秀伶俐工业集中区
	电子信息	南宁高新技术产业开发区、南宁江南工业园区、北海高新技术产业园区、北海工业园区、中国电子北海产业园、北海出口加工区
	医药制造	南宁高新技术产业开发区、北海高新技术产业园区、北海工业园区、合浦工业园区等
	纺织服装与皮革	钦州保税港区、南宁—东盟经济开发区、南宁六景工业园区、上林象山工业集中区、西乡塘工业集中区
	生物	南宁高新技术产业开发区、隆安宝塔工业集中区、南宁伊岭工业集中区、北海高新技术产业园区、北海工业园区
	修造船及海洋工程装备	防城港企沙工业区、防城港大西南临港工业园、铁山港（临海）工业区

续表

产业分类	产业	园区分布
新兴产业	新材料	北海出口加工区
	新能源	防城港大西南临港工业园、合浦工业园
	节能与环保	钦州保税港区、北海出口加工区
	海洋	北海高新技术产业园区、北海出口加工区、合浦工业园

三、工业园区对广西北部湾经济区经济发展的影响

广西北部湾经济区工业园区的规划发展，将在广西北部湾经济区形成南宁功能组团、钦(州)防(城港)功能组团、北海功能组团、铁山港(龙潭)功能组团和东兴(凭祥)功能组团五大功能组团，以及包括各种产业园区在内的多个产业集中区。工业园区的发展对广西北部湾经济区经济发展带来了巨大的影响。以南宁为例，工业园区的发展将从城市功能定位与功能区划、区域辐射与产业带动等方面影响南宁、广西北部湾经济区乃至广西全区的经济发展。

(一)工业园区与城市功能定位和城市功能区划

1. 工业园区与城市功能定位

以南宁为例，南宁市的城市功能定位为：建设区域性国际城市和广西“首善之区”，实施多项措施助推和融入中国—东盟自贸区建设。南宁的目标是要建设成为在中国—东盟开放合作中发挥重要作用、在区域内有较强竞争力和影响力的现代化城市，并极力打造“中国绿城”。工业园区的建设，在增强南宁工业集聚效应、使企业本身取得巨大的经济效益的同时，加快了南宁市的工业化进程和城市化进程，促进了南宁市的产业结构调整与优化，为企业技术创新和产业升级、带动区域经济发展发挥了重要作用。而各大工业园区通过产业的空间聚集和相互作用形成规模经济效应和聚集经济效应，有力地拉动了南宁市的经济发展，进而推动了广西北部湾经济区乃至广西全区的经济发展和工业进步。

2. 工业园区与城市功能区划

同样以南宁为例,南宁市以工业园区为主导的工业空间组织模式,以城市中心商贸区为核心,环绕城市中心商贸区,整合中心城工业圈,做大南部工业区、做强北部工业区、开拓东部工业区 3 个工业区,发展武鸣—华侨区、培育金坛工业区 2 个卫星工业城,形成"1+3+2"城市工业布局的空间格局,城市功能区划日益明显。

第一,形成了中心城工业圈。城市中环以内的区域,为都市型工业的选择空间,区域内原有的污染型原材料工业和加工业向都市型工业转型或异地搬迁改造,严格限制发展布局新的二、三类工业。中环与城市快速环道之间的环形区域是商贸与工业交错分布圈层,分布有西郊、北湖、江南、旱塘等老工业区,鼓励工业企业进行业态创新,转型发展都市型工业。快速环道与外环高速公路之间是城市新工业空间,布局有南宁高新技术产业开发区、南宁经济技术开发区、沙井工业区与北湖综合工业区,是新旧工业相互动态置换和业态创新的区域,是城市工业经济的主要增长区域,要加强工业产业政策导向,鼓励发展高效、高产出、轻污染、技术含量高的原材料工业和加工工业。

第二,形成了南部工业区。位于邕江南岸城市拓展区内,由原江南工业区、旱塘工业区、南宁经济技术开发区(含南宁市大沙田经济开发区、邕宁沿海经济走廊开发区)和沙井、吴圩(明阳)等工业园区所组成,远期拓展至大塘。南部工业区是工业布局的重点,至规划末期,工业区域用地控制在 40 平方千米以内,形成 350 亿元工业增加值的产出能力。南部工业区要整合江南与旱塘工业区的存量资产,把产业簇群做大做强做优。重点建设铝加工产业园区,南糖、南化与凤凰纸业至规划末期逐步实现由生产基地向研发创新基地的转型,部分企业向都市型工业转移。以南宁经济技术开发区为核心,加大招商引资力度,发展出口加工型工业,鼓励发展与主导产业簇群相配套的相关工业项目和电子信息、电力电器、食品加工、精细化工等工业项目入驻工业园区。建设好吴圩变性淀粉为主的精细化工和航空食品、包装工业园区。建设沙井、富宁、那马、大塘等新工业园区，逐步向南拓展，与广西沿海港口工业区相衔接，为中心城化工、建材工业的搬迁改造创造新空间。

第三，形成了北部工业区。位于邕江北岸城市拓展区内，由南宁高新技术产业开发区、原西郊工业区、北湖工业区、石埠工业园、安吉工业园、三塘工业园所组成，形成约250亿元工业增加值规模。以国家级南宁高新技术产业开发区为核心，展开高新技术产业工业园区布局，突出生物工程与制药、电子工程与机电一体化产业簇群的研发创新和新产品孵化、扩散功能。

第四，形成了东部工业区。包括蒲庙、长塘、刘圩、伶俐等乡镇。具备工业集聚的条件：一是有桂海高速公路和湘桂铁路；二是有邕江水资源；三是邕宁仙湖开发区已经形成比较好的居住、教育、商业、行政环境；四是周围是丘陵和林地；五是接受来自珠江三角洲和东部沿海发达区域的工业辐射和空间转移以及与桂中工业区衔接，形成约200亿元工业增加值的生产能力，以五合工业新区的开拓拉开南宁城市组团向东发展的序幕。

第五，形成了武鸣—华侨区卫星工业城。包括南宁华侨投资区和武鸣县城西开发区。武鸣—华侨工业区北部承接重庆、贵州和河池地区的物流，预计形成100亿元工业增加值，成为南宁市北部的工业增长空间。华侨投资区与武鸣城西开发区要相互依托，优势互补，协调发展，发挥华侨资源优势，研发适应东盟市场消费需求的新工业产品，以发展出口加工、食品、高级卫生保健用纸、服饰等工业为主。

第六，形成了金坛卫星工业城。包括西部金陵、坛洛两个乡镇。西部有南昆铁路和左右江水源，承接云南、贵州和左右江流域的百色、南宁等西部地区的物流，面向西部广阔市场。近期推进城镇环境改造和基础设施建设，为工业项目落户创造环境优势；中期发展布局饲料加工、金属制品和现代化农产品深加工企业。

(二)对区域经济的辐射作用

1. 对广西北部湾经济区的辐射作用

广西北部湾经济区以南宁市为依托,建设具有浓郁亚热带风光和滨海特色、辐射作用大的南(宁)北(海)钦(州)防(城港)城市群,以工业发展促进各具特色的县城和小城镇集约发展,在各大工业区逐步建设的同时,促进大中小城市和小城镇协调发展,使广西北部湾经济区成为全国重要的人口经济密集区和中国—东盟合作的重点区域。南宁作为广西北部湾经济区的核心城市,通过与北海、钦州、防城港进行合作,互利共赢,以自身优势带动其他各市的工业发展。在北部湾城市群的形成以及各大产业的发展中,不但会逐步巩固南宁市在广西北部湾经济区的核心地位,而且在广西北部湾经济区的发展中发挥着不可替代的辐射作用。

2. 对广西全区经济的辐射作用

作为区域性交通枢纽、物流基地、商贸基地、加工制造基地和信息交流中心,南宁市正逐步建设成为城市功能比较完善,经济繁荣、交通便捷、科技进步、环境优美、社会和谐,具有秀丽岭南风光、浓郁民族风情、鲜明时代风貌的现代化宜居城市和区域性国际城市。作为广西壮族自治区首府,南宁市区及周边重点开发区的发展,将会带动周边县市的经济发展和就业扩大,并通过重点发展高技术产业、加工制造业、商贸业和金融、会展、物流等现代服务业,逐渐发展成辐射全区经济发展的增长极。

3. 作为东盟博览会的人流、物流、信息流、资金流中心辐射点

每年举办的中国—东盟博览会成为中国与东盟经济合作的盛会,吸引了大批来自国内外的客商,大量的人流、物流、信息流、资金流向南宁汇集和发散,使南宁的工业园区借助有力实践不断改革与创新,南宁市的集聚辐射力正不断增强,成为全国的一个投资新亮点和热点。中国—东盟博览会进一步把南宁推向了开放的前沿,进一步确立了广西在中国—东盟自贸区建设中的地位,搭建起了中国与东盟经贸合作的

重要平台，进一步提升了南宁对外开放的水平。南宁进而成为面向中国与东盟合作的区域性国际城市、综合交通枢纽和信息交流中心，对整个东南亚地区的经济都有一定的辐射和带动作用。

（三）对其他产业的带动作用

1. 对农业的带动作用

第一，将农村的剩余劳动力转移到城镇。工业园区的建设和各大企业的生产运作需要大量的劳动力，这样不仅解决了城镇失业人员的就业，还吸收了大量的农村剩余劳动力就业。南宁市在建设工业园区的同时，注重保障和改善民生，社会保持稳定和谐。

第二，工业对原料的需求促进农副产品生产。农村是工业原料生产基地，对南宁市所需工业原料而言，甘蔗基地以郊县和市区西部乡镇为主；木薯基地以吴圩、苏圩、大塘、那马、江西等为主，扩散至左右江流域；造纸木材基地扩散至左江流域；造纸竹材基地以邕宁为主，扩散至左江流域；中药材基地扩散至左右江流域和沿海地区。工业园区向周边农业区采购原料，为周边地区的农副产品扩大了市场，将会进一步带动周边农产品的生产。

第三，加快工业区周边农村的城市化进程。随着南宁市各大工业区的建设与扩展，人口逐渐增多，城区逐步将城市边缘向周边扩展，使周边一些城镇和农村加快城市化进程，迅速融入城市。

第四，促进农村产业结构调整，使生产效益实现最大化。南宁市工业区的发展促进了城市化进程，不仅使城市的信息传播越来越快，也使南宁市周边农村在各种信息的获取上更为便捷，包括市场需求信息、国家或地区政策信息、科学技术信息等。这有助于农民了解最新市场行情，学习进步的种植技术和经营技巧，享受国家的优惠政策，加上政策上的引导，进而推动农业产业结构调整。

2. 对服务业的带动作用

第一，对物流业的带动作用。工业园区的逐步建设和扩展以及工业不断发展，是物流业的发展源泉。南宁在城市的东南西北方向分别建设了南宁国际物流基地、江南物流园区、安吉物流园区、金桥物流园区等大型物流基地，同时配套建设东盟水果蔬菜专业市场等一批面向东盟的专业市场，逐步建立起统一、开放、竞争、有序的市场体系和多种经济成分共同发展的商贸物流新格局。

第二，对旅游业的带动作用。工业园区在发展的过程中，为了创造便捷的交通和完善的服务配套设施来吸引企业和服务企业，南宁市的基础设施因此进一步完善。完善的设施和便捷的服务将吸引更多国内外旅游爱好者和商业人士到南宁旅游，加上城市工业旅游近年在各地不断兴起，南宁市的旅游业也将进一步发展壮大。

第三，对金融业的带动作用。工业的发展离不开资本的投入，南宁市加大力度建设工业区，大力吸引中外企业进入园区，必将使南宁市的金融业得以迅速发展。加上中国—东盟自由贸易区的成立，南宁市作为东盟博览会的举办地，将在自贸区中扮演相当重要的金融角色，南宁市以至广西金融业的发展迎来了最佳时机。南宁正按照 WTO 服务贸易的规则，积极引进国外和境外金融机构，构建中国与东盟之间的金融交易平台，使南宁逐步成为服务东盟的金融中心。越南西贡商信银行、新加坡星展银行、香港南洋商业银行等多家有外资背景的金融机构纷纷在南宁抢滩。

第三节　广西北部湾经济区工业园区存在的问题及对策

一、广西北部湾工业园区存在的问题

（一）工业园区开发进度慢

广西北部湾经济区的工业园区开发进度大多较慢。如南宁经济技术开发区创建于 1992 年，2001 年 5 月即被批准为国家级开发区，总规划面积（含托管区）达 110.6 平方千米，但到 2009 年已开发面积仅 11.7

平方千米；南宁—东盟经济开发区园区面积180平方千米，规划面积80平方千米，但已开发面积仅6.42平方千米；防城港企沙工业园规划面积285平方千米（实际控制面积160平方千米），已开工建设的主要是三大项目——核电、钢铁基地、有色金属原料加工，占地面积约21平方千米，且到目前均未建成投产。由于开发进度较慢，因此广西北部湾经济区的主要工业园区经济规模均相对较小，如南宁高新区成立于1988年，但到2009年规模以上工业总产值仅183.23亿元，南宁经济技术开发区为84.1亿元，南宁—东盟经济开发区为43.36亿元。

（二）园区产业根植性差

比如，钦州石化产业园、防城港核电园区、防城港有色金属产业园都是近年来广西北部湾经济区开放开发过程中通过引入大型产业项目而设立的产业园区，这些产业在广西北部湾经济区的发展，既不是因为其靠近原材料产地，也不是因为广西北部湾经济区自身具备原有产业基础，而是单纯利用其靠海有深水港口、原材料进口运输成本较低的优势落地的移植性产业，所以这些产业的发展在广西北部湾经济区缺乏根植性。

由于缺乏根植性，广西北部湾经济区工业园区产业发展会带来两个问题：一是由于移植来的产业中，大多数企业尤其是大型企业多为央企，因此对地方税收贡献较低，容易形成高GDP增长率、低福利水平提升的经济发展局面。二是移植来的产业多为资本密集型或技术密集型产业，对劳动力的需求比例相对较低，因而不利于广西北部湾经济区城市化进程中进城农业劳动力的非农就业。而且，资本或技术密集型产业对所需求劳动力有较高的技能需求，而广西北部湾经济区尤其是钦州、防城港和北海缺乏具有较高水准的技术工人培训机构，如高等院校、职业技术学校等，因而产业发展的基础也相对比较薄弱。

（三）产业园区产业定位不明确

从表6-5中表述的广西北部湾经济区各工业园区的产业定位来看，总体上除钦州石化产业园和中国电子北海产业园外，其他产业园的主导产业定位都不明确。比如南宁高新技术产业开发区，本身应该是定位于高新技术产业发展的，但从实际情况来看，园区内却存在大量非高新技术产业，甚至是劳动密集型产业。北海高新区在306.63公顷(约3平方千米)的总面积中规划定位发展电子信息产业、生物工程及制药、海洋生物产业、海产品精深加工、临海工业配套产业等，而实际情况却不是这样。此外，南宁经济技术开发区、南宁—东盟经济开发区、北海工业园区、钦州保税港区、防城港企沙工业区和防城港大西南临港工业园等广西北部湾经济区的主要工业园区都存在主导产业定位不明确的问题。

二、促进广西北部湾经济区工业园区发展的措施

(一)政府的作用

政府作为主导工业园区发展的主体力量，有力地推动了工业园区快速发展。但如果政府不能随着形势的发展而重新定位自己的角色，并由此产生一系列的越位、错位和缺位问题，其所导致的弊端就会对工业园区的发展带来制约甚至是阻碍作用。因此，在广西北部湾经济区工业园区发展过程中，政府应不断转变角色，由原来的政府主体地位转变为以园区企业为主体、政府为企业服务和管理的现代园区发展模式。同时，各级政府应该对现有园区的管理体制不断改革和创新，逐步实现行政职能与管理职能相剥离，利用市场化的手段运作园区，强化对园区的监督职能。以此为基础，政府对园区的管理、监督作用主要体现为制定准入政策、优惠政策、便民政策、激励政策和用地保护政策，引导园区的发展。

(二)加快培育特色主导产业，着力培育产业集群

广西北部湾经济区各工业园区大多存在主导产业定位不明确的问题，在今后的发展过程中应依托现有或有可能形成产业集群的特色产业，有目的地吸引产业关联性强、配套协作功能大的项目进入园区，或通过选择本地优势产业进行重点投资和引导，集聚一批有特色的产业

企业,充分发挥特色产业的整体效应,着力培育产业集群以增强区域竞争优势。广西北部湾经济区产业集群的培育方向主要包括:一是石化产业。加快推进中石油钦州千万吨级炼化一体化项目及玉柴集团的石化裂解项目、北海铁山港的石油化工项目等,构建化工、炼化、纤维原料等产业集群。二是高新技术产业。通过不断提升南宁、北海高新技术产业园区的创新与孵化能力,加快高科技成果的引进、消化、吸收和再创新,重点培育发展生物工程、中药、电子信息、新材料、节能环保等高科技产业。三是海洋产业。充分利用广西北部湾经济区丰富的海洋资源,培育发展海产品深加工、海洋化工、海洋生物制药等海洋产业。四是轻工食品产业。重点推进制糖产业链的延伸,巩固广西糖业在全国的优势地位,同时抓好农产品工业原料基地建设以加快发展农产品加工业。五是造纸业与木材加工。充分利用广西北部湾经济区适合种植速生林的优势,在钦州、铁山港地区建设大型林浆纸生产基地,发展林浆纸一体化产业集群。

(三)生态化的发展趋势

生态工业园区是依据循环经济理论和工业生态原理而设计的新型工业组织形态。生态工业园区遵从减量化、再使用、再循环的“3R”原则,其目标是尽量减少区域废物,将园区内一个工厂的废物或副产品作为另一个工厂的投入或原材料,通过废物交换、循环利用、清洁生产等手段,最终实现园区污染物的零排放。① 广西北部湾经济区工业园区产业发展中,以高能耗、高排放为特征的重化工业、重加工工业发展趋势日益明显,因此工业园区的生态化发展尤其重要。为此,我们应从以下几方面入手:一是积极推动循环经济一体化。针对工业园区循环经济建设提出专项规划,从功能分区入手,打破行政区划界限,对园区循环经济进行统一规划,提高生态产业链的关联度,建设符合新型工业化要求的生态工业体系,培育一批企业内部资源循环利用和企业间资源循

① 张仁桥:《生态工业园发展中若干问题的思考》,载《生态经济》,2007(5)。

环利用的生态工业园区，开辟产业与产业、生产与消费之间资源循环利用的循环经济实验区，实现对园区主要污染物的集中处理和资源化利用。二是实行工业园区环境管理体系认证。在工业园区推行ISO14001环境管理体系建设，实施区域环境影响评价，采取主动预防措施减少环境影响的累计效应，提高工业园区整体环境状况；对工业园区环境变化进行监测，确立预测预警体系。三是实行污染物排放"定量化"管理。加强对重点地区、重点行业、重点企业的环保监管，实现点源治理向区域性、行业性治理转变，末端治理向全过程治理转变，浓度控制向浓度和总量控制转变。积极推行排污许可制度，实行污染物排放"定量化"管理。四是在企业全面推行清洁化生产。推行企业清洁化生产可以从源头减少废物的产生。对工业园区内污染物排放超过国家标准的企业进行重点整顿。五是积极推进资源综合利用。建设一批废弃物处置和回收利用项目，采取多种方式吸纳社会资金投入园区基础设施建设；建立工业园区之间以及工业园区内部废物安全处置及再利用平台，使一个园区暂时不能处理的废物转到另一个可以处理该废物的园区，一个企业不能利用的废物转移到另一个企业利用，实现工业企业之间、工业园区之间的代谢和共生。危险废物处理由政府统一规划、统一招标，由具有处置资质的单位处理，各企业具体负责将属于国家危险废物名录的各类固废进行分类、交接，确保安全处置，推进各类资源的综合循环利用。

（四）官产学研资介的互动发展模式

广西北部湾经济区各工业园区的发展应紧紧围绕园区经济社会发展的总目标，贯彻"自主创新、重点跨越、支撑发展、引领未来"的发展方针，以提高企业创新能力为出发点，以引进、消化、再创新为主线，以创新能力、创新环境建设为重点，以体制改革和机制创新为动力，增加创新投入，完善创新机制，努力形成以企业为主体、人才为核心、市场为导向、官产学研资介相结合的区域科技创新体系，以科技创新推动园区经济快速发展。

为此，各园区要进一步优化创新创业环境，加强产学研合作，建设大学科技园，培育更多具有自主知识产权的产品和企业；进一步完善以企业为主体、市场为导向、官产学研资介相结合的技术创新体系，引导和支持创新要素向企业集聚，抓好培育企业的自主创新和创品牌工作；进一步加强科技创业中心的建设和进一步完善公共技术支撑服务体系、人才培训体系。有效整合科技资源，建立创新协同平台、技术产权交易中心和技术转移平台。通过搭建信息网络平台、中介服务平台，设立创业孵化资金及留学人员专项资金等举措，为创业者营造良好的创业环境，提供专业化的孵化服务。融合高校、科研院所和大企业的技术和人才资源，搭建公共技术和人才服务支撑体系，促进具有自主知识产权的技术和产品的开发。同时，积极鼓励企业发展新产品、新上技改项目，帮助企业提高自主创新能力，增强市场竞争力。

第七章　高等教育发展与广西北部湾经济区经济增长

第一节　广西北部湾经济区高等教育发展

一、我国普通高校招生及在校人数演变趋势

如表7-1所示，到2003年底，我国普通高等学校在校本专科学生突破千万大关，达到1 108.56万人，而再从1 000万到2 000万，仅仅用了5年时间。到2009年，我国普通高校本专科在校学生达到2 144.66万人，博硕士研究生140.49万人，合计接近2 300万人。而且从招生规模看，1999年我国普通高校本专科和博硕士研究生招生人数分别为154.86万人和9.22万人，到2009年则分别达到639.49万人和51.10万人，10年间分别增长3.13倍和4.54倍。尽管自2006年起我国普通高校本专科招生人数增长率从之前10%以上下降到10%以下，但近年来仍维持在3%～5%的增长率。

表7-1　1999—2009年我国普通高校学生人数基本情况

年份	在校人数(万人)		招生人数(万人)		毕结业人数(万人)		招生增长率(%)	
	本专科	博硕士	本专科	博硕士	本专科	博硕士	本专科	博硕士
1999	408.59	17.85	154.86	9.22	84.76	5.47	—	—
2000	556.09	22.33	220.61	12.85	94.98	5.88	42.46	39.37
2001	719.07	39.33	268.28	16.52	103.63	6.78	21.61	28.56
2002	903.36	50.10	320.50	20.26	133.73	8.08	19.46	22.64
2003	1 108.56	65.13	382.17	26.89	187.75	11.11	19.24	32.72

续表

年份	在校人数(万人)		招生人数(万人)		毕结业人数(万人)		招生增长率(%)	
	本专科	博硕士	本专科	博硕士	本专科	博硕士	本专科	博硕士
2004	1 333.50	81.99	447.34	32.63	239.12	15.08	17.05	21.35
2005	1 561.78	97.86	504.46	36.48	306.80	18.97	12.77	11.80
2006	1 738.84	110.46	546.05	39.79	377.47	25.59	8.24	9.07
2007	1 884.90	119.50	565.92	41.86	447.79	31.18	3.64	5.20
2008	2 021.02	128.30	607.66	44.64	511.95	34.48	7.38	6.64
2009	2 144.66	140.49	639.49	51.10	531.10	37.13	5.24	14.47

数据来源:1999—2009 年历年《中国教育统计年鉴》。

以表 7-1 中的数据为基础,将本专科招生人数增长率、在校人数增长率和博硕士招生人数增长率、在校人数增长率以及总招生人数增长率、总在校人数增长率分别取对数后对时间“t”(年)制图,得到图 7-1。

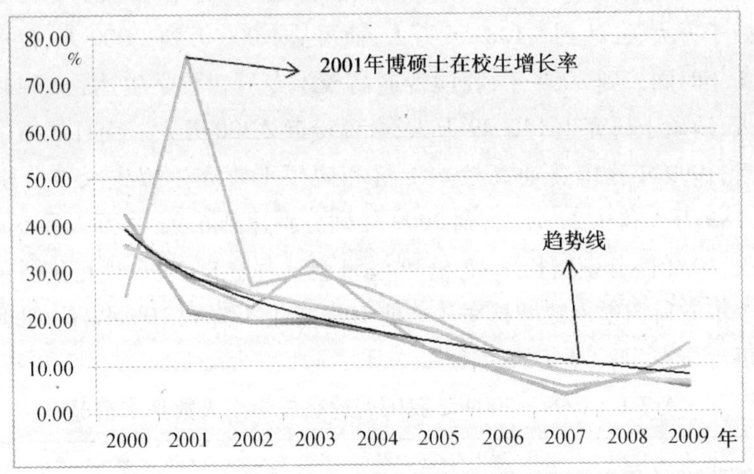

图 7-1　2000—2009 年我国普通高校招生和在校学生增长率变化趋势

如图 7-1 所示,除 2001 年全国博硕士在校生增长率明显偏高外,其他数据的分布范围及变化趋势均体现出对时间“t”(年)的良好对数变化关系。

由此,以本专科招生人数增长率、在校人数增长率和博硕士招生人数增长率、在校人数增长率以及总招生人数增长率、总在校人数增长率分别取对数作为因变量，对时间“t”进行一元线性回归，得到如式(7-1)到(7-6)的回归方程。

$$\ln Y_t^{本专招生} = \underset{6.8538}{458.5741} - \underset{-6.8161}{0.2275} \times t \quad R^2 = 0.8531 \tag{7-1}$$

$$\ln Y_t^{本专在校} = \underset{17.0674}{411.0630} - \underset{-16.9531}{0.2037} \times t \quad R^2 = 0.9729 \tag{7-2}$$

$$\ln Y_t^{博硕招生} = \underset{4.1088}{379.3610} - \underset{-4.0790}{0.1879} \times t \quad R^2 = 0.6753 \tag{7-3}$$

$$\ln Y_t^{博硕在校} = \underset{4.8881}{414.7716} - \underset{-4.8543}{0.2055} \times t \quad R^2 = 0.7465 \tag{7-4}$$

$$\ln Y_t^{总招生} = \underset{6.7364}{448.1464} - \underset{-6.6982}{0.2223} \times t \quad R^2 = 0.8487 \tag{7-5}$$

$$\ln Y_t^{总在校} = \underset{16.5055}{411.8065} - \underset{-16.3946}{0.2041} \times t \quad R^2 = 0.9711 \tag{7-6}$$

以(7-1)到(7-6)式对我国普通高校招生和在校人数进行预测，结果如表7-2和表7-3所示。

由表7-2可见，2010年预期我国本专科招生增长率约为3.67%，虽然高于全国普通高校实际招生人数增长率0.93个百分点(2010年全国普通高校招生657万，比2009年增长2.74%)。但2011年的预测值2.92%，则与2011年全国普通高校实际招生人数增长率颇为接近(2011年全国普通高校招生675万，比2009年增长2.74%)①。同样，2010年和2011年博硕士招生增长率预测值也与全国实际招生增长率基本一致(2010年和2011年全国博硕士计划招生人数53.4万和56.05万，分别比2009年增长4.50%和4.96%)。

表7-2　2010—2020年我国普通高校招生和在校学生增长率预测

年份	招生人数增长率(%)			在校学生增长率(%)		
	本专科	博硕士	总招生	本专科	博硕士	总在校
2010	3.67	5.38	3.76	5.08	5.57	5.85
2011	2.92	4.46	3.01	4.15	4.53	4.77
2012	2.33	3.69	2.41	3.38	3.69	3.89

① 从2010年和2011年全国普通高校招生人数增长率均保持在约2.74%来看，今后全国普通高校本专科招生人数均可能维持此增长率。但因为并无明确的政策文件，所以本书仍以2000—2009年间的数据得到的回归模型进行预测。

续表

年份	招生人数增长率(%)			在校学生增长率(%)		
	本专科	博硕士	总招生	本专科	博硕士	总在校
2013	1.85	3.06	1.93	2.76	3.00	3.17
2014	1.48	2.54	1.54	2.25	2.45	2.59
2015	1.18	2.10	1.24	1.84	1.99	2.11
2016	0.94	1.74	0.99	1.50	1.62	1.72
2017	0.75	1.44	0.79	1.22	1.32	1.40
2018	0.59	1.20	0.63	1.00	1.08	1.14
2019	0.47	0.99	0.51	0.81	0.88	0.93
2020	0.38	0.82	0.41	0.66	0.71	0.76

以此测算,2014 年我国普通高校本专科在校人数将超过 2 500 万,到 2020 年我国普通高校总在校学生人数将超过 3 000 万。

表 7-3　2010—2020 年我国普通高校招生和在校学生人数预测

年份	招生人数(万人)			在校学生人数(万人)		
	本专科	博硕士	总招生	本专科	博硕士	总在校
2010	662.96	53.85	716.56	2 253.61	148.32	2 418.83
2011	682.32	56.25	738.12	2 347.13	155.03	2 534.21
2012	698.22	58.33	755.91	2 426.47	160.75	2 632.79
2013	711.13	60.11	770.50	2 493.44	165.58	2 716.25
2014	721.66	61.64	782.37	2 549.54	169.63	2 786.60
2015	730.17	62.93	792.07	2 596.45	173.01	2 845.40
2016	737.04	64.03	799.91	2 635.40	175.81	2 894.34
2017	742.56	64.95	806.23	2 667.55	178.13	2 934.86
2018	746.95	65.73	811.31	2 694.23	180.06	2 968.32
2019	750.46	66.38	815.45	2 716.05	181.64	2 995.92
2020	753.31	66.92	818.79	2 733.97	182.93	3 018.69

二、广西北部湾经济区普通高校招生及在校人数演变趋势

(一)2000—2010 年广西北部湾经济区普通高校发展情况

从表 7-4 中广西北部湾经济区自 2000 年到 2010 年普通高等学校的分布看,无论是普通高校数量、招生人数还是在校学生人数,都主要分布在南宁。到 2010 年,南宁有普通高校 31 所,占广西北部湾的 81.58%;招生人数 8.70 万,占 88.68%;在校学生人数 26.40 万,占 86.36%。但由于广西北部湾经济区的北海、钦州和防城港都在加快各自的高等教育发展,因此我们可以预计未来南宁在广西北部湾经济区普通高等教育发展中的各项指标所占比例会趋于下降。

表 7-4　2000—2010 年广西北部湾经济区普通高校招生及在校人数统计

年份	南宁			北海			钦州		
	学校(所)	招生(万人)	在校(万人)	学校(所)	招生(万人)	在校(万人)	学校(所)	招生(万人)	在校(万人)
2000	13	2.15	5.48				1	0.07	0.19
2001	13	2.31	6.38				1	0.09	0.24
2002	18	3.13	8.82				1	0.14	0.32
2003	20	4.06	10.73	3	0.15	0.15	1	0.13	0.33
2004	28	5.10	13.24	3	0.13	0.24	1	0.15	0.36
2005	28	5.78	16.01	3	0.34	0.71	1	0.26	0.62
2006	28	6.82	20.28	4	0.46	0.73	1	0.22	0.50
2007	28	8.11	23.84	4	0.46	0.92	2	0.83	1.42
2008	28	7.32	22.10	4	0.50	1.31	2	1.13	2.28
2009	30	8.30	25.80	4	0.57	1.59	2	0.80	2.20
2010	31	8.70	26.40	4	0.61	2.27	3	0.50	1.90

(二)近年来广西北部湾经济区高等教育招生人数与在校学生人数的增长趋势

如表 7-5 所示,尽管在 2007 年及之前以南宁为主的广西北部湾经济区普通高校招生和在校学生人数均呈快速增长,但在经历了 2008 年

的负增长之后,以南宁为主的广西北部湾经济区普通高校招生和在校学生人数增长率均大幅度下降,2010 年的招生人数增长率甚至低于全国整体招生增长率 2.74 个百分点。

表 7-5 广西北部湾经济区普通高校招生和在校学生增长率

年份	南宁				广西北部湾经济区			
	学生数(万人)		增长率(%)		学生数(万人)		增长率(%)	
	招生	在校	招生	在校	招生	在校	招生	在校
2000	2.15	5.48	—	—	2.22	5.67	—	—
2001	2.31	6.38	7.44	16.42	2.4	6.62	8.11	16.75
2002	3.13	8.82	35.50	38.24	3.27	9.14	36.25	38.07
2003	4.06	10.73	29.71	21.66	4.34	11.21	32.72	22.65
2004	5.1	13.24	25.62	23.39	5.38	13.84	23.96	23.46
2005	5.78	16.01	13.33	20.92	6.38	17.34	18.59	25.29
2006	6.82	20.28	17.99	26.67	7.5	21.51	17.55	24.05
2007	8.11	23.84	18.91	17.55	9.4	26.18	25.33	21.71
2008	7.32	22.1	-9.74	-7.30	8.95	25.69	-4.79	-1.87
2009	8.3	25.8	13.39	16.74	9.67	29.59	8.04	15.18
2010	8.7	26.4	4.82	2.33	9.81	30.57	1.45	3.31

(三)广西北部湾经济区高等教育招生和在校学生人数预测

表 7-6 为广西北部湾经济区以 2010 年为基础对 2011—2020 年高等教育招生和在校学生人数的预测。其中,$g_{2010,2011}^{全国,R}$ 为以 2010 年和 2011 年全国普通高等学校招生人数增长率(均为 2.74%)为基础的预测,$g_{2010,2011}^{全国,R}+1$ 为以 2010 年和 2011 年全国普通高等学校招生人数增长率加 1 个百分点(3.74%)为基础的预测,$g^{全国,E}$ 为以表 7-2 中对全国普通高等学校招生人数增长率预测值为基础的预测,$g^{全国,E}+1$ 为以表 7-2 中对全国普通高等学校招生人数增长率预测值加 1 个百分点为基础的预测。以 $g_{2010,2011}^{全国,R}+1$ 和 $g^{全国,E}+1$ 为基础的预测主要目标是考虑到目前广西北部湾经济区各城市除南宁外,北海、钦州和防城港 3 个城市目前高

等教育发展水平较低（其中，防城港到目前为止仍然没有1所普通高等学校），但在今后，随着广西北部湾经济区的发展，可能使得广西北部湾经济区高等教育发展速度快于全国平均水平。而在校学生人数则采用招生人数乘以全国平均的在校人数与招生人数之比来预测。

表7-6　2011—2020年广西北部湾经济区普通高校招生和在校学生人数预测

年份	招生人数（万人）				在校人数（万人）			
	$g_{2010,2011}^{全国,R}$	$g_{2010,2011}^{全国,R}+1$	$g^{全国,E}$	$g^{全国,E}+1$	$g_{2010,2011}^{全国,R}$	$g_{2010,2011}^{全国,R}+1$	$g^{全国,E}$	$g^{全国,E}+1$
2011	10.08	10.18	10.10	10.19	34.60	34.94	34.66	35.00
2012	10.35	10.56	10.33	10.53	36.07	36.77	35.98	36.69
2013	10.64	10.95	10.52	10.83	37.50	38.61	37.10	38.19
2014	10.93	11.36	10.68	11.10	38.93	40.47	38.03	39.55
2015	11.23	11.79	10.80	11.34	40.34	42.34	38.81	40.76
2016	11.54	12.23	10.91	11.57	41.75	44.24	39.46	41.85
2017	11.85	12.69	10.99	11.77	43.15	46.18	40.00	42.84
2018	12.18	13.16	11.05	11.95	44.56	48.15	40.44	43.74
2019	12.51	13.65	11.10	12.13	45.97	50.16	40.80	44.57
2020	12.85	14.16	11.15	12.30	47.39	52.21	41.10	45.34

如表7-6所示，到2020年，广西北部湾经济区普通高校招生人数将会达到11万～14万，而在校学生人数则将会达到41万～52万。

三、广西北部湾经济区与国内主要经济区域高等教育发展的比较

表 7-7　广西北部湾经济区与国内主要经济区域高校在校学生及占人口比例对比①

经济区域	在校学生人数（万人）	在校学生占区域人口比(%)	经济区域	在校学生人数（万人）	在校学生占区域人口比(%)
北部湾	30.57	2.26	成渝经济区	158.38	1.75
珠三角	122.59	2.18	武汉地区	103.63	3.43
长三角	275.31	2.56	关中—天水	93.78	3.19
京津塘	110.45	2.75	长株潭	68.86	5.04
沈阳经济区	53.72	2.20	哈大齐	60.56	2.50
山东半岛	143.02	3.27	中原地区	111.08	2.72
海峡西岸	60.05	2.28			

如表 7-7 所示，与国内主要经济区域相比，广西北部湾经济区普通高校在校学生人数较少，不到长三角的 1/9，即使与普通高校在校学生人数较少的经济区相比较，广西北部湾经济区也不到沈阳经济区的 60%，只有海峡西岸经济区和哈大齐地区的一半。尽管从普通高校在校学生人数占经济区域总人口比重看，广西北部湾经济区高于成渝经济区、沈阳经济区，甚至略高于珠三角，但这主要是因为广西北部湾经济区自身人口规模小。而且，考虑到广西北部湾经济区普通高校在校学生主要集中在南宁，加上对广西北部湾经济区的开发上升为国家层面战略后可能对广西其他地区形成人口集聚趋势，广西北部湾经济区较少的高校在校学生人数有可能对经济区的未来发展造成不利影响。

---

① 各经济区域的范围界定参见本书第二章表 2-1。

第二节　高等教育发展与经济增长

一、高等教育对经济增长的智力支撑作用

一个国家或地区的经济发展过程中，高等教育的智力支持作用是不可忽视的。丹尼森(Dennison ,1960)[①]在计算教育程度提高对国民收入增长的贡献时，把教育程度提高归入人力资本投入量增加的范畴，把教育水平提高看作促进人力资本质量提高，从而是对经济产生影响的主要因素，由此计算出美国1922—1957年间经济增长的1/5应归功于教育。加西亚等人用美国48个州的超过14年的数据来估计由公共财政提供的教育的弹性系数，发现教育对促进当地经济发展的贡献很大。[②] 桑德斯通过对美国50个州的高等教育与GDP的研究，发现不能得出高等教育支出会促进区域经济增长的可靠结论，而且声誉好的大学的存在和当地经济发展也没有必然的联系，相反，是区域经济增长促进了高等教育支出的扩大。[③]

解垩[④]在柯布-道格拉斯生产函数的基础上，将柯布-道格拉斯生产函数中描述技术进步项的A分解为三个方面，分别是影响技术进步的各种外部因素(C，如管理水平、制度绩效等)、在校大学生占劳动力的比重(stu)及提高大学教育部门自身的相对要素生产率(η)、国家高等教育经费投入(I)及大学教育部门通过对其他非大学教育部门全要素

---

① Denison E. F.: *The Sources of Economic Growth in the United States and the Alternatives Before Us*, pp. 1168-1171, New York: *Committee for Economic Development*, 1962.

② Garcia-Mila, Teresa, Therese J. Mcguire: *The Contribution of Publicly Provided Inputs to States' Economies*, *Regional Science and Urban Economics*, 1992(34).

③ Jon Sanders: *Does Spending on Higher Education Drive Economic Growth? 20 Years of Evidence Reviewed*, *Gold-water Institute Policy Report*, 2003(5).

④ 解垩:《高等教育对经济增长的贡献:基于两部门内生增长模型分析》,载《清华大学教育研究》,2005(5)。

生产率(TFP)产生正向溢出(γ)。由此构建两部门的柯布-道格拉斯生产函数,以1998—2003年31省市的面板数据进行回归估计,在1%的显著水平下,高校在校生占劳动力比例的生产弹性为0.192,大学教育对经济的贡献率最大值是0.39%,最小值是0.043%,平均值是0.13%。分地区看,东部地区高等教育贡献率平均为0.165%(广西被列入东部地区),中部地区为0.159,西部地区为0.044 2。解垩同时认为,我国高等教育毛入学率低、国家对高等教育的投资不足可能是我国高等教育对经济增长贡献率较低的主要原因。

胡永远和刘智勇①在构建三变量生产函数模型的基础上,运用面板数据方法分析了1996—2001年28个省、自治区和直辖市的高等教育对经济增长的贡献,得出东部、中部、西部地区平均值分别为1.47%、1.17%、0.68%。从省市比较看,最高的上海为2.75%,而最低的青海则只有0.17%,广西为0.48%。

郑鸣和朱怀镇②的研究表明,全国31个省、自治区和直辖市中,高校师生比对当地经济发展影响不显著或呈负面影响的有15个,从师生比影响显著且正向的其余16个地区的情况看,不同地区的师生比对当地经济发展影响的差异很大,1个百分点的师生比增加会导致4.33个百分点的区域GDP的最大增加,而最小的只能带动0.10个百分点的区域经济增长;高校生均固定支出对当地经济发展影响不显著或呈负面影响的有18个,生均固定支出影响显著的13个地区,影响系数最大的是0.89,最小的是0.04;而反映高校教师水平的师均科研经费也有16个对当地经济发展起到了不显著或负面的影响,影响显著的15个地区最大的弹性系数是2.44,最小的是0.03。

---

① 胡永远、刘智勇:《高等教育对经济增长贡献的地区差异研究》,载《上海经济研究》,2004(9)。

② 郑鸣、朱怀镇:《高等教育与区域经济增长——基于中国省际面板数据的实证研究》,载《清华大学教育研究》,2007(4)。

丁小浩和陈良焜[①]的测算结果显示，高等教育部门产出乘数为2.26。而1999年我国高校招生数量增加48万，将直接产生的最终需求总量增加56.630 4亿元，给相应部门最终需求带来的增量所带动的国民经济总产出为129.989 4亿元，而有关行业最终需求的增加为国民经济各部门新创造就业机会合计为256 208人。此外，毛洪涛和马丹[②]的研究则表明，我国高等教育发展与经济增长、居民收入之间存在比率均衡关系。一定的经济发展水平、居民收入水平总有相应的高等教育发展水平与之相适应。这种均衡关系的产生归根结底在于，高等教育的发展总是离不开经济发展的支撑。经济发展对高素质人才的需求以及来自财政经费和民间经费投入的增加都会使高等教育加快发展。

尽管国内外关于高等教育发展对经济增长影响的研究结论并不一致，但高校对地方乃至一个国家经济发展的智力支持的确是不可忽视的。众所周知，美国高等教育的普及程度非常之高。美国发达的教育水平，为其社会的发展提供了非常充足的人力资源。美国的从业人员整体文化水平高，公众科学素养高，从而形成了一支人数多、水平高的科学研究队伍，各项科学技术成就在全球都处于领先地位，因而其各项经济指标在全球也都处于领先地位。日本同样如此，明治维新给日本带来了翻天覆地的变化，在此期间日本颁布了各级学校令，建立和完善了各种制度与保障体系。二战之后，日本更是将国内高等教育的发展作为其发展经济的中心环节，不断增加对国内教育的投入，普及义务教育，并积极发展高等教育，不断提高高等教育经费占国民生产总值的比例，扩大高等教育的发展规模。日本采取的这些措施加速了日本的现代化进程，使日本成为世界上资本主义工业化里程最短、发展最快的国家，在很短的时间内日本的GDP超过了英、德等老牌资本主义国家，位

① 丁小浩、陈良焜：《高等教育扩大招生对经济增长和增加就业的影响分析》，载《教育发展研究》，2000(2)。

② 毛洪涛、马丹：《高等教育发展与经济增长关系的计量分析》，载《财经科学》，2004(1)。

居世界前列。

而在我国,自1999年开始,为解决经济和就业问题的扩大普通高校本专科招生人数的教育改革政策,在促进我国的高等教育由精英教育向社会大众化教育转变的同时,也为推动我国社会和经济的高速发展培养了大量不同层次的有用之才,这些人才在进入企业后很快就成为企业生产、经营、管理的中坚力量,为提高企业的整体素质,构建现代企业文化体系,改变传统企业文化观念发挥了积极作用。

二、高等教育发展与消费拉动

(一)高校消费需求的体现

大学生是当代青年中的特殊消费群体,有着不同于其他社会消费群体的消费行为,多数大学生是从进入大学开始,才有了真正意义上的消费自主权,其消费行为对家庭、学校、企业、社会都有一定的影响。

1. 交通需求

交通需求是指出于各种目的的人和物在社会公共空间中以各种方式进行移动的要求,它具有需求时间和空间的不均匀性、需求目的的差异性、实现需求方式的可变性等特征。高校大学生的存在,对城市交通必然有大量的需求。但由于大学生有资金方面的限制,加上高校大学生对于城市交通的需求在时间和空间上的差异性,导致学生的交通需求会有些差异。这主要表现在对公交车的需求上,部分资金比较充裕的大学生或者在有急事的情况下的普通学生也会有少量的乘出租车需求。

2. 日常生活消费需求

人要生活,衣、食、住、行是少不了的,那么日常生活消费就是人必需的消费了。这些消费主要包括生活用品、食品等。就目前人们的生活水平来说,这方面的消费占总消费量的比例不大,但却是经常性和稳定性消费。一个城市由于高校的存在,增加了数以万计的大学生,也就会因此增加大量的日常生活消费而推动高校周边地区零售业的发展。

3. 休闲娱乐需求

高校大学生在学习之余还会有休闲及娱乐消费，其中主要包括以下四个方面：一是休闲消费。休闲消费是在人们的生存需求得到满足后开始的一种发展需求和享受需求。随着生产力的发展，我国居民的消费水平不断提高，消费领域不断扩展，休闲消费日益受到人们的青睐。大学生闲暇生活中，最经常做的事情是上网、读书看报、练习书画、听音乐等。二是娱乐消费。大学生花在娱乐消费方面的金钱数目也是相当可观的，一般包括进酒吧、打台球、溜冰、唱歌、开各种派对等。另外，大学生不同程度的追星热潮也影响着他们的娱乐消费。三是旅游消费。随着人们生活水平的不断提高和公共假期的增多，大部分大学生热衷于外出旅游，有些在学校所在城市短途旅行，有些经济比较充裕的还会到外省旅游。四是通信消费。为了找工作方便和交友，目前大学生中手机的普及率较高，几乎是每人一部。手机已经成为他们一个重要的通讯工具。价格低廉实用的手机已不能满足大部分大学生的要求，他们会更倾向于选择精美时尚的手机，如智能机等，且手机费用也在逐步提高。

4. 知识产品需求

关于知识产品的定义，目前比较权威、概括性比较强的一种是：知识产品是指人类在改造自然和社会的实践中，为满足社会的需要，通过支出脑力劳动，依靠知识、智力等要素进行创造性活动的成果，并以一定形式表现出来的一种自然科学、社会科学的成就。知识产品的消费，主要是指消费者对知识产品在直接或间接上的使用。在人类社会不断进步及通往知识经济时代的进程中，知识逐渐渗透到人们生活和工作的方方面面，知识的海洋将人们的生活包围了起来，人们就是在知识的消费中生存和发展的。知识在消费中创新，知识在消费中发展，人们则在知识消费中进步。高校大学生在接受高等教育的时候对知识产品的消费自然不少，主要是在文化艺术上的需求。

5. 文化需求

文化需求是人们在一定时期内为了满足自身的各种精神需求而形成的文化产品需求。文化是由人类在进化过程中衍生出来或创造出来的。文化需求是生产力发展到一定阶段的产物,与人的经济活动密切相关。美国心理学家马斯洛提出人有5种需求:生存需求、安全需求、尊重需求、社交需求和自我价值实现的需求。马斯洛认为,人只有在满足了基本需求以后,才能产生精神文化需求。在原始社会,由于生产力低下,人们连基本温饱都解决不了,自然不会有文化需求;到了农业社会,生产能力已经能够满足多数人的基本需求,权利者阶层中的少数人才有了文化需求;到了生产能力已经完全能够满足人类的基本需求的工业社会,大多数人便产生了享受和发展的需求。在今天的知识经济时代,人们的文化需求更是多种多样。高校大学生对文化的需求主要表现在他们对报刊、图书、音乐、广播、电影等的需求上。

(二)高校的消费拉动效应

1. 总量效应

总量效应是指,消费者的每人消费量不大,或者消费品价格不高,但由于消费总人数多,使得最后消费总量大。随着目前大学招生规模的不断扩大,在校大学生的人数不断增多,同时伴随着经济的增长,使得在校大学生所拥有的资金也在逐渐地增加,这样他们的消费量自然不断地扩大。虽然商品的价格受供求关系的影响,使得高校周边的消费品价格比其他地方略微低廉,但庞大的人口数量使得大学生的消费对城市消费产生了总量效应,这就使得城市的销售收入大大地提高。

我国现有高校在校生约2 500万人,这是一支庞大的消费大军。以长沙为例,农村学生月消费水平为795元,城市学生月消费水平为874元。一年按10个月计算,则农村学生一年消费总额为7 950元,而城市学生消费水平为 8 740 元。① 而杨天平对河南郑州、开封和平顶山 5 所高校的调查研究则表明，全年的伙食费主要分布在 1 000 ~3 000 元和 3 000 ~5 000 元两档，分别占总数的 42.9% 和 41.1%；全年的交通费集中在 100 ~500 元之间的，占总数的 69.5%；一年的文具、书籍复印费等在 100 ~500 元和 500 ~1 000 元之间的，分别占 55.4% 和22.7% 。② 薛秀军和吴巧以厦门、泉州 4 所大学为例的调查研究则显示，大学生每个月的基本生活消费在 500 元以下的占28.16%，500 ~800 元的占 47.14%，800 ~1 500 元的占 20.16%，1 500 ~3 000 元的占 2.18%，还有 0.16% 的同学月均消费在 3 000 元以上。③ 以分布概率最大的 500 ~800 元的中间值 650 元和一年 10 个月计算，大学生一年的消费支出约为 6 500 元。此外，广州大学生消费主要集中在 300 ~800 元，300 元以下和 800 元以上所占比例很小，分别为 10.7%、8.3%。每月支出少于 300 元的同学多来自农村，家庭收入较高的学生存在高消费情况。④ 从整体上看，我国大学生人均年消费额（学费除外）在 3 000 ~8 000 元之间，消费总额则达到 1 万亿 ~2 万亿元。

2. 乘数效应

从宏观经济学中我们知道，当总投资增加时，收入的增量将是投资增量的数倍。而消费的增加必然会带来投资的增加，并在产业链各环节的相互影响下带来经济增长的乘数效应。因此，由于高校消费的总量效应，高校消费对于地方乃至全国经济增长的倍增效应是不可忽视的。

---

① 罗述权、郑震：《高校学生消费与家庭可承受力分析——基于长沙市高等院校学生消费情况的调查报告》，载《价格理论与实践》，2011(10)。

② 杨天平：《大学生教育消费需求的实证研究——基于河南省 5 所高校的调查》，载《高教发展与评估》，2011(4)。

③ 薛秀军、吴巧：《当代大学生的消费状况及其对策——以厦门、泉州四高校为例》，载《集美大学学报》，2011(2)。

④ 蔡秀娟、鲍金勇、唐军梅：《广州高校大学生饮食与消费行为调查分析》，载《高教探索》，2007(4)。

3. 示范效应

消费者在认识和处理自己的收入、消费及其相互关系时，会不自觉地和其他消费者比较，以认定自己的所属，这时候其他消费者对这个消费者的影响，就被称为示范效应。消费者的消费心理和消费行为要受到相关群体的影响，其中相关群体又分为认同群体和崇拜群体。对于在校大学生，其相关群体主要是由同学和家庭成员组成。他们的认同群体主要有同学和校友。崇拜群体因个人的文化修养和个性差异而存在差异。在校大学生共同生活在同样的校园环境中，为了得到群体的认可，他们会尽量和其他同学在某些方面相互接近。部分大学生的消费存有一种比较普遍的从众心理，喜欢跟随他人购买相同品牌、特定款式的产品，在日常生活用品及食品的选购上比较明显。同时，高校大学生具有强烈的好奇心理，渴望新生的事物，易于接受新事物，并对它们反应比较积极，且高校大学生具有相对充裕的时间和较好的条件，让他们始终掌握着最时尚、最流行的信息，代表着最时尚的形象。因此，大学生常常能引起一种时尚潮流，引领新的流行趋势。很多产品只要能在校园内打开市场、树立形象，就能很快在青年市场打下良好的基础。这就是高校大学生消费对于城市消费的示范效应。

4. 理性诱导效应

由于消费过程中的信息不对称，要求消费者具备较好的知识和理解能力，而大学生在这方面显然具备更多的知识，因此消费决策也更理性，从而可以诱导消费者作出合理的消费决策。尤其是对于像手机、MP3/MP4、电脑等数码产品的购买，需要消费者具有一定的相关知识，这样才能购买到适合自己的、质量有保证的产品。大学生在这些数码类产品上的消费决策可以诱导其他消费者作出更合理的消费决策，也有利于名优产品在市场上的推广，扩大其销量。

三、高等教育发展与城市化进程

国内外的相关研究表明，高等教育发展与城市化之间存在明显的正向关联关系。对世界各国高等教育毛入学率和10万人口在校大学生人数的分析显示，各国高等教育入学率、10万人口在校大学生人数与城市化率、人均GNP有很强的正相关性，即城市化水平越高、人均GNP值越高则高等教育的入学率和10万人口在校大学生人数就越高。高等教育入学率与城市化率的相关系数为0.694，略低于与人均GNP的相关系数0.710，城市化率与人均GNP的决定系数之和为0.986，即用城市化率与人均GNP就能解释各国高等教育入学率差异的98.6%。而10万人口在校大学生人数与城市化率的相关系数为0.679，高于与人均GNP的相关系数0.623，城市化率与人均GNP的决定系数之和为0.849，即各国10万人口在校大学生人数差异的84.9%可以用城市化率和人均GNP来解释。由此可见，世界高等教育规模的差异基本上是由城市化水平和人均GNP这两个变量决定的，而城市化率与高等教育规模的相关系数接近甚至在某种程度上超过人均GNP对高等教育规模的影响，这说明在肯定经济对高等教育影响的同时也不应忽视城市化对高等教育的作用。而对美、日、苏、英四国1940年至20世纪90年代10万人口在校大学生人数、1960年至20世纪90年代高校入学率与城市化率、人均GNP值的相关性分析可见，二战后50年来高等教育规模与城市化进程和人均GNP保持高度的一致性，相关系数极高，呈现出同步同向发展的态势。这说明高等教育规模的扩大推动了社会经济的发展，而社会经济的发展反过来又促进了高等教育规模的进一步扩大。①

在国内，刘铁、邬大光以珠江三角洲城市化和高等教育发展为例，对城市化与高等教育互动的发展规律进行了探讨。他们指出，城市化的发展呼唤教育水平的提升，而教育水平的提升又会为城市化的发展提供强有力的人力和科技资源支撑，珠江三角洲地区的城市化发展对高等教育提出了新的要求，直接促进了高等教育的发展，即中心城市纷

① 何志方：《高等教育规模与城市化联动发展的国际经验》，载《比较教育研究》，2001(9)。

纷兴办大学园区,特别是高等职业教育和民办高等教育获得大力发展。因此,他们认为城市化与高等教育的互动是加快城市化进程的有效途径。① 郭书君和米红对改革开放以来我国的城市化程度和高等教育规模的实证研究表明,我国的城市化水平和高等教育规模之间具有高度相关性,符合世界普遍规律。因此,促进高等教育发展,加快城市化进程,在本质上是互为一体、共同促进的。② 对于高等教育与我国城市化进程之间的关系,朱镜德认为我国高等教育强劲扩张有两个基本含义,一方面,发展明显滞后的中国高等教育有必要在一个较短的时期内实现较大幅度的扩张以使高等教育的发展与现阶段中国持续、快速的经济增长及结构转型和升级相适应,避免由于人力资本不足而形成经济增长的“瓶颈”;另一方面,通过高等教育的大发展缓解由城市地区低级劳动力市场过度拥挤而引发的结构性失业及不充分就业等矛盾,从而推动城市化进程的顺利发展。③

正如表7-3的预测所示,2010年到2020年,我国普通高校招生人数仍将进一步增加,到2020年将达到年招生人数超过800万的规模。而依据对我国城市化的预测,到2020年,我国每年新增城镇人口均将维持在1 700万以上。④ 尽管由于我国高校招生中农村生源的比例到1999年就已经下降到了17.7%⑤,即使该比例从现在到2020年均不再下降,且普通高校农村生源全部转入城镇人口,则高等教育对于我国人口城市化的贡献也不到10%。但由于接受高等教育的农村生源在城镇就业相对于农村人口直接转为城镇人口而言更具稳定性,因此这部分

① 邬大光、刘铁:《珠江三角洲城市化进程与高等教育的互动》,转引自陈爱民:《中国城市化:实证分析与对策研究》,431~439页,厦门:厦门大学出版社,2002。

② 郭书君、米红:《我国高等教育规模与城市化互动发展的实证研究》,载《现代大学教育》,2005(5)。

③ 朱镜德:《高等教育强劲扩张对城市化进程及经济增长的影响》,载《中国人口科学》,2003(1)。

④ 陈甬军、景普秋、陈爱民:《中国城市化道路新论》,369~372页,北京:商务印书馆,2009。

⑤ 孙佳燕、黄迪民:《我国高校农村生源比例下滑现象研究》,载《西北工业大学学报》(社会科学版),2007(4)。

人口对我国城市化的正面影响还是很明显的。正因为高等教育的农村生源在城市化进程中所具备的就业稳定性,因而扩大农村学生接受高等教育的机会对我国的城市化进程具有较大的促进作用。

第三节 高等教育发展与广西北部湾经济区的经济增长

一、高等教育发展对广西北部湾经济区的智力支撑作用

在本章第二节国内学者关于高等教育对我国经济增长的贡献的研究中,解垩的回归结果显示,广西高等教育的贡献率均值为0.15%,略低于东部地区和中部地区,但高于西部地区(在该文中广西被划为东部地区);胡永远和刘智勇测算高等教育对经济增长的贡献时显示广西为0.48%,只有上海(2.75%)的1/6;而在郑鸣的分析中,对广西而言,师生比对当地经济发展影响尽管显著,但回归系数符号为负(与预期为正相反),而生均固定支出和教师科研经费则均不显著。他们的研究表明,高等教育发展对广西经济增长的影响要么仍然很小(胡永远和刘智勇),要么与预期正面效应相反(郑鸣和朱怀镇)。除此之外并没有更多关于广西高等教育发展对地区经济增长影响的研究,而针对高等教育发展对经济增长的影响且以广西北部湾经济区为研究对象的文献则几乎没有。

这种现象在一定程度上说明高等教育发展对广西北部湾经济区经济增长的影响尚未充分显现。这主要是因为以下三个方面的原因:首先,尽管如表7-7所示,广西北部湾经济区普通高等院校在校学生占区域总人口的比例并不比国内主要经济区域低很多,但这一比例在2001年仅为0.56%。而在2002—2007年间,广西北部湾经济区连续6年普通高校招生规模快速扩张,招生增长率依次为36.25%、32.72%、23.96%、18.59%、17.55%、25.33%,比同期全国普通高校招生人数增

长率依次快16.6、12.68、6.63、5.89、9.25、21.58个百分点，由此大大提高了广西北部湾经济区普通高校在校学生人数与地区总人口之间的比例。但这种变化历程表明，广西北部湾经济区通过高等教育发展累积的人力资源数量相对于全国整体水平仍然较低，与东部发达经济区相比就更加落后。其次，由于广西北部湾经济区经济发展水平的相对落后状态，高校毕业生尤其是优质高校毕业生在经济区域内就业的比例可能较低，从而进一步削弱了通过高等教育毕业生积累区域经济发展所必需的人力资本的能力。再次，广西北部湾经济区高等学校发展水平相对较低。经济区域内到2010年尽管已经有31所高校，但仅有广西大学属国家“211”大学，没有高校进入代表国内高校最高水平的“985”工程。而在31所大学中，只有广西大学属综合性大学，广西民族大学属综合性少数民族高等学府，专业性的只有广西医科大学，其他都是学院或高等专科学校。

因此，在加大广西北部湾经济区开放开发力度的同时，要保证广西北部湾经济区经济快速增长能够得到足够的智力支撑，就必须在注重区外人力资源引进的同时，加快广西北部湾经济区高等教育的发展，通过大幅度提升高等教育发展水平和适当扩大高等教育规模，促进经济区通过高等教育积累满足经济快速发展所需的人力资本的能力。同时，通过经济区内部高水平大学毕业生吸引国内其他地区优质大学毕业生前来就业，提升经济区域内人力资本的数量与质量。

二、广西北部湾经济区的高校消费效应

（一）高校在南宁城市消费中的效应分析

表7-8是南宁2010年各高等院校的毕业生人数、招生人数、在校学生人数和专任教师人数等数据统计。据该表中的数据统计，2010年南宁共有高等院校在校学生27.64万人，以学生每月消费550元，一年在校10个月计算，南宁高校将总共产生直接消费15.20亿元，占当年南宁社会消费品零售总额的1.68%。考虑到高校消费的示范效应、乘数

效应,高等院校对南宁城市消费的作用可能远远高于以上估算。

表 7-8　2010 年南宁普通高等学校一览表(单位:人)

指标名称	毕业生人数	招生人数	在校学生人数	专任教师人数
总计	70 669	91 597	276 428	15 225
广西大学	6 398	7 894	28 423	2 126
广西医科大学	2 296	3 549	10 942	963
广西中医学院	2 653	2 719	9 129	1 136
广西师范学院	2 861	3 265	12 267	760
广西财经学院	4 627	5 369	17 262	755
广西体育高等专科学校	228	679	1 634	99
广西艺术学院	1 048	2 961	8 871	803
广西民族大学	3 922	4 646	16 450	849
广西机电职业技术学院	3 496	3 873	11 169	541
南宁职业技术学院	3 614	6 002	15 839	751
邕江大学	1 767	2 706	6 510	290
广西职业技术学院	3 772	3 702	11 131	473
广西建设职业技术学院	2 646	2 867	7 989	338
广西交通职业技术学院	2 737	3 700	10 181	440
广西国际商务职业技术学院	2 137	2 250	6 597	322
广西农业职业技术学院	2 374	2 501	7 423	358
广西水利电力职业技术学院	2 027	2 411	6 326	289
广西工业职业技术学院	2 918	3 287	9 438	400
广西警官高等专科学校	1 659	667	3 199	174
广西大学行健文理学院	1 480	2 498	9 217	561
广西民族大学相思湖学院	1 017	2 037	6 975	396
广西师范学院师园学院	809	1 424	4 097	221
广西中医学院赛恩斯新医药学院	442	1 728	4 404	280
广西经贸职业技术学院	1 676	1 700	5 059	226
广西工商职业技术学院	1 364	1 616	4 624	196
广西演艺职业学院	242	252	715	52

续表

指标名称	毕业生人数	招生人数	在校学生人数	专任教师人数
广西东方外语职业学院	2 715	2 520	8 391	480
广西电力职业技术学院	2 027	2 411	6 328	289
广西经济职业学院		1 306	3 366	150
广西幼儿师范高等专科学校		1 696	2 226	127
广西卫生职业技术学院	1 040	2 022	4 296	260

资料来源:《南宁统计年鉴(2011)》。

(二)发挥高校消费推动效应的对策和措施

1.构建城市高校消费圈

当今,高校周边环境越来越受到社会及高校的重视。城市高校消费圈作为校园周边环境中最活跃的元素之一,其对高校周边经济的发展有着举足轻重的作用。城市高校消费圈作为一种商业模式早已经存在于国内各大高校周边区域,随着越来越具有规模的大学城、高教园区的兴建,对城市高校消费圈如何进行规划和管理,以满足大学生的消费行为将变得日益重要。高校周边环境是城市和大学的重要组成部分,由于大学校园向整体型和综合性发展,大学校园逐渐走向社会,与社会融为一体,高校周边环境对于高校和城市发展的意义变得更为突出。

城市高校消费呈现不断高涨的势头,大学周边的商业市场拓展出更广阔的空间,具有很强的发展潜力,越来越多的商家纷纷将眼光放到了大学校园周边。高校消费圈应该是高校学生最频繁接触的消费场所。它的功能同校内的某些商业设施功能有很大的重叠性,但在一定程度上它是对校园内部商业功能的补充,有助于改进校园内部商业功能的配置,更好地满足学生的消费需求。我们应将大学周边的商业设施根据实际的需要布置在大学周边的各个位置上,集中的商业设施位于学生的聚居地,各类休闲设施分散布置在周边的适当位置上。高校消费圈的存在有其必要性。因为校园内的商业设施虽然基本能满足学生的日常生活需求,但学生对于校内的商业设施并不十分满意。如校内的超市大部分都只是提供一些日常用品,且品种相当少,选择性也少，对于当今大学生来说，远不能满足他们的需求。目前高校消费圈主要表现为“学生商业街”，规模不算大。要构建高校消费圈，有以下一些必需的要素：消费人群、有效经营者、有效的商业管理、合理的发展前景和政府支持，此外还有消费圈的形象、功能、建筑形态以及建筑成本等。消费圈必须有自己的形象，有自己的特色。环境、包装、对外宣传都是消费圈树立形象的重要环节。

高校消费圈和高校相互影响，有着息息相关的联系。首先，高校消费圈为大学生提供了一个休闲、购物、餐饮及娱乐场所。在大学生的消费结构上，目前用于日常生活必需品的支出比例不断下降，而在休闲、娱乐、通讯、交际等方面的支出比例却在不断上升。高校消费圈的形成正可以满足高校大学生的消费需求。其次，高校消费圈有利于完善高校的设施建设，与高校形成了有力的竞争，可以促进我国高校管理制度的改革。再次，高校消费圈的形成可以解决部分大学生勤工俭学的问题。勤工俭学一方面可以减轻家庭困难学生的生活负担，另一方面可以为在校学生提供社会实践的机会。国家和高校虽然也为困难学生提供了很多的帮助及相应的勤工助学岗位，但资助范围及岗位设置毕竟有限，不能满足所有学生的需求。高校消费圈的商家可以为高校学生提供一些岗位，这样既提高了商家的社会形象，也解决了部分高校大学生勤工俭学的问题。

高校消费圈与高校的关系不仅表现为相互影响和互惠互利的一面，它们也有相互制约的一面。高校消费圈管理上的漏洞会增加高校管理的难度。大学城中的一些商家经营的部分娱乐场所，如歌舞厅、影碟屋或书吧可能会传播色情内容，这会对心智尚未成熟的大学生造成一些误导，也会为我国高校管理和教育带来更多的负面影响。

如何搭建及有效管理有利于高校及城市经济发展的消费圈，从而形成良性的循环，使其既能满足高校大学生的消费，又能促进城市经济的发展，形成中心地，为高校及其周边地区提供中心商品，这就需要企业、政府、高校的共同努力了，三者在这一问题上应该相互协调，共同协商,为了城市经济及共同的利益而努力。

2. 搭建城市高校消费推动平台

高校的消费由于消费群体的特别性,因此他们对城市经济的作用及其发挥作用的方式也是不一样的,为了能让高校消费更好地推动城市经济的发展,我们应该搭建城市高校消费推动平台,如组织大学生消费文化节。文化是一种社会精神力量,能够在人们认识世界、改造世界的过程中转化为物质力量,对社会发展产生深刻的影响。各地通过举办文化节,挖掘和传播优秀传统文化,能够促进当地先进文化建设和社会和谐发展。同时,文化与经济相互影响,相互交融。举办消费文化节能够发挥文化对经济的促进作用。文化产业在经济发展中的作用越来越突出,已经成为国民经济增长的重要支柱产业之一,因此组织大学生的消费文化节对于促进城市经济的发展具有双重意义,既可以让大学生保持良好的消费习惯,又可以促进城市经济的发展。

我们还可以举行大学生文化艺术展示节,通过文化艺术展示平台,可以让大学生加强与外界的联系,大力弘扬民族精神和时代精神,有利于提升中国特色社会主义文化的竞争力。同时,在文化艺术展示节上,大学生可以将自己创新及创作的科技文化作品展示出来,加强与外界的交流,不断地提升自己,这样也可以推动城市文化产业的发展。通过举办大学生消费文化节及大学生艺术展示节,不仅可让大学生更多地与外界交流,直接促进城市经济的发展,对于城市旅游产业的发展也能起积极的推动作用。

3. 将高校纳入城市功能布局规划

城市功能布局是将城市划分为若干个区域,并明确各区域的功能定位,是城市规划的核心内容。城市功能布局一旦付诸实施,在短期内难于改变,如何以可持续发展的理念指导广西北部湾经济区各城市今后的功能布局,以避免许多城市在发展中因功能布局不合理而出现的对经济发展的不利影响,是政府相关部门应该重视的问题。城市功能布局考虑的是城市各区域的功能定位也就是社会经济发展定位问题,不同的社会经济发展定位对区域的发展表现出不同程度的正面或负面影响。在高校对于城市经济发展的作用越来越明显的今天,我们应该将高校纳入城市功能布局的规划。以南宁市为例,高校对于南宁市的作用是非常明显的:首先是拉动消费。大量高校大学生的到来将给南宁的发展形成巨大的消费力,拉动南宁经济发展,如果教育设施集群发展,还将形成规模不小的城市副中心,对于提升南宁市品位和知名度都将起巨大的推动作用。其次,高校学科建设与南宁经济发展需求相互衔接,南宁企业和高校合作共建实验室,进行产品研发,对于南宁市的产业升级、企业招揽人才都有重大意义。

4. 政策性重视和引导商贸业围绕高校布局

商贸企业指商业零售企业,是指设有商品营业场所、柜台,不自产商品,直接面向最终消费者的商业零售企业,包括直接从事综合商品销售的百货商场、超级市场、零售商店等。

由于高校对于城市经济发展的巨大带动作用,政府应该政策性地重视和引导商贸业围绕高校布局,这样可以让高校和商贸业实现双赢。高校消费圈相对于城市中心区域的商业商圈来说,消费群体是相对稳定的。它的消费主体主要分为三种:一是高校教职工,他们由于工作环境的关系,对校园周边环境比较熟悉,高校消费圈与他们的生活有着密不可分的联系。二是大量的大学生,他们在大学里的生活相对简单,互动范围较小,因此高校消费圈则成为他们生活消费的最重要和主要的场所,长时间如此,他们对周围消费圈也产生了依赖性。三是大学附近的居民,他们往往与大学校园联系紧密,他们的消费在一定程度上也与大学师生的消费行为相类似,他们共享着高校消费圈带来的便利和舒适。这些消费群体在一定时间和条件下保持相对稳定状态。这样就可以给围绕高校布局的商贸业带来稳定的客源,也就会有相对稳定的销售收入。而对于周边的消费者无疑也是一种福利,对于大学生来说,他们有了更多的选择,可以在高校消费圈内得到更为满意的服务;对于教职工及周边居民来说,他们不用跑到市中心的商业区就可以得到相对满意的服务，这也是他们非常乐意的。因此，为了促进北部湾各市经济的健康、可持续发展，应该重视和引导商贸业围绕各市各高校布局。

三、高等教育发展与广西北部湾经济区的城市化进程

2009 年广西北部湾经济区城镇人口比例为 45.88%。依据本书第四章第四节的预测，2010 年广西北部湾经济区城镇人口比例应为 46.42%(因为缺乏 2010 年的相关统计数据，所以采用预测值)，比全国平均水平低 3.5 个百分点，更是大大低于东部发达地区的平均水平，如长三角的69.68%、珠三角的 82.72%、京津塘的 77.86%、福厦沿线的 60.44%。尽管如此，广西北部湾经济区也已经进入快速城市化阶段，如本书第三章第三节中的预测，到 2020 年，广西北部湾经济区的城市化率将每年提升 1 个百分点以上，按照经济区域内现有 1 214.75 万人计算，这意味着经济区域内每年都将有超过 100 万的农村人口转为城镇人口。这样的人口转移，一方面体现为农业从业劳动力向城镇非农产业转移，另一方面则是超过 20% 的 14 岁以下人口[①]将有相当一部分需要通过接受高等教育实现从农村到城市的转移。按照经济区域内现有人口总数、每年城市化率提升 1 个百分点、14 岁以下人口占 21.71% 计算，每年将有 26.37 万 14 岁以下人口转为城镇人口。而按照 2010 年广西北部湾经济区普通高等教育招生规模 9.81 万人测算，即使招生人数全部在广西北部湾经济区，也仅有 37.20% 的 14 岁以下人口有机会通过接受高等教育实现从农村向城镇人口的转变。这表明，高等教育发展对于广西北部湾经济区城市化进程的贡献仍然相当不足。因此，适当扩大高等教育规模，对于促进广西北部湾经济区的城市化进程具有重要的意义。

---

① 广西人口年龄构成中，0～14 岁占 21.71%。参见广西壮族自治区统计局：《广西 2010 年第六次全国人口普查主要数据公报》，http://www.gxtj.gov.cn/show.asp?typid=97&id=8683.

第八章 广西北部湾经济区的对越边贸发展[①]

中国—东盟自贸区自2010年1月1日起正式全面启动,由此我国与东盟国家开始进入"零关税"时代。2010年,中国与东盟国家或地区的GDP总和约7.7万亿美元,对外贸易额约5万亿美元。[②] 自贸区建成后,中国与文莱、印尼、菲律宾、泰国、马来西亚、新加坡6个东盟成员国间将有超过90%的产品实行零关税,中国对东盟的平均关税则将从9.18%下降到0.11%,而以上6个东盟成员国对中国的平均关税也将从12.18%降低到0.16%。此外,到2015年,老挝、越南、柬埔寨和缅甸4个东盟新成员国也将对来自中国90%的产品实行零关税。到2018年,自贸区内所有国家的所有产品均实现零关税。

中国与东盟建立自由贸易区,把广西推向了与东盟进行全面经贸合作的前沿地带,广西获得了以自由贸易区的建立为契机、扩大与东盟国家经贸合作的极好机遇。自由贸易区的建成,将为双方充分利用自身优势,开发双方经济资源,挖掘市场潜力,扩大在贸易、经济、技术等方面的合作搭建一个巨大平台,为加快亚洲区域经济一体化进程,促进本区域经济、文化的快速发展创造条件。

作为东盟成员国之一的越南,是中国的近邻。广西与越南山水相连,中越边境线广西段长637千米,从东至西依次有东兴、防城、宁明、凭祥、龙州、大新、靖西、那坡8个边境县市(区),与越南的广宁、谅山、

---

① 广西对越边境贸易最重要的两个口岸是东兴与凭祥,而广西北部湾经济区工业园区等相关规划均将凭祥市纳入经济区范围,因此广西对越边贸的主体是广西北部湾经济区。而且,南宁海关关于广西对越边境贸易的统计数据没有针对各口岸的细分数据,因此本章对广西北部湾经济区边境贸易的分析采用广西全区的数据。

② 数据来源:《国际统计年鉴(2012)》。

高平、河江4个省17个县接壤。沿海与越南隔北部湾相望,海岸线长1 595千米,海、陆交通运输十分便利,开展边境贸易具有非常优越的条件。据了解,广西与越南边民小额贸易源远流长,早在1084年北宋时期,民间就已在广西廉州进行贸易。越南—广西的贸易关系伴随着中越经济贸易关系的加强而不断发展,广西与越南的边境贸易,基本上呈现出一种贸易额持续快速增长、贸易结构逐步改善的态势。最近几年,商品进出口总额快速增长,据南宁海关的资料显示,越南已连续5年成为广西与东盟各国贸易关系中的最大贸易伙伴。特别是在中国—东盟自由贸易区建成后,给广西对越边境贸易带来了新的机遇与挑战,在新时期新背景下,通过双方的不懈努力即将迎来一个新的发展阶段。

第一节　广西对越边贸现状

一、广西对越边贸数量与结构

(一)广西对越边贸总量

自中国—东盟自贸区建成以来,广西对越边境贸易进入了一个新的阶段,2010年1月至2012年4月,广西对越边境贸易的进出口总额、进口总额、出口总额以及增长率如图8-1、图8-2所示。

从图8-1可知,2010年和2011年的12月的进出口总额和出口总额的数值是一年中的最大值,而且比其他月份要明显高出很多,这说明每年的年底是对越贸易的旺季。出口总值在2010年的10月前后起伏明显,2010年9月以后的数据明显增加,这是自由贸易区产生经济效应的结果,也说明自贸区产生作用有一定的时间期限。从图8-1中还可以看出,广西对越边贸的进口总值在总体上波动不明显,进口总额较小,从而导致了广西与越南的贸易经常处于顺差状态,这将对广西对越边贸产生一定的影响,不利于加强广西与越南更深层次的贸易关系。

从图8-2可得出,2010年1月广西对越边贸进出口总额、出口总额以及进口总额累计与上年同期相比有了巨大增长，分别为150.2%、180.4%、61.4%，显然这是自贸区建成后立即产生的经济效益，然而由于1月的贸易量较大且增长率也较高，从而影响了2月的贸易额，进而影响到其与上年同期的水平。2月累计比上年同期增长的数值仅分别为17.4%、14.7%、25.8%。

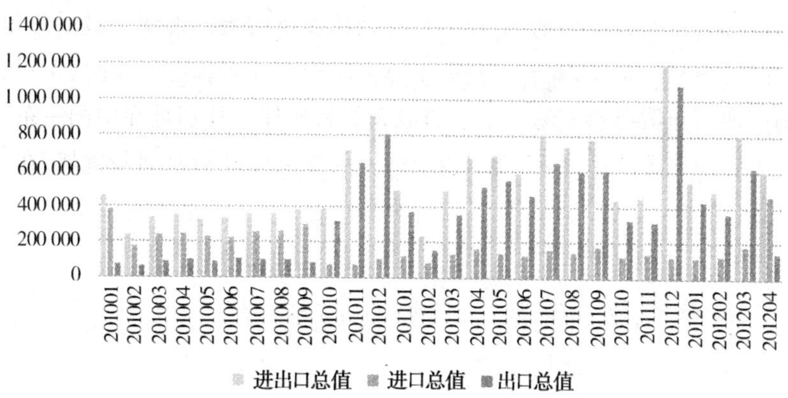

图8-1　广西对越边贸进出口总额（单位：千美元）

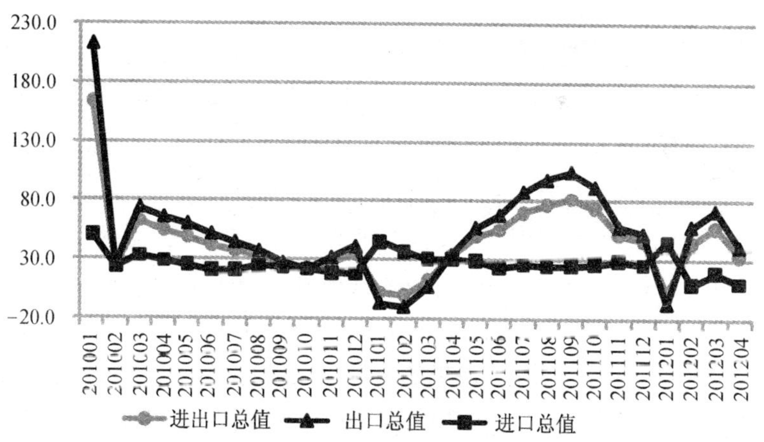

图8-2　2010年1月—2012年4月广西对越边贸总额累计比上年同期增长率（%）

资料来源：2010年1月—2012年4月南宁海关的统计数据。

(二)广西对越边贸产品结构

2011 年广西对越边贸进口总额达到 338.52 亿元,出口为 268.32 亿元。广西与越南边境贸易中,越南向广西境内出口包括原油、天然橡胶、煤炭、各类矿石、各类精油、胡椒、花椒、花生、各类热带水果、虾、鱼、蟹、鱿鱼、手工艺品、拖鞋、高级家庭用品等 100 多种商品,广西也向越南市场出口立式水泥炉、医疗设备、运输、农机、汽油、水泥、钢铁、建材、化肥、农药、谷种、摩托车、服装、儿童玩具、电子产品等 200 多种商品。2011 年广西对越边境贸易主要商品进出口数量及金额如表 8-1 所示:

表 8-1　2011 年广西对越边贸主要商品进出口数量及金额

项目	进口		出口		项目	进口		出口	
	数量	金额(万元)	数量	金额(万元)		数量	金额(万元)	数量	金额(万元)
粮食(吨)	19 149	7 659	—	1 579	玻璃(重量箱)	—	—	6 997	1 600
肉禽蛋(吨)	—	—	—	—	锌矿(吨)	1 298 822	62 242	—	—
蔬菜(吨)	49 815	13 128	158 193	64 289	锰矿(吨)	239 184	19 925		
水产品(吨)	331 644	340 002			化肥(吨)	—	—	332	56
干鲜果(吨)	617 895	157 611	437 338	92 664	中草药(吨)	2 684	2 524	—	—
服装(件)	—	—	1 919	262 749	自行车(辆)	—	—	162 300	3 246
啤酒(吨)	—	—	274	278	家用电器(件)	—	—	—	51 674
布匹(百米)	—	—	2 696 128	268 912	橡胶(吨)	26 832	58 472	—	—
水泥(吨)	—	—	6 414	361	煤炭(吨)	7 460 079	273 927	—	—
原木(立方米)	5 293	38 391	—	—					

数据来源:《2011 广西统计年鉴》。

从表 8-1 可以看出,广西从越南进口主要集中在农副土特产品,工业品集中在煤炭、锌、锰等矿产资源以及橡胶和木制家具。向越南出口的商品主要集中在工业品中的服装、布匹、水泥、玻璃以及自行车,农副土特产品较少。

(三)广西对越边贸企业性质结构

广西对越边贸的经营主体大多数为民营企业,国有企业、集体企业较少。其具体情况如图 8-3 和图 8-4 所示。

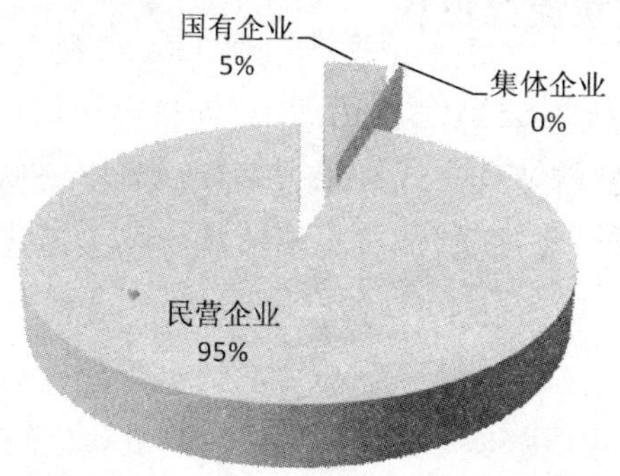

图 8-3 2009 年广西有出口实绩的边贸企业主体的比例情况

2009 年广西拥有 242 家有出口实绩的边贸企业,其中民营企业 230 家,国有企业 11 家,集体企业 1 家;拥有 295 家有进口实绩的边贸企业,其中民营企业 283 家,国有企业 9 家,集体企业占 3 家。民营企业边贸进出口额合计 30 亿美元,占自治区边贸进出口总额的96.2%。其中,出口额 22.4 亿美元,比上年增长 95.2%,占边贸出口总额的 95.7%;进口额 7.6 亿美元,同比增长 1.1%,占边贸进口总额的 97.6%。

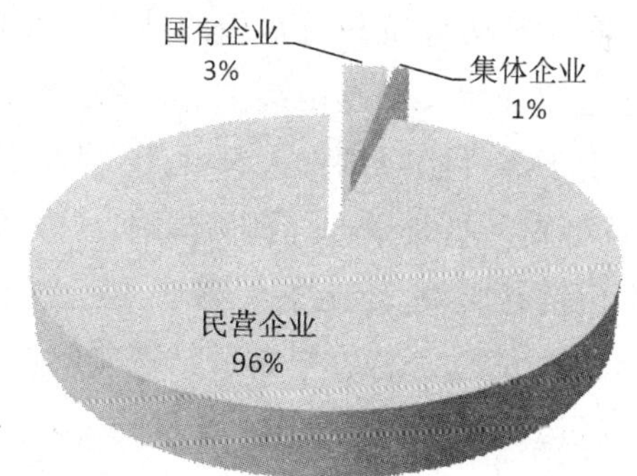

图 8-4 2009 年广西有进口实绩的边贸企业主体的比例情况

资料来源:《2010 广西年鉴》统计资料。

二、广西对越边贸流程现状

(一)广西对越边贸结算方式

广西对越边贸的结算方式有银行结算、现钞结算、对等结算、易货结算以及非正式的“地摊银行”等渠道结算方式,如图 8-5 所示。

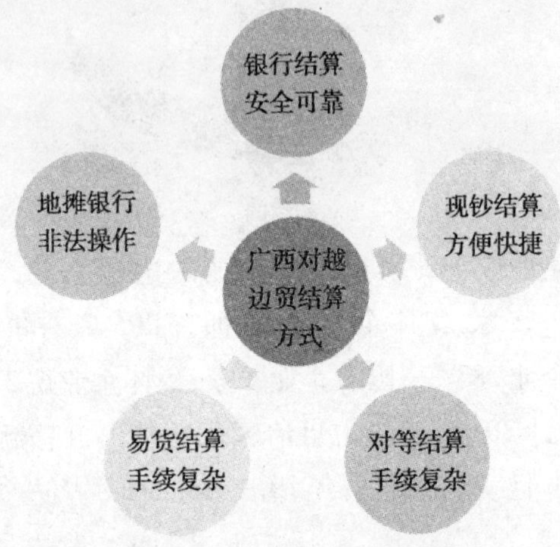

图 8-5　广西对越边贸结算方式

现钞结算是广西对越边境贸易最常用的结算。在现钞结算中,货物经报关出口到达边贸口岸交给越南买主后,买方将以现金方式支付货款。但现钞结算由于需要随身携带大额现金,因此面临较大的安全问题。而且,由于不便对所持货币进行真伪鉴别,导致买卖双方经常因现钞的真伪问题发生贸易纠纷。但现钞结算仍然是边境贸易中最受欢迎和使用最广泛的结算方式,原因在于现钞结算能够直观、快捷地得到贸易收入。广西对越边境贸易中还存在一定量的“地摊银行”或地下钱庄等非法结算方式。在“地摊银行”或地下钱庄结算方式中,出口方在进口方境内出售货物后,即可到“地摊银行”或地下钱庄兑换点兑换商品销售所得的货币,或者凭兑换点开具的字据回到己方境内的兑换点提款。由于越南外汇资源短缺,汇率风险较大,加上中越边境的“地摊银行”、地下钱庄由来已久,结算方式自成体系且灵活、快捷,要令其完全消失还比较困难。因此，虽然“地摊银行”、地下钱庄结算在中越两国都是违法行为，但要取缔它们还需要一定的时间。

（二）广西对越边贸运输方式

广西对越边贸的运输方式多种多样，包括江海运输、铁路运输、汽车运输、航空运输、邮件运输以及其他特殊方式运输，如图8-6所示。

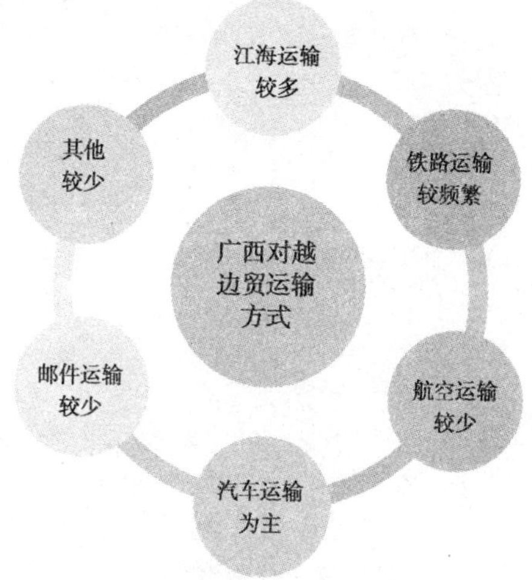

图8-6　广西对越边贸运输方式

广西对越边贸主要以陆路运输为主，在陆路运输的铁路与汽车运输中又主要以汽车运输为主，因为从广西境内通往越南的铁路无论从数量上还是从运量与速度上都远远满足不了大宗贸易的需求。广西与越南的边境贸易尤其是边境小额贸易主要是靠小型卡车和面包车在二级口岸和贸易互市点进行运输。除了陆运，海运在对越边贸中也占有比较重要的地位，随着泛北部湾建设的不断发展，在各种政策的指引下，钦州港与防城港在海运设施方面有了很大的提高，随着经济的不断发展，海运将以其运量大和成本低等特点日益凸显其重要性。随着中国—东盟自贸区的建成，广西与越南将进一步深入合作，加大在海运、空运等方面的建设，改进目前较为单一的运输方式，转而以多种灵活的方式进行运输。

（三）广西对越边贸贸易方式

广西与越南进行贸易往来的方式灵活多样，具体如图8-7所示，广西对外贸易中主要以一般贸易为主，加工贸易与进料加工贸易占的比例较大，小额边境贸易的比重在不断扩大。据调查，广西对越边境贸易量占整个广西对外贸易量的一半以上，其贡献主要是以边境小额贸易的方式进行的。

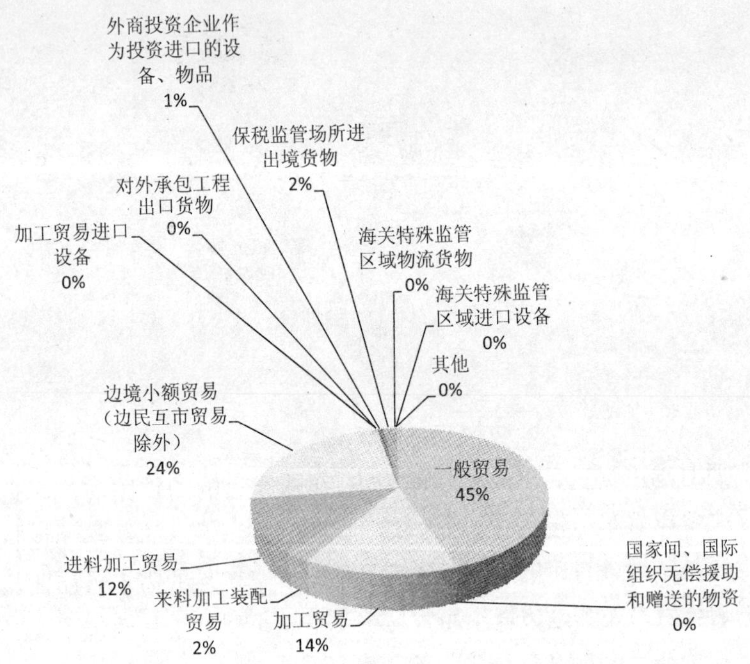

图8-7　2012年4月广西进出口商品贸易方式总值分布

资料来源：2012年4月南宁海关统计的数据。

三、广西对越边贸基础设施现状

（一）广西对越边贸交通运输状况

广西和越南的物流运输系统已形成海陆空协同运输网络，如图8-8所示，具体如下：

（1）陆路网络。广西通往越南的陆路通道主要有三条，分别为全长538千米的南宁—东兴—芒街—河内公路，全长419千米的南宁—凭祥—友谊关—谅山—河内公路，以及北京—南宁—河内的国际铁路。

（2）海运网络。东起英罗港、西至北仑河、长达1 595千米的广西北部湾地区海岸线，是我国到越南各海港航运路径较短的出海口之一。沿海岸线有由防城港、钦州、北海等港口构成的广西北部湾港口集团，与越南广宁、海防、太平、河南等10多个省市的港口隔北部湾相望。广西在利用现有港口优势基础上，正以积极合作的态度与包括越南在内的东盟国家港口企业共建经济联盟体。

（3）空运网络。广西已开通南宁、桂林至河内市，南宁、桂林至胡志明市等的定期航班和包机。

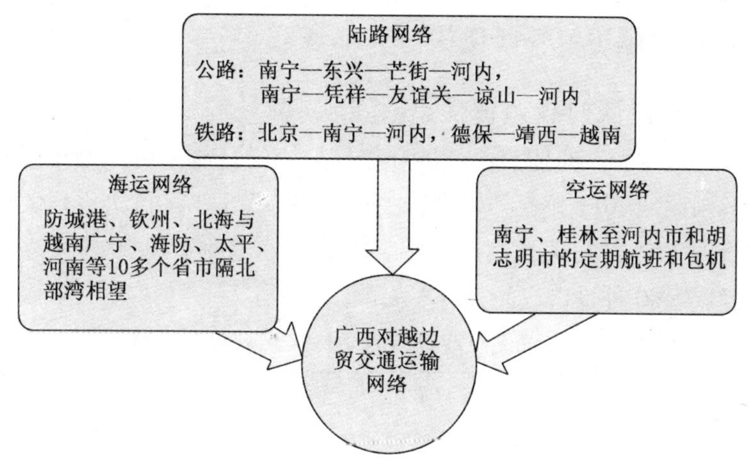

图8-8　广西对越边贸交通运输网络

（二）广西对越边贸口岸、互市点基础设施状况

在漫长的桂越陆地边界线上，目前已建成了较为完善的边境口岸体系，共有边境口岸12个，其中凭祥、友谊关、东兴、水口4个口岸是国家一类口岸，峒中、爱店、平而、科甲、硕龙、岳于、龙邦、平孟8个口岸为地方二类口岸，另外还有25个边境贸易点，如图8-9所示。

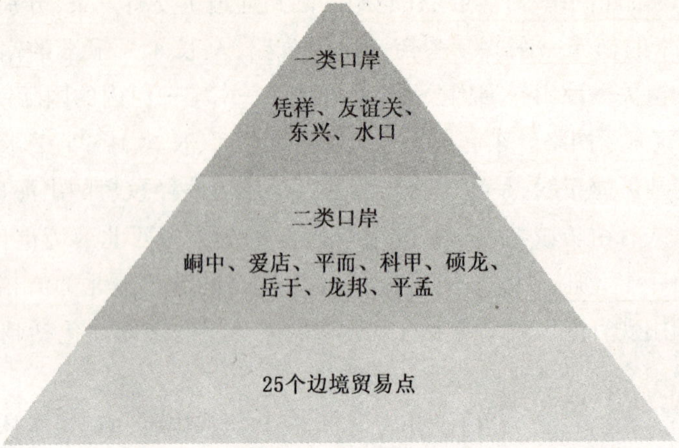

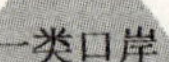

图 8-9　广西对越边贸口岸、边境贸易点状况

四、广西对越边贸管理现状

(一)广西对越边贸优惠政策状况

根据《中国—东盟全面经济合作框架协议》,越南由于是东盟新成员国,因此从 2011 年起开始进行关税削减,2013 年将再次进行关税削减,直到 2015 年将关税削减为零。这意味着越南要到 2015 年才会对我国约 7 000 种进口产品实行零关税。

表 8-2　边贸优惠政策与自贸区优惠政策对比情况①

项目	边贸优惠政策	自贸区优惠政策
进出口报关	边民互市不需报关,边境小额贸易仍需办理报关手续	都要履行货物报关手续
关税优惠	边境小额贸易进口税收减半征收被取消,互市进口免税额度由每人每天 3 000 元提高到 8 000 元。另外,同样可享受自贸区关税优惠	享受自贸区关税优惠

① 苏意君:《中国—东盟自贸区建成对广西边境贸易的影响分析》,载《区域金融研究》,2010(2)。

续表

项目	边贸优惠政策	自贸区优惠政策
结算币种	除可自由兑换货币外，人民币与越南盾也可用于贸易和服务结算	可自由兑换货币（广东、上海人民币结算已获批，广西、云南等地跨境贸易人民币结算也已申报待批）
增值税优惠	以自由兑换货币结算，可办理出口退税	享受国家出口退税优惠
出口奖励	2009年5月1日开始奖励0.04元人民币/美元出口（凭祥为0.045元人民币/美元出口）	0.03元人民币/美元出口

广西对越边贸与自贸区优惠政策对比情况详见表8-2。随着中国—东盟自贸区的建成，广西对越边贸政策优势可能会逐渐丧失。

（二）广西对越边贸管理体制状况

广西对越边贸的管理体制主要体现在边境贸易政策上。据调查，中越在边境贸易方面都没有严格和完整的政策体系，而是主要由两个层次的政策法规构成，即国家层次的政策法规和地方层次的政策法规。在我国，国家层次政策法规主要包括《中华人民共和国对外贸易法》，国务院根据边境贸易发展情况制定的相关法规，商务部会同有关部门制定的全国性边境贸易和经济合作政策及宏观管理措施，以及商检、海关等部门据此形成的配套管理办法，还有就是国家民族政策或区域发展政策等方面的支持政策。

越南国家层次政策法规也由3类构成，但由于在相关概念界定、管理形式上不同于中国，其国家层次政策法规构成又具有自己的特点。

此外，广西与越南边境贸易还受到双方签署的《贸易协定》、《关于处理两国边境事务的临时协定》、《经济合作协定》、《边境贸易协定》等双边协定的约束，这些协定为广西与越南边境各省、各行业、各企业进行经济合作、贸易往来奠定了重要的法律基础。

第二节 广西对越边贸存在的问题

一、广西对越边贸结构存在的问题

(一)广西对越边贸产品结构不合理

广西对越边境贸易进出口商品结构不尽合理。广西对越边境贸易中,出口的商品主要是农用产品、日用百货、药材、小家电等。而进口的主要是原材料、农特产品、矿产品等。但无论进口还是出口,商品档次都较低,规模小,附加值不高。此外,2004年以来,由于我国限制焦炭等资源性产品出口,影响了越南部分钢铁厂的正常生产。越南相应限制其铁矿、锰矿等各类矿石的出口,造成广西进口的各类矿石大幅度减少。

(二)广西对越边贸主体结构单一

在对越边贸中,主要参与的外贸企业规模小,实力欠佳。目前,仅崇左市共有边境小额贸易进出口经营权企业105家,但企业规模普遍较小,资金实力不强,人才缺乏,竞争力不强,自主经营及抗风险能力弱,开拓国际市场能力差。

(三)广西对越边贸导致口岸城市产业结构不合理

由于广西对越边贸的发展,口岸城市的产业结构中第三产业比重最高,其次是第二产业,第一产业最低。这样的产业结构似乎表明口岸城市的产业结构层次很高。但这主要是因为经由口岸城市出口的工、农业商品主要由周边地区生产,口岸城市事实上仅仅相当于从事转口贸易。由于商业高度发达,因此口岸的工业、农业发展均大大退化。但由于在这种贸易方式中,出口的商品很大一部分来自江浙、广东等地区和省份,进口商品中大部分也是经广西转销到广东、浙江等地进行再加工的,即商品货源在外,因此广西对越边贸容易受外部经济和社会环境的影响。

二、广西对越边贸流程存在的问题

(一)广西对越边贸形式单一

目前广西对越边贸的形式仍以小额贸易和易货贸易为主。易货贸易占用资金多、周转时间长,缺乏多样性和灵活性,极大地束缚了交易的发展。小额边境贸易的运量小、利润低,其贸易方式不易形成规模,不利于广西与越南贸易长期的可持续的发展。

(二)广西对越边贸秩序混乱

广西对越边贸存在鱼目混珠的现象,缺乏以质量取胜的指导思想,或乘机制造伪劣商品,或以次充优、以坏充好,使不少伪劣商品通过非正常渠道流入越南。而且,越方企业拖欠货款的现象比较严重。比如在崇左,经常发生越方企业拖欠该市企业货款的情况,严重影响了边贸企业正常开展经贸活动。

(三)广西对越边贸结算体系不健全

目前广西对越边境贸易结算体系仍然存在不少问题,主要体现在以下几个方面:

(1) 银行结算业务有待进一步完善。尽管目前东兴、凭祥的一些银行已经与越方边境地区的银行建立了长期的边贸结算业务合作关系,但边贸结算营业网点少且分布不均,业务品种也比较单一,结算速度慢,因而银行结算业务亟待进一步完善。

(2) 目前还有大量的边贸交易通过安全系数极低的现金方式进行结算,或者通过"地摊银行"、地下钱庄等非法的渠道结算,容易滋生洗钱、走私等违法活动,为外汇黑市的存在和发展提供了便利条件。①

(3) 尽管人民币在边境贸易中已经成为事实上的主要结算货币,但由于人民币不是自由外汇,人民币的跨国流动也受到较多限制。

① 李余铭:《广西边境贸易结算问题探讨》,载《经济与社会发展》,2003(1)。

(四)广西对越边贸运输方式单一,物流体系不完整

贸易方式决定运输方式,在对越边贸中,以边境小额贸易为主的运输方式都集中在汽车运输上,长途且货运量较大的主要采取大卡车的运输方式,短途的日用消费品、新鲜的果蔬和鲜活水产品主要采用小货车的运输方式。随着油价的上涨,汽车运输方式的成本将大大增加,不利于贸易的持续发展,加上现行管理机制不够完善,且西南边境地区缺少完善商贸物流产业和统一协调的机构,物流业管理体制方面存在较多问题。由于经济利益部门化和地区化弊端的存在,边境城市在物流业的管理体制上的协调能力较差,边贸当地政府对本地区的各业务部门缺少统一指导、调控。

三、广西对越边贸基础设施存在的问题

(一)广西对越边贸交通运输状况较差

口岸和口岸之间、口岸与边贸互市点之间的交通运输状况落后,据资料显示,35%的互市市场没有同越南公路接通,60%的边贸公路等级低、路况差,货车通行困难,特别是水口口岸的中越水口大桥老化,损坏严重,只能限载通行。交通条件差制约口岸对外贸易的发展。在海运方面,从广西通往越南的航线较少,已有航线的吞吐量有限,在一定程度上制约了广西与越南进行大宗海上贸易。在航空运输上,从广西至越南的航线数量较少,其便利程度还有待提高。

(二)广西对越边贸口岸、互市贸易点的基础设施滞后

广西与越南接壤的边境各县(区)经济发展水平不高,财力薄弱,因而无法投资建设或更新口岸、码头和边民互市点的基础设施。因此,广西对越边境贸易的货场规模小,仓储装卸能力低,流通方式原始落后。此外,一些口岸没有设立国门、验货场、储货仓等设施,不能满足口岸物流快速增长的需求。

(三)越方没有开放对应的边民互市点

以崇左市为例,崇左市有边民互市点 13 个,目前正常运转的仅有

浦寨、爱店、水口、那花4个边民互市点，尚有9个互市点没有正常启用。为了用好国家的边贸政策，使边民尽快脱贫致富，崇左市先后又启动了平而、油隘、板兰、德天等边民互市点。但是，由于越南没有开放对应的边贸互市点，因此上述互市点的贸易只进不出，即越南的部分生活用品可以通过上述互市点由边民带入中国市场，而我国商品却不能从这些互市点出去，造成上述边境地区发展缓慢。

四、广西对越边贸管理存在的问题

（一）广西对越边贸政策性管理措施中存在的问题

以香蕉为例，在"早期收获"计划前，我国对越南和泰国的进口税按最惠国税率为13%，而广西享有边贸减半税率优惠政策，因此进口税率为6.5%。但"早期收获"计划实施后，通过一般贸易，对越南和泰国的香蕉进口税率降到了5%和零关税，边贸税率减半后仍然要高出一般贸易税率1.5到6.5个百分点，边贸优势不复存在。边贸政策的弱化还体现在其他方面，包括多种进出口商品优惠政策的取消，对原产于越南的水果等停止执行边境贸易减半征税的优惠政策，对粮食进口和焦炭出口配额减少，对进口越南资源性产品没有优惠政策支持，对互市贸易的品种、数量、货值限制过严，缺乏可操作的边境地区加工贸易政策，等等。此外，边贸出口实行外汇核销管制，不仅加大了小公司出口的成本，而且增大了企业的风险，这种做法不符合中越边贸的实际。①

（二）广西对越边贸口岸管理机制不完善

一方面，双方对边境贸易口岸的管理和监督不到位。这主要是因为双方的边贸管理部门目前都采用一般贸易的方式来管理边境贸易；在通关手续方面则存在程序烦琐、费用高等问题，导致很多企业或个人因难以达到基本要求而被迫放弃。由于经济利益部门化和地区化弊端的存在，边境城市在物流业管理体制上的协调能力较差。

---

① 肖杨、刘秀玲：《广西对越边境贸易问题研究》，载《区域经济》，2011(4)。

另一方面，边贸管理环节存在缺陷。据龙州县反映，边境地区贸易管理不规范，政出多门、多头管理的问题不时出现。有的部门不按规定收取入境费，或者超标准收费的现象也时有发生；一些边贸监管机关对边贸的政策支持仍有较大空间。

第三节　广西对越边贸的发展趋势

一、广西对越边贸的影响因素

（一）客观因素

1. 地理因素

中越边境线广西段长637千米，沿海与越南隔北部湾相望，海岸线长1 595千米，海、陆交通运输十分便利。漫长的边界线、跨境而居的多个民族、人文、亲缘等关系，为中越双方开展边境贸易奠定了良好的基础。随着中国和越南两国不断加大对边境地区基础设施的投入，无疑将会促进广西与越南边境贸易的快速发展。[①]

2. 经济因素

边境贸易关系受各种经济因素的影响，一国经济形势的发展变化直接牵动着边境贸易关系的发展，特别是经济方针和经济政策的变化，以及相关边贸政策的变化。广西与越南贸易关系的发展受到中越两国经济形势发展的影响。从当前广西与越南的边境地区看，这一区域多属于山区、少数民族聚居区，多为规模较小的小农小商型经济；农产品质量低，技术含量低，与国际标准有很大的差异，与国内其他省市相比仍十分落后；制造业也相对落后，致使在吸引外商投资制造业方面缺乏有吸引力和竞争力的必备条件；等等。双方边境地区经济的落后会使得双方边贸发展缺乏内动力，而两国尤其是边境接壤省区经济的快速

---

① 曾庆佳：《WTO体制下的中越贸易研究》，暨南大学硕士论文，2008。

发展则会促进广西对越边贸的发展。

3. 进出口商品结构因素

国际贸易理论认为,国际贸易是建立在各国不同资源要素禀赋基础之上的。由于不同的资源要素禀赋使得各国通过贸易,互通有无来满足各自的生产和消费需求。这种互补性在每年广西对越贸易结构中有清晰的体现。据刘稚(1998)、于向东(2000)、张建中(2006)等学者的研究,广西与越南经贸的互补性可以从越南和广西在自然资源的互补、产业结构的互补、贸易结构的互补和进出口市场的互补方面得到体现。在自然资源互补性方面,越南是资源富集区,已探明的资源有原油、煤、铝矿石、铁、锡、铜、磷等,而我国对这些自然资源的需求逐渐扩大。加强资源的开发加工对双方都有着重要的意义,而且自然资源的互补是长期的、可持续发展的。①

(二)主观因素

1. 文化因素

广西与越南山水相连,民族、文化同源。相似的人文历史,也使得中越人民在心理上有一种认同感,在一定程度上减少了经贸往来谈判和交易过程中的隔阂和不信任。

2. 政策因素

自从中越关系正常化以来,一段时间里,广西与越南的边贸呈现快速增长势头,这与当时两国制定的边贸优惠政策有关。边贸优惠政策大大促进了广西对越边贸的发展。但是,中越两国的边贸优惠政策缺乏延续性,双方均存在在边境贸易还没有发展到一定层次、一定规模的情况下,就不考虑边境地区的特殊情况而实行一刀切政策,导致政策优惠被弱化甚至被取消,或者附加种种人为条件。边贸政策优势的弱化严重阻碍了边境贸易的进一步发展,也使得许多以前依靠边贸优惠政

---

① 夏军城、赵红萍、虞坤:《新时期中越边境贸易有利条件与不利因素研究》,载《广西财经学院学报》,2009(6)。

策进行农副产品和工业品贸易的企业和个体户陷入困境。

3. 内外部竞争机制因素

在中国—东盟自由贸易区建成、边贸地位日趋重要的形势下，同样具有地缘优势的云南、海南、广东的湛江等地对广西边贸发展构成强烈的竞争态势。比如，云南提出要“优先构建中国—东盟自由贸易区建设的信息平台、贸易平台、人才平台和公共事务机构的平台”，与广西“以中国—东盟博览会为平台”、“打造货物贸易、投资合作、服务质量、高层论坛、文化交流五个平台”、“充分发挥广西在东盟贸易区中的战略作用”、“成为区域性商贸中心、物流中心、加工制造中心”等目标形成激烈的竞争关系，并且两省区在内部区域合作方面都没有提出具有诚意的、具体的合作建议及措施。由于缺乏合作、缺乏相应的贸易协调机制等，两个省区对越边境贸易都始终处于“小打小闹”的状态，没有发展到加强技术合作的高层次上。同时，边贸管理不规范，“黄”、“赌”、“毒”、走私、商业欺诈等犯罪活动时有发生，不仅严重影响了边境地区的治安和稳定，也不利于对越边境贸易的进一步发展。

二、广西对越边贸的发展前景

（一）广西企业对越南投资不断增加

中越两国都属于发展中国家，都在进行改革开放，相互之间可借鉴的经验较多，资源有互补优势。但广西对越边贸的主流集中于一些看得见的实物贸易，金融投资较少，合作深度和广度不够。广西企业对外投资尚属起步阶段但是上升速度非常快，今后随着越南投资环境的进一步改善、招商引资力度的加大，中国企业对越南投资将大幅增加，投资增加必将带动双方贸易的进一步发展。

（二）越南工业进口替代发展模式将逐渐导致其减少对广西部分产品的进口

越南贸易部认为，应尽量将广西与越南的贸易逆差控制在可以接受的范围内。为了控制逆差，越南应同时采取两种办法：一是节制进口，二是推动出口。越南贸易部建议越南企业集中投资生产与来自广西的进口商品相比有竞争优势的产品，如建设炼油厂与炼钢厂，生产燃油和钢材以占领其国内市场，节制从广西进口燃油和钢材。与此同时，由于这些工业的发展对原料的需求增加，越南对中国的一些初级产品，如原油、铁矿石等的出口也将减少。

（三）越南对广西逆差现象可能进一步加剧

近三年来，越南对广西出口增幅高于原定目标，每年增加 5 亿 ~ 12 亿美元。2011 年越南与广西贸易总额约达 757.46 亿美元，其中，越南对广西出口 161.34 亿美元，自广西进口 596.12 亿美元，越南对广西贸易逆差再创新高。虽然越南采取了一系列措施努力减少对华贸易逆差，但广西产品在价格和质量方面竞争力较强，且广西从越南进口的主要是矿产品和农产品等价格低、种类少的初级产品，这些产品受季节性和政策性影响较大，因此越南出口相对于进口的收入较少且波动性大，目前越南的农产品、原燃料等主力产品出口能力已基本接近极限，受贸易障碍、生产成本飙升等因素的制约，越南对广西出口的不利状况短期内难以得到根本性转变，逆差现象将会持续并可能进一步加剧。

三、广西对越边贸总额与 GDP 变化趋势的定性分析

自从广西南宁成为东盟博览会永久会址以来，广西的对越边境贸易实现了快速发展，取得了长足的进步，对越贸易已逐渐成为发展广西经济和推动中越交流的重要手段。本书正是在总量分析的层面上，从定性和定量两个角度研究对越边境贸易对广西经济增长的贡献。

表 8-3 广西对越边贸总额与 GDP（单位：百万美元）

年份	进出口总额	同比增长率（%）	进口总额	出口总额	净出口	GDP
1997	373.40	—	146.10	227.00	80.90	21 954.60
1998	334.20	-11.73	92.50	241.60	149.10	23 090.80
1999	409.60	18.41	96.60	312.80	216.20	23 817.00
2000	451.80	9.34	309.30	309.30	0.00	25 129.40

续表

年份	进出口总额	同比增长率(%)	进口总额	出口总额	净出口	GDP
2001	477.40	5.36	188.70	288.70	100.00	27 537.20
2002	571.00	16.39	185.00	386.00	201.00	29 845.14
2003	700.00	18.43	418.00	282.00	-136.00	33 044.94
2004	795.00	11.95	403.00	392.00	-11.00	40 111.88
2005	1 000.00	20.50	586.00	497.00	-89.00	49 092.64
2006	1 535.00	34.85	687.00	848.00	161.00	60 780.30
2007	2 175.00	29.43	1 128.00	1 043.00	-85.00	79 722.50
2008	3 163.00	31.24	1 903.00	1 260.00	-643.00	102 727.10
2009	4 431.39	28.62	1 657.50	2 773.89	1 116.39	113 634.50
2010	4 241.00	-4.50	921.49	3 319.45	2 397.96	114 500.90
2011	6 250.64	32.15	1 164.31	5 085.93	3 921.62	186 063.70

资料来源:1997—2009 年边贸总额数据来自《广西年鉴》统计资料;2010—2011 年边贸总额数据来自南宁海关数据统计;1997—2011 年 GDP 数据来自《2011 广西统计年鉴》

注:2010—2011 年边贸总额数据为边境小额贸易总额(边民互市除外)。

表 8-3 的数据区间为 1997 年至 2011 年,这 15 年间广西对越边境贸易进出口总额由 1997 年的 3.734 亿美元增加到 2011 年的 62.506 4 亿美元,增长了 16.739 8 倍。出口额由 1997 年的 2.27 亿美元增加到 2011 年的 50.859 3 亿美元,增长了 22.405 0 倍;进口额由 1997 年的 1.461亿美元增加到 2011 年的 11.643 1 亿美元,增长了 7.969 3 倍。

(一)对越边贸进出口总额与广西 GDP 趋势分析

表 8-3 的数据说明,表中 GDP 数值与进出口数值的差额较大,为了更好地观察数值间运行的相关态势,将原值取对数进行处理。图 8-10 反映出广西的 GDP 与边境贸易进出口总值总体上平缓地向前发展。从 1996 年有数据的第二年开始,广西对越边境贸易的发展就基本上呈现出同当地经济发展平行前进的状态。

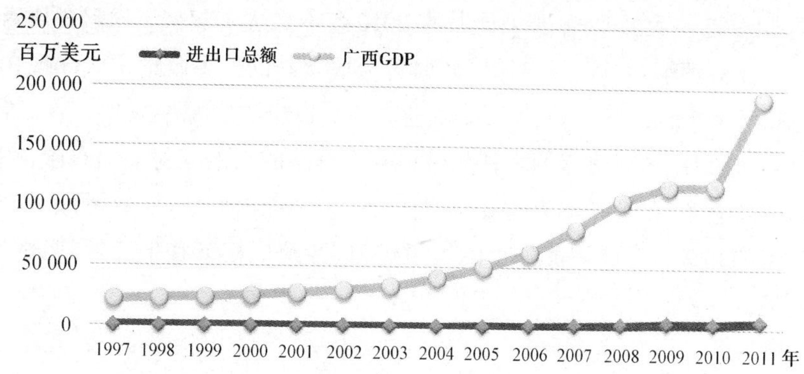

图 8-10　广西对越边贸进出口总额与 GDP 演变趋势

(二)对越边贸出口总额与广西 GDP 趋势分析

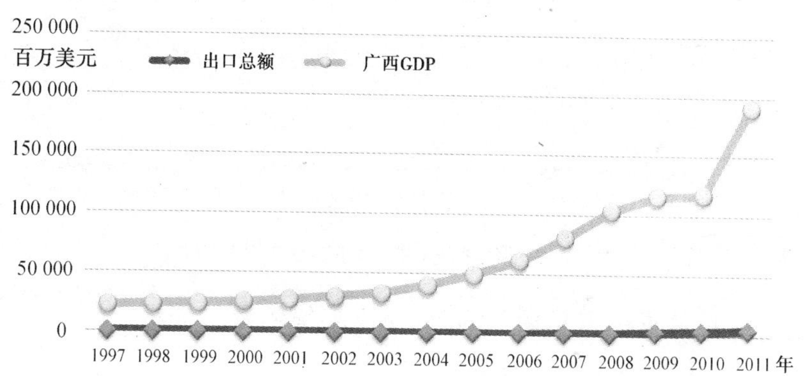

图 8-11　广西对越边贸出口总额与 GDP 演变趋势

从表 8-3 和图 8-11 可以看出,广西对越边境贸易的出口量在 2010 年明显上升,与此同时,广西 GDP 总量也在 2010 年有了很大的提高。原因在于,2010 年 10 月 1 日中国—东盟自由贸易区成立,在各种优惠政策的实施下对广西边境贸易和广西经济的发展产生了较大的影响。总体来看广西对越边境贸易的出口曲线同 GDP 曲线基本保持了一个大致平行的上升势头。

(三)对越边贸进口总额与广西 GDP 趋势分析

从表 8-3 和图 8-12 可以看出,广西对越边境贸易的进口量虽然也同GDP曲线大致平行,但其走势在2010年有较大的起伏。这需要从两个方面去理解:一方面,自治区政府对边境贸易的优惠政策主要体现在进口环节上,如实行“进口关税和进口环节税按法定税率减半征收”等优惠,使得区内对进口的表现积极;另一方面,越南的支付能力有限,在易货贸易中,其回货能力时好时差。两个方面结合在一起,就形成了进口量的起伏。广西在前一年的大量进口,会造成越方在第二年的货物短缺。

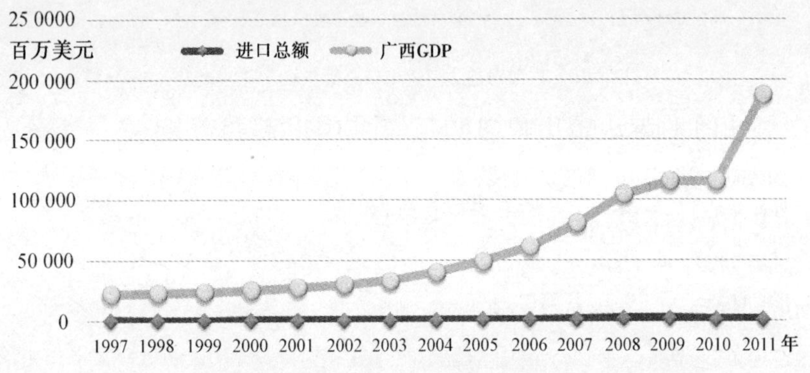

图8-12 广西对越边贸进口总额与GDP演变趋势

四、广西对越边贸总额与GDP变化趋势的定量分析

在上述关于广西对越边贸总额与GDP的定性分析的基础上,通过查阅广西年鉴、广西统计年鉴、广西统计信息网以及南宁海关资料可知,广西对越边境贸易是从1996年开始有记载,为此,笔者将继续利用1997—2011年广西对越边境贸易数据以及广西相应年份的GDP数据,采用小样本的检验方法,以广西对越边贸总额为自变量X,广西的GDP为因变量Y,对广西边贸总额与GDP进行相关分析和建立回归模型进行回归分析,通过相关分析和回归分析揭示广西对越边贸总额与GDP之间的关系,从而起促进经济健康和可持续发展的作用。

(一)广西对越边贸总额与GDP的相关分析

根据表8-3即广西对越边贸总额与GDP数据可得如下散点图。

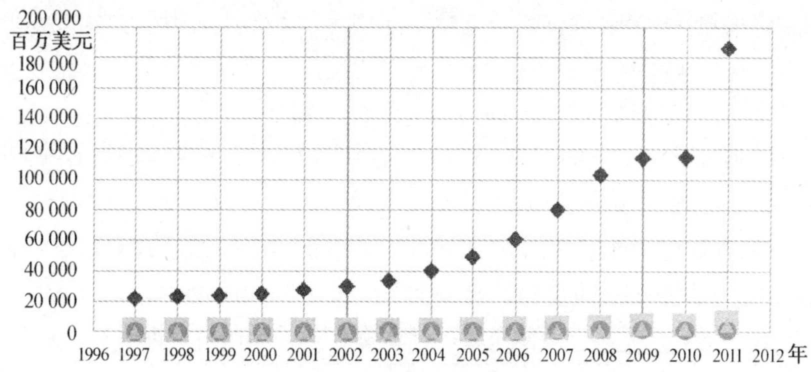

图 8-13　广西对越边贸额与 GDP 散点图

由图 8-13 可知，广西 GDP(Y)与广西对越边境贸易额(X)之间存在高度的线性相关性。根据表 8-3 中广西与越南 1997—2011 年的有关数据，本书计算得到广西与越南边贸进出口总额、进口总额以及出口总额对广西 GDP 总额的相关系数分别为 $r_{进出口}=0.9852$，$r_{进口}=0.7986$，$r_{出口}=0.8367$。由此可知，广西的 GDP 与其边贸进出口总额的相关性较大，进口额和出口额与 GDP 的相关性相对较低。这说明广西与越南进出口贸易在推动广西经济增长方面起着举足轻重的作用，也说明广西 GDP 的增长对广西与越南的边境贸易的依赖度非常大，可以建立二者之间的线性模型。

(二)广西对越边贸总额与 GDP 的回归分析

本节利用最小二乘法(OLS)对二者之间的相关性进行回归分析，由于在这里仅分析广西与越南边境贸易总额和广西 GDP 增长之间的相关性，可以假定其他因素对 GDP 增长的影响是平稳的，因此可以用一元线性回归模型来讨论。用 Y 表示广西 GDP，用 X 表示广西与越南的边境贸易总额，建立一元线性回归模型：$Y=\alpha+\beta*X+\varepsilon$，根据表 8-3 中 1997—2011 年的有关数据，运用统计学及计量经济学中的相关知识，利用最小二乘法，对 Y 和 X 作回归分析。从相关分析中我们了解到，对越边贸进出口总额、进口总额、出口总额与 GDP 的相关性有所差异，故以下分别建立一元线性回归模型：

$$Y=\alpha+\beta*X+\varepsilon$$

$$Y_{进口}=\alpha_{进口}+\beta_{进口}*X_{进口}+\varepsilon_1$$

$$Y_{出口}=\alpha_{出口}+\beta_{出口}*X_{出口}+\varepsilon_2$$

其中,Y 为广西 GDP,X、$X_{进口}$、$X_{出口}$分别表示广西对越边贸进出口总额、进口额、出口额,单位均为百万美元。

通过建立一元线性回归模型,对模型的统计检验分为拟合优度检验(R^2)和变量的显著性检验(t 检验)。

表 8-4　广西对越边贸进出口总额与 GDP 的回归分析结果

n	Y	X	x	y	x^2	x * y	y^2
1	21 954.60	373.40	-1 420.47	-40 115.57	2 017 731.23	56 982 914.97	1 609 259 224
2	23 090.80	334.20	-1 459.67	-38 979.37	2 130 632.62	56 896 969.90	1 519 391 545
3	23 817.00	409.60	-1 384.27	-38 253.17	1 916 199.74	52 952 669.25	1 463 305 270
4	25 129.40	451.80	-1 342.07	-36 940.77	1 801 148.31	49 577 054.41	1 364 620 734
5	27 537.20	477.40	-1 316.47	-34 532.97	1 733 089.75	45 461 577.36	1 192 526 247
6	29 845.14	571.00	-1 222.87	-32 225.03	1 495 407.78	39 406 983.55	1 038 452 773
7	33 044.94	700.00	-1 093.87	-29 025.23	1 196 548.66	31 749 793.29	842 464 170.1
8	40 111.88	795.00	-998.87	-21 958.29	997 738.61	21 933 451.18	482 166 646.1
9	49 092.64	1 000.00	-793.87	-12 977.53	630 227.46	10 302 457.08	168 416 371.4
10	60 780.30	1 535.00	-258.87	-1 289.87	67 012.99	333 907.79	1 663 773.216
11	79 722.50	2 175.00	381.13	17 652.33	145 261.09	6 727 854.80	311 604 636.7
12	102 727.10	3 163.00	1 369.13	40 656.93	1 874 520.61	55 664 672.22	1 652 985 686
13	113 634.50	4 431.39	2 637.52	51 564.33	6 956 518.78	136 002 011.62	2 658 879 785
14	114 500.90	4 241.00	2 447.13	52 430.73	5 988 451.76	128 304 874.06	2 748 981 099
15	186 063.70	6 250.24	4 456.37	123 993.53	19 859 245.46	552 561 197.76	15 374 394 655
均值	62 070.17	1 793.87	—	—	—	—	—
Σ	—	—	—	—	48 809 734.85	1 244 858 389.22	32 429 112 617
β	25.5043	—	—	—	—	—	—
α	16 318.798 8	—	—	—	—	—	—
σ^2	73 287 354.34	—	—	—	—	—	—
R^2	0.970 6	—	—	—	—	—	—
t	20.724 2	—	—	—	—	—	—
r	0.985 2	—	—	—	—	—	—

1. 拟合优度检验

通过建立一元线性回归模型 $Y=\alpha+\beta*X+\varepsilon$,对其进行拟合优度检验,即对样本回归直线与样本观测值之间拟合程度进行检验。在计量经济学中,度量拟合优度的指标即判定系数用 R^2 来表示,根据计量经济学知识可知,总离差平方和(TSS)= 回归平方和(ESS)+残差平方和(RSS),拟合优度(R^2)= 回归平方和(ESS)/总离差平方和(TSS),$R^2=\beta^2*\sum x^2/\sum y^2$,$R^2$ 的取值范围:[0,1],R^2 越接近 1,说明实际观测点离样本线越近,拟合优度越高。

根据建立的一元线性回归模型 $Y=\alpha+\beta*X+\varepsilon$,笔者设定,$\overline{X}$为广西与越南边境贸易进出口总额的平均值,$\overline{Y}$为广西 GDP 的平均值,则有:

$x=X-\overline{X},y=Y-\overline{Y},\beta=\sum x*y/\sum x^2,\alpha=\overline{Y}-\beta*\overline{X},R^2=\beta^2*\sum x^2/\sum y^2$

根据表 8-3 的数据和这些公式通过计算得出表 8-4、表 8-5 和表 8-6 的数据。利用最小二乘法,对 Y 和 X 作回归分析,通过运用统计学、计量经济学知识以及大量的运算分别得出广西对越边贸进出口总额与 GDP、广西对越边贸进口总额与 GDP 和广西对越边贸出口总额与 GDP 的一元线性回归方程和拟合优度:

$Y=16\ 318.798\ 8+25.504\ 3*X \quad R^2=0.970\ 6$

$Y_{进口}=18\ 631.792\ 2+65.905\ 6*X_{进口} \quad R^2=0.637\ 8$

$Y_{出口}=25\ 352.782\ 6+31.897\ 3*X_{出口} \quad R^2=0.700\ 0$

检验:通过观察参数估计量系数的符号和数值,可知该模型符合经济意义。X 前的系数为 25.504 3 表明,在 1997—2011 年之间广西与越南年度边境贸易进出口总额每增加 1 万美元,将导致广西 GDP 增加 25.504 3 万美元。统计检验:从 $R^2=0.970\ 6,R^2=0.637\ 8,R^2=0.700\ 0$ 可以看出,方程整体的拟合优度很好。

2. 变量的显著性检验

回归分析是要判断解释变量 X 是否是被解释变量 Y 的一个显著性的影响因素。根据所学的知识,笔者决定采用假设检验中 t 来检验广西 GDP 与其对越边境贸易总额的显著性检验(本次显著性检验给定显著

性水平 $\alpha=0.05$)。检验步骤如下:

ⅰ,提出假设,$H_0:\beta=0,H_1:\beta\neq0$

ⅱ,以原假设 H0 构造检验统计量,得出检验统计量 t 的计算公式如下:

$$\alpha^2=\frac{\sum y^2-\beta^2*\sum x^2}{n-2}=73\ 287\ 354.34$$

$$t=\frac{\beta}{\sqrt{\frac{\alpha^2}{\sum x^2}}}=20.724\ 2$$

ⅲ,通过给定显著性水平 $\alpha=0.05$,查 t 分布表,得临界值

$t_{\alpha/2}(n-2)=t_{0.025}(8)=2.306\ 0$

ⅳ,判断检验统计量 t 与临界值 $t_{0.025}(8)$ 的大小,根据表 8-3 和表 8-4的数据以及由上面的计算公式得出的结果可知,$|t|>t_{\alpha/2}(n-2)$;根据 t 检验的相关知识得出,拒绝 $H_0:\beta=0$ 的原假设,接受 $H_1:\beta\neq0$ 的备择假设,即广西对越边境贸易进出口总额与其 GDP 的一元线性回归方程的显著性通过。

以上检验是广西 GDP 与其对越边境贸易进出口总额一元线性回归方程的显著性检验,为了进一步验证和分析广西对越边贸总额与其 GDP 的相关性,笔者将运用上面的分析方法及步骤再次对 GDP(X)与进口总额和出口总额(Y)进行显著性检验,通过表 8-3 的数据和已知的公式得出表 8-5 和表 8-6。

从表中分别得到广西对越边贸进口总额与 GDP、广西对越边贸出口总额与 GDP 的一元线性回归方程:

$Y_{进口}=18\ 631.792\ 2+65.905\ 6*X_{进口}$

$Y_{出口}=25\ 352.782\ 6+31.897\ 3*X_{出口}$

从表 8-5 的数据可得到显著性检验的检验统计量 $t=4.784\ 9$,通过给定显著性水平 $\alpha=0.05$,查 t 分布表,得临界值 $t_{\alpha/2}(n-2)=t_{0.025}(8)=2.306\ 0$,显然,$t=4.784\ 9>t_{0.025}(8)=2.306\ 0$;拒绝 $H0:\beta=0$ 的原假设,接受 $H1:\beta\neq0$ 的备择假设,即广西对越边境贸易进口总额与其

GDP 的一元线性回归方程的显著性也通过。

表 8-5　广西对越边贸进口总额与 GDP 的回归分析结果

n	Y	X	x	y	x^2	x * y	y^2
1	21 954.60	146.10	-513.00	-40 115.57	263 169.00	20 579 289.12	1 609 259 223.86
2	23 090.80	92.50	-566.60	-38 979.37	321 035.56	22 085 712.93	1 519 391 545.46
3	23 817.00	96.60	-562.50	-38 253.17	316 406.25	21 517 410.00	1 463 305 270.07
4	25 129.40	309.30	-349.80	-36 940.77	122 360.04	12 921 882.51	1 364 620 734.46
5	27 537.20	188.70	-470.40	-34 532.97	221 276.16	16 244 310.66	1 192 526 247.24
6	29 845.14	185.00	-474.10	-32 225.03	224 770.81	15 277 888.30	1 038 452 773.33
7	33 044.94	418.00	-241.10	-29 025.23	58 129.21	6 997 983.76	842 464 170.05
8	40 111.88	403.00	-256.10	-21 958.29	65 587.21	5 623 518.92	482 166 646.11
9	49 092.64	586.00	-73.10	-12 977.53	5 343.61	948 657.69	168 416 371.42
10	60 780.30	687.00	27.90	-1 289.87	778.41	-35 987.47	1 663 773.22
11	79 722.50	1 128.00	468.90	17 652.33	219 867.21	8 277 175.97	311 604 636.75
12	102 727.10	1 903.00	1 243.90	40 656.93	1 547 287.21	50 573 151.08	1 652 985 685.98
13	113 634.50	1 657.50	998.40	51 564.33	996 802.56	51 481 823.74	2 658 879 784.59
14	114 500.90	921.49	262.39	52 430.73	68 848.51	13 757 298.37	2 748 981 098.79
15	186 063.70	1 164.31	505.21	123 993.53	255 237.14	62 642 769.61	15 374 394 655.24
均值	62 070.17	659.10	—	—	—	—	—
Σ	—	—	—	—	4 686 898.90	308 892 885.20	32 429 112 617
β	65.905 6	—	—	—	—	—	—
α	18 631.792 2	—	—	—	—	—	—
σ^2	903 435 748.07	—	—	—	—	—	—
R^2	0.637 8	—	—	—	—	—	—
t	4.784 9	—	—	—	—	—	—
r	0.798 6	—	—	—	—	—	—

同理，从表 8-6 的数据可得到显著性检验的检验统计量 $t=5.508\ 2$，通过给定显著性水平 $\alpha=0.05$，查 t 分布表，得临界值 $t_{\alpha/2}(n-2)=t_{0.025}(8)=2.306\ 0$，显然，$t=5.508\ 2>t_{0.025}(8)=2.306\ 0$，拒绝 H0：$\beta=0$ 的原假设，接受 H1：$\beta\neq0$ 的备择假设，即广西对越边境贸易出口总额与其 GDP 的一元线性回归方程的显著性也通过。

表 8-6　广西对越边贸出口总额与 GDP 的回归分析结果

n	Y	X	x	y	x^2	x * y	y^2
1	21 954.60	227.00	−924.11	−40 115.57	853 981.76	37 071 255.96	1 609 259 223.86
2	23 090.80	241.60	−909.51	−38 979.37	827 210.87	35 452 181.81	1 519 391 545.46
3	23 817.00	312.80	−838.31	−38 253.17	702 765.89	32 068 068.74	1 463 305 270.07
4	25 129.40	309.30	−841.81	−36 940.77	708 646.32	31 097 161.65	1 364 620 734.46
5	27 537.20	288.70	−862.41	−34 532.97	743 753.31	29 781 627.58	1 192 526 247.24
6	29 845.14	386.00	−765.11	−32 225.03	585 395.35	24 655 738.22	1 038 452 773.33
7	33 044.94	282.00	−869.11	−29 025.23	755 354.51	25 226 159.24	842 464 170.05
8	40 111.88	392.00	−759.11	−21 958.29	576 250.02	16 668 789.33	482 166 646.11
9	49 092.64	497.00	−654.11	−12 977.53	427 861.64	8 488 751.63	168 416 371.42
10	60 780.30	848.00	−303.11	−1 289.87	91 876.48	390 975.23	1 663 773.22
11	79 722.50	1 043.00	−108.11	17 652.33	11 688.06	−1 908 416.57	311 604 636.75
12	102 727.10	1 260.00	108.89	40 656.93	11 856.74	4 427 078.54	1 652 985 685.98
13	113 634.50	2 773.89	1 622.78	51 564.33	2 633 410.60	83 677 489.28	2 658 879 784.59
14	114 500.90	3 319.45	2 168.34	52 430.73	4 701 692.57	113 687 571.95	2 748 981 098.79
15	186 063.70	5 085.93	3 934.82	123 993.53	15 482 797.94	487 892 043.27	15 374 394 655.24
均值	62 070.17	1 151.11	—	—	—	—	—
Σ	—	—	—	—	29 114 542.05	928 676 475.86	32 429 112 617
β	31.897 3	—	—	—	—	—	—
α	25 352.782 6	—	—	—	—	—	—
σ^2	748 245 242.69	—	—	—	—	—	—
R^2	0.700 0	—	—	—	—	—	—
t	5.508 2	—	—	—	—	—	—
r	0.836 7	—	—	—	—	—	—

从以上回归分析的过程和结果我们可以得出以下结论：

(1)广西与越南边贸总额、进口总额以及出口总额和广西 GDP 之间具有密切的相关性，而且拟合优度也很好，这表明广西与越南进出口边境贸易的增长是广西经济增长的增量因子，进出口增长对于经济增长具有较强的推动作用。

(2)广西与越南边境年度进出口贸易总额每增加 1 万美元，将导致广西 GDP 增加 25.504 3 万美元；广西与越南边境年度进口贸易总额每增加1万美元,将导致广西GDP增加65.905 6万美元;广西与越南边境年度出口贸易总额每增加1万美元,将导致广西GDP增加31.897 3万美元。因此,广西应与越南进一步加强更纵深的合作,并以此为契机促进对外贸易增长方式的转变。

第四节　广西对越边贸策略

一、针对广西对越边贸产品结构、贸易方式、产业结构现状方面的策略

(一)优化广西对越边贸产品结构

一方面,注意将出口商品逐步从以初级产品为主向技术含量高、附加值高的中高档商品转变。应加强市场调研,不断推出符合越南国内市场需要的、具有较高技术含量的出口拳头产品。另一方面,提高边贸出口商品质量。质量是产品的生命,广西产品要以质量求生存,以质量求发展,以质量树立形象,恢复中国商品的信誉,提高出口产品竞争力。[①]

(二)鼓励多主体,以灵活的贸易方式进行对越贸易

大力培育边境贸易出口主体,加大审批力度,进一步扩大边境贸易出口企业的队伍,使边境贸易规模不断扩大。积极鼓励各种经济成分的企业参与对越经贸活动。亚洲开发银行在河内公布的《2011年亚洲展望报告》中预测2012年越南经济增长预计为6.5%。越南经济实力和对外吸引力不断增强,为中国企业进入越南乃至东盟市场提供了投资贸易的大好机遇和广阔舞台。

开展多种贸易形式,实现边境贸易多元化。广西应该在易货贸易

① 周威、张坤、周忠:《中越边境贸易现状分析及其发展策略》,载《国际贸易》,2011(11)。

的基础上，大力发展异地加工贸易、替代种植、边民互市贸易、旅游购物贸易、劳务输出、工程承包等多种边境贸易形式。同时加强边境地区与越南的经济技术合作，包括带料境外加工、援外项目等，努力构建农、工、技、贸相结合的综合性贸易体系，并形成更多的专业市场，如建设中草药市场、红木市场、机电产品大市场、大型建材市场等。

（三）优化产业结构，促进产业升级

广西与越南的边境地区由于缺乏技术和资本优势，经济欠发达，产业结构较为落后。基于此，广西应优先发展本区具有比较优势和发展潜力的产业，如有色金属产业、汽车产业等。不断促进产业结构升级，培育新的经济增长点，加大对科技研究的资金投入，鼓励和引导企业开展科技创新，提高产品技术含量，提高出口商品的附加值，推动食品、服装、纺织等产业由初加工、粗加工向深加工、精加工转变。与越南进行产业合作开发，坚持“走出去”与“引进来”相结合，加强企业与周边省、区、市和东盟的全面经济合作，双向承接国内和东盟的产业转移，引导和鼓励那些有优势、有竞争力的企业走出国门，在越南投资办厂，避免出口退税率调整和越南贸易壁垒的影响。①

二、完善广西对越边贸流程

构建严密的金融防范机制，降低结算风险。一是选择重点。在2010年国家把广西列为以人民币结算边贸出口退税试点单位后，继续争取中央财政通过安排边境地区专项转移支付资金，把边贸进口关税和进口环节税收入的50%返还地方，主要用于边境事务、边疆公益事业和电子口岸等设施建设。同时，加大对边境地区的金融扶持力度，对边贸进口的战略资源实行免税支持，提高边民互市进口的商品限额，批准中越（广西）经济合作区规划建设，支持我区加强边贸通道的设施建设，

---

① 卢珍菊：《中国—东盟框架下推进中越跨境经济合作区建设研究》，载《产业经济》，2011(5)。

支持我区推进边贸大通关便利化，等等。二是改善金融环境。要加强经营管理，在贷款规模、投向、结构以及时限控制等方面，为边贸企业提供担保，以利于边贸企业融资。可以考虑由双方政府出面，组织双方有实力、信誉好的商业银行、其他金融机构或企业成立合资银行，并按利益分享、风险共担的原则经营，以减少贸易风险，方便双方企业贸易结算。[①]

三、加大经济合作，构建广西与越南北部地区跨地域产业链

（一）进一步提高我区对边贸商品的消化能力

有关管理部门应参照广州番禺水货市场、天津塘沽洋货市场和乌鲁木齐边疆商贸城的做法，在南宁设立二类口岸，开办边贸商贸中心，让国内外商家、游客在南宁就能采购到两地的特色商品，提高我区对边贸商品的消化能力，延伸边疆经济产业链。

（二）构建广西与越南北部地区跨地域产业链

双方要加大经济合作，在重大历史机遇面前，中国和越南的有关决策者都应具有宏观的战略眼光，加强广西与越南北部地区的合作，用崭新的视角来看待双方的边贸活动。广西的区位优势、政策优势已经为广西与越南北部地区形成良好的一体化经贸合作关系，为进一步构建双边国际化产业链和扩大进出口也创造了良好的环境。双方具备了组合资源进行生产、加工、出口的条件，具有海陆相连的跨地域贸易优势。

四、加快对越边贸基础设施建设，构建广西—东盟物流基地

（一）建立更加便捷的交通运输网络

在中国—东盟自由贸易区的大背景下，广西要积极参与和推进区域经济合作，利用自身的区位优势，加快交通运输网络建设，形成通往

---

① 丁学辉：《广西又迎来一次重大发展机遇——跨境贸易人民币结算广西试点在凭祥市启动述评》，载《广西日报》，2010-06-25。

东盟的东、中、西水陆交通通道及空中通道，把广西建设成为中国连接东盟最便捷的国际大通道，充分发挥好作为中国—东盟自由贸易区前沿地带和桥头堡的作用，努力把广西建成中国与东盟的区域性物流基地、商贸基地、加工制造基地和信息交流中心。①

在公路运输方面，东兴、友谊关、凭祥、水口、龙邦等国家一级口岸全部修通高速公路，二类口岸至少修通二级柏油路，边境互市点至少修通三级柏油路，保证人流和物流畅通。在铁路运输方面，修建北海至钦州、防城港至东兴、崇左至水口、百色至龙邦的铁路，发挥铁路的作用，降低运输成本。在海上运输方面，加强北海港、钦州港、防城港和越南各大港口的联系，争取开通更多的海上航线，充分发挥海运运量大、成本低的优势。在航空运输方面，在原有的基础上争取增开从广西通往越南的航班。

（二）加快重点口岸和边贸互市点基础设施建设

各个口岸和互市点要建设好与边贸相配套的集验货、仓储和交易为一体的多功能市场，完善联检大楼、宾馆等设施。完善水电、通讯基本设施，保证水电正常供应，保证电话和信息畅通。特别是口岸区，要与运输、仓储、兑换货币，尤其是旅游等服务发展相配合，甚至将互市口岸建成自由贸易区，配合中国—东盟博览会，打造中国—东南亚最大、最重要、最便利的口岸。

五、完善广西对越边贸管理机制的对策

（一）稳定现行边境贸易政策并适当调整，让政策落到实处

1. 正确把握发展边贸与中国—东盟自贸区之间的关系

WTO 允许边境贸易作为国际贸易中的一种特殊形式并承认其优

---

① 周永明：《面向中国—东盟自由贸易区的广西与越南物流合作构想》，载《经济与发展》，2010(12)。

惠安排,中国—东盟自贸区成员国承诺这一规则,并对我国边贸政策整体也没有提出异议,而且现在离越南降至零关税尚有 3 年时间。因此,我们应该在中国—东盟自贸区框架下研究和制订新的扶持措施,充分利用国家对发展边贸的特殊优惠政策,大力促进边贸发展。

2. 继续稳定我区边贸出口鼓励政策

进一步发挥外贸发展促进资金的作用,对年出口额达到 50 万美元的边境小额贸易企业,享受每出口 1 美元退费 0.03 元人民币的优惠,在新政策出台前应继续执行;对以人民币结算的边境小额贸易企业的出口货物继续免税管理。在用足用活现有各种优惠政策的基础上,各级政府应制定好发展边贸的产业政策、投资政策、管理政策等。应积极加强与越南等东盟国家各级政府和相关部门的联系,建立会晤制度,互通双边贸易情况,协商解决口岸建设、对接通关等相关问题和困难,为边贸健康发展提供安全、稳定的环境和便捷的条件。

(二)完善边贸行政管理部门的监管机制

1. 进一步改善我区边贸管理机制

通过费改税的方式规范和完善各地边境小额贸易的管理机制,取消边贸收费。缩短出口退费时间,为边境小额贸易出口企业营造良好的经营环境,促进我区边贸稳定发展。应简化边民和贸易人员的入境手续,放宽出入边境管理区的限制,改变边境管理方式,提高边境管理水平。

2. 完善边境贸易政策法规

制度是影响一国经济的重要因素,只有在双方边境贸易发展现状的基础上,逐步完善有关法律法规,为中越边境贸易的健康发展提供完善的法律依据,才能给双方的贸易合作创造最大的便利,中国与越南的边境贸易才会走向繁荣。

第九章　广西北部湾经济区海运服务业的发展

第一节　海运服务业

一、国际海运服务业的发展

（一）海运服务业的定义

海运服务是指以船舶为工具，从事跨越海洋运送货物和旅客的国际性运输及相关辅助服务部门。WTO 于 1995 年公布了《国际服务贸易分类表》，在该表中，海运服务属于第十一类“运输服务”的 A 项，其内容包括 6 个方面：①旅客运输；②货物运输；③船舶租赁；④船舶的维护与修理；⑤装卸与理货服务；⑥海运代理服务。这 6 项内容中，前 2 项是海上运输服务，后 4 项是海运辅助服务。[①]

（二）国际海运服务业的快速发展

如表 9-1 所示，国际海运业快速发展。1970 年到 2010 年的 40 年间，国际海运贸易总量从 2.57 亿吨上升到 8.41 亿吨，增长了 227%。其中石油运输从 1.44 亿吨上升到 2.75 亿吨，但在海运贸易运输总量中的比例从 56.2% 下降到 32.7%，而大宗散货和其他干货运输则分别从 17.5% 上升到 27.7%、从 26.3% 上升到 39.5%。

国家海运贸易的快速发展集中体现在集装箱运输量的增长。由于

---

① 张湘兰、张辉：《WTO 与中国海运服务贸易法律制度》，载《武汉大学学报》（社会科学版），2003(1)。

工业制造半成品及其对海洋运输方式利用的不断增长，集装箱运输量急剧增长。1990 年，世界集装箱吞吐量大约为 8 500 万标箱（TEU），到 2010 年增长到 53 140 万标箱（TEU），20 年间增长了 5 倍多。而从表 9-2 中世界主要东—西贸易路线集装箱运输量的估算值看，世界海运业中集装箱运输量的增长主要集中于远东地区。1995—2009 年间，跨大西洋航线（欧洲—北美）的集装箱运输量从 337.0 万标箱（TEU）上升到 478.5 万标箱（TEU），增长了 42.0%（2008 年比 1995 年增长 78.4%）；同期，跨太平洋（北美与远东之间）的集装箱运输量则增长了 122.9%（2008 年比 1995 年增长 156.6%）；欧洲与远东之间的集装箱运输量更是增长了 280.3%（2008 年比 1995 年增长 319.3%），远远快于欧洲与北美之间集装箱运输量的增长速度。同样，从表 9-2 中的数据可以看到，远东—欧洲、远东—北美的集装箱运输量增长速度又明显地快于欧洲—远东、北美—远东的集装箱运输量增长速度。

表 9-1　1970—2010 年国际海运贸易发展趋势（单位：百万吨）[①]

年份	石油	大宗散货	其他干货	合计
1970	1 442	448	676	2 566
1980	1 871	796	1 037	3 704
1990	1 755	968	1 285	4 008
2000	2 163	1 288	2 533	5 984
2006	2 698	1 836	3 166	7 700
2007	2 747	1 957	3 330	8 034
2008	2 742	2 059	3 428	8 229
2009	2 642	2 094	3 122	7 858
2010	2 752	2 333	3 323	8 408

资料来源：*Review of Maritime Transport* 2011。

① The UNCTAD Secretariat：*Review of Maritime Transport* 2011，pp. 7，*United Nations Publication*，2011.

表9-2　1995—2009年主要的东—西贸易路线集装箱运输量估算值（单位：万TEU）①

年份	跨太平洋			欧亚			跨大西洋		
	远东—北美	北美—远东	合计	远东—欧洲	欧洲—远东	合计	欧洲—北美	北美—欧洲	合计
1995	397.4	353.6	751.0	240.1	202.2	442.3	167.9	169.2	337.0
1996	399.0	365.0	764.0	260.7	220.7	481.4	170.5	160.3	330.8
1997	456.5	345.5	801.9	295.9	232.3	528.3	205.5	171.9	377.4
1998	538.7	285.7	824.4	357.7	209.7	567.5	234.8	166.3	401.1
1999	610.9	292.3	903.1	389.8	234.2	624.0	242.3	150.3	392.6
2000	730.9	352.6	1 083.5	465.1	246.2	711.3	269.5	170.7	440.2
2001	742.9	339.6	1 082.5	470.8	246.5	717.3	257.7	155.4	413.1
2002	835.4	337.0	1 172.3	510.5	263.9	774.4	263.4	143.2	406.5
2003	899.8	360.8	1 260.6	686.9	376.3	1 063.3	302.9	163.6	466.4
2004	1 058.0	408.6	1 466.6	816.7	430.2	1 246.9	352.5	188.3	540.9
2005	1 189.4	447.9	1 637.3	932.6	441.7	1 374.3	372.0	198.6	570.6
2006	1 316.4	470.8	1 787.2	1 121.5	445.7	1 567.2	373.5	205.4	578.9
2007	1 354.0	530.0	1 884.0	1 298.3	496.9	1 795.2	351.0	241.4	592.4
2008	1 289.7	637.5	1 927.2	1 331.2	523.5	1 854.7	339.4	261.8	601.2
2009	1 062.1	611.7	1 673.8	1 136.2	545.9	1 682.1	273.8	204.7	478.5

资料来源：*Review of Maritime Transport* 2011。

（三）影响国际海洋运输业的主要因素②

1. 世界海运形势的变化

由于发展中国家尤其是金砖国家逐渐成为世界经济增长和贸易扩张的主要推动力，国际海洋运输也将发生相应的变化。相关研究显示，由于中国经济总量可能在2030年超过美国，届时全球25个最大的双

① The UNCTAD Secretariat: *Review of Maritime Transport* 2011, pp. 23, *United Nations Publication*, 2011.

② The UNCTAD Secretariat: *Review of Maritime Transport* 2011, pp. 25 - 29, *United Nations Publication*, 2011.

边海港或空港中中国将占有 17 个,并由此导致亚太区域内的贸易、发达国家与发展中国家之间的贸易、新兴经济体之间的贸易、中国与非洲之间的贸易不断增加,从而直接影响海运业的细分市场和国际运输方式的转变。比如好望角将可能取代苏伊士运河成为西非—大洋洲、西非—东亚、南美东海岸—大洋洲和南美东海岸—东非等海运航线的必经之路。

2. 石油价格对运输成本的影响

过去,国际贸易的快速发展得益于廉价的石油供应。而海洋运输船只主要靠石油且迄今未有替代能源。但廉价石油时代可能正逐渐走向终结。值得关注的是,高油价和高碳排放将使得海运业对能源的依靠逐渐转向天然气和可再生能源。高油价对海运业的影响体现在两个方面:一是由于油价的上升,全球经济增长将会放缓。据估计,每桶油价上升 10 美元并持续一年,将使得全球 GDP 增长率下降 0.2 个百分点。二是油价上升导致海洋运输成本大大提高。由于燃油成本占海洋运输成本的 60% 以上,因此石油价格的上升无疑会导致海洋运输成本的提高并对国际贸易带来不利影响。联合国发表的研究表明,油价每上升 10% 将使得海洋运输中集装箱运输的成本提高 1.9% ~3.6%,以及每吨铁矿石运输成本提高 10.5% 和原油运输成本提高 2.8%。

3. 国际海洋运输应对全球气候变化带来的碳减排压力

能源被视为全球气候变化的根本原因及潜在解决方向。海洋运输船只由于使用重油做燃料而产生大量的二氧化碳排放,因此通过技术和经济手段的激励或威胁将有助于削减海运过程中的二氧化碳排放。据国际能源协会的测算显示,温室气体排放在 2009 年上升到了历史最高水平,并已接近于可控二氧化碳浓度的最高水准。国际能源协会的估算表明,为避免气候变化带来的严重危害,每年由能源消耗的二氧化碳排放在 2020 年之前不能超过 32GT(千兆吨)。而按照 2010 年的排放水平,32GT 限额将提前 9 年被超过。由于气候变化带来的碳减排压力,海洋运输也面临严峻的挑战。由于海运船只严重依赖石油作为推进燃料，并产生了至少3%的全球碳排放量，而且按照国际海事组织的估算，到2050年由海运所产生的碳排放将是目前的3倍，因此国际海运船舶成为国际海事组织与联合国气候变化框架公约之间谈判的重要主题之一。

（四）国际海运港口发展趋势

港口是国际经济大循环中的一个重要节点，是国家之间经济交流的重要基础设施。港口发展经历了由最初的运输功能逐步扩展到商贸功能、工业功能和综合功能的阶段。运输功能是港口的最基本功能，随着生产力和商品交易的发展，逐步出现了货物在港口仓储、包装及销售等需求和与其相应的港口仓储和商贸功能。在现代社会的生产力和工业文明下，有港口的国家或地区在港口布局了大型重化工业、能源工业和原材料工业及出口加工工业，发展临港工业，汇集人流、物流、资金流和信息流。港口作为现代物流的基础平台逐步进入更高的发展阶段，大大地提升了以港口为依托的城市的地位和作用。在这种情况下，港口发展趋势主要体现为①：

1. 港口在现代物流体系中的战略地位日益凸显

由于港口码头的大型化、专业化，以及大型枢纽港在综合运输体系中的枢纽作用和现代物流业中的战略地位，世界各国的港口逐渐利用先进科学技术，以现代信息技术推动港口现代化，将港口融入区域经济和现代物流，并将物流园区作为港口发展的重点之一，吸引更多的物流企业进入港口物流园区，通过先进的物流管理技术提供现代化的保管、配送、流通加工、信息处理等服务，使港口成为物流链的重要环节。港口在现代国际生产、贸易和物流中的战略作用主要体现在：第一，港口是货物集结点。港口是整个供应链上最大的集结点，连接着各种陆路运输方式，汇聚着内陆运输、水路运输等大量的货物，世界贸易的90%以上是通过港口实现的。第二，港口是信息中心。在港口地区落户的有货主、货运商、批发商、物流企业、海关、商品检验机构及其他有关机

---

① 彭振武：《世界海运和港口业的发展趋势》，载《中国工程咨询》，2006(8)。

构，汇集了大量的货源信息、技术信息和服务信息，促使港口成为重要的信息中心。第三，现代产业中心。港口是生产要素的最佳结合点，缩小国家之间生产要素的禀赋差异，优化配置国际生产要素建设工业，可以节省大量物流成本，增强国际竞争力。第四，国际贸易服务基地。港口是国际贸易中重要的服务基地。在物流方面，港口为船舶、汽车、火车、飞机的货物、集装箱提供中转运输、装卸仓储等综合物流服务；在商流方面，为用户提供如代理、保险、融资、货代、船代、通关等商贸和金融服务。[①]

2. 临港工业区的发展

临港工业是指依托港口资源优势，以产业集群、成片开发为基础，以重化工业为主体，以大型化和"大进大出"为典型特征的生产组织形式。[②] 国际上诸多海运港口城市均利用其优良的海港资源，重点引进和布局与港口相关的产业，以港口为依托发展临港工业、保税区和加工区，形成沿海、沿江产业带，带动城市经济发展，推动地区工业化进程。比如，鹿特丹港作为2009年欧洲第一大港和位列全球第十的集装箱港口，二战后通过建立临港工业，大规模发展石化工业，鹿特丹迅速崛起，成为世界三大炼油基地之一，吸引了壳牌、英国石油、埃索、科威特石油公司等世界著名石油公司的落户。港区内有产业广泛的工业园区，主要包括炼油、造船、石油化工、钢铁、食品和机械制造等，其中最重要的是炼油和化工工业。临港工业已成为鹿特丹经济的重要组成部分，约有50%的增加值来自临港工业。[③]

二、我国海运服务业的发展

（一）我国海运服务业发展的基本状况

改革开放后，我国对外贸易快速发展。1978年到2010年，我国国

---

① 庄倩玮、王健：《国外港口物流的发展与启示》，载《物流技术》，2005(6)。

② 伍长南：《海峡西岸：临港工业发展研究》，载《福建论坛》（人文社会科学版），2006(2)。

③ 王晓萍：《国际发展临港工业的经验对宁波临港工业发展的启示》，载《港口经济》，2008(11)。

际贸易进出口总额从206.4亿美元上升到29 740.0亿美元(其中出口总额从97.5亿美元上升到15 777.5亿美元,进口总额从108.9亿美元上升到13 962.4亿美元)。进出口贸易的快速增长带动了我国海运业的快速发展。如表9-3所示,我国沿海主要港口货物吞吐量从2000年的12.56亿吨上升到2010年的54.84亿吨,其中进港和出港分别增长了385.2%和286.1%。而在进港和出港货物中,煤炭、石油、金属矿和矿建材料比重大,到2010年分别占进港的16.9%、12.8%、24.1%、7.0%,出港的26.9%、8.8%、7.8%、4.9%,以及进出港合计的21.2%、11.1%、17.0%、6.1%。

表9-3　沿海主要港口分货类吞吐量(单位:万吨)

货物种类	2000年			2010年		
	出港	进港	合计	出港	进港	合计
总计	61 590	64 013	125 603	237 778	310 580	548 358
煤炭	20 641	11 895	32 536	63 856	52 402	116 258
石油	9 261	14 136	23 397	20 958	39 827	60 786
金属矿	3 158	8 734	11 892	18 621	74 872	93 493
钢铁	2 397	2 573	4 970	12 689	8 537	21 226
矿建材料	2 844	4 410	7 255	11 555	21 825	33 379
水泥	472	511	983	849	2 199	3 048
木材	457	589	1 047	671	2 671	3 343
非金属矿石	1 721	859	2 579	3 109	4 718	7 827
化肥和农药	514	1 289	1 803	1 344	629	1 973
盐	253	273	526	67	564	631
粮食	2 929	2 688	5 616	4 036	8 468	12 504
其他	32 999	16 943	16 056	100 025	93 867	193 890

集装箱是国际海运业的重要运输方式。依据联合国贸发会的相关统计数据,到2010年中国大陆占世界集装箱运输量的比例已经达到

24.2%。[①] 如表9-4所示,2000—2010年间,世界集装箱总运输量增长145.3%。我国的集装箱吞吐量从4 100万标箱(TEU)上升到12 961万标箱(TEU),是居第二位的美国的3倍多。期间,我国集装箱运输量增长了216.1%,高出世界集装箱运输量增长率70.8个百分点,也使得我国占世界集装箱运输量的比例从2000年的19.1%进一步提高到2010年的24.2%。同期世界一些主要国家的集装箱运输量增长率分别为韩国105.3%,新加坡70.6%,日本37.9%,美国49.1%,德国89.9%,法国82.2%,泰国109.1%,均低于我国,仅马来西亚的集装箱吞吐量与增长率(293.3%)大于和高于我国。

表9-4　2000—2010年世界主要国家集装箱吞吐量(单位:万TEU)

国家＼年份	2000	2001	2002	2003	2004	2005	2006	2007	2008	2009	2010
中国	4 100	4 473	5 572	6 190	7 473	6 725	8 481	10 382	11 506	10 804	12 961
印度	245	276	321	392	433	498	614	740	767	804	975
印度尼西亚	380	390	454	518	537	550	432	658	740	724	837
韩国	903	929	1 172	1 305	1 436	1 511	1 551	1 709	1 742	1 570	1 854
巴西	241	232	357	423	506	565	629	646	724	657	812
德国	770	843	925	1 094	1 248	1 360	1 501	1 664	1 718	1 328	1 462
意大利	692	707	795	847	947	986	973	1 061	1 053	953	979
新加坡	1 710	1 557	1 699	1 844	2 133	2 319	2 479	2 877	3 089	2 659	2 918
日本	1 310	1 313	1 350	1 506	1 644	1 706	1 847	1 916	1 894	1 629	1 806
比利时	506	511	583	648	728	789	871	1 026	1 094	970	1 098
法国	292	300	328	357	395	400	426	498	467	449	532
泰国	318	339	380	423	485	512	557	634	673	590	665
澳大利亚	354	377	436	476	506	519	574	629	610	620	654
美国	2 830	2 731	2 968	3 269	3 490	3 850	4 090	4 484	4 241	3 735	4 219
英国	643	706	706	670	833	825	843	863	719	671	739
荷兰	641	623	680	729	848	947	1 005	1 129	1 136	1 007	1 133
西班牙	579	616	666	736	827	917	1 003	1 335	1 346	1 180	1 261

① The UNCTAD Secretariat: *Review of Maritime Transport* 2011, pp. 85, *United Nations Publication*, 2011.

续表

年份 国家	2000	2001	2002	2003	2004	2005	2006	2007	2008	2009	2010
阿联酋	506	508	587	696	866	985	1 097	1 318	1 476	1 443	1 517
马来西亚	464	622	875	1 021	1 151	1 220	1 342	1 483	1 602	1 586	1 825
世界	21 427	22 465	25 185	28 491	32 540	36 348	40 365	47 599	50 031	45 815	52 564

资料来源：依据世界银行统计数据整理。①

注：表中世界集装箱运输量为依据世界银行统计数据加总，略低于联合国贸发会公布的相关统计数据。

(二)国内海运港口基本情况

如表9-5所示，国内沿海主要海港货物吞吐量快速增长，其中尤以上海、天津、宁波—舟山、广州、青岛和大连等港口货物吞吐量增长最快，到2010年上述港口的货物吞吐量均超过了3亿吨，其中上海和宁波—舟山港的货物吞吐量超过了5亿吨，且长三角的上海、连云港、宁波—舟山港在2010年的货物吞吐量占全国货物吞吐量的比例接近1/4，达到了24.1%。

表9-5 1985—2010年国内沿海主要规模以上港口货物吞吐量(单位：万吨)

年份 港口	1985	1990	1995	2000	2005	2007	2008	2009	2010
总计	31 154	48 321	80 166	125 603	292 777	388 200	429 599	475 481	548 358
大连	4 381	4 952	6 417	9 084	17 085	22 286	24 588	27 203	31 399
营口	98	237	1 156	2 268	7 537	12 207	15 085	17 603	22 579
秦皇岛	4 419	6 945	8 382	9 743	16 900	24 893	25 231	24 942	26 297
天津	1 856	2 063	5 787	9 566	24 069	30 946	35 593	38 111	41 325
烟台	689	668	1 361	1 774	4 506	10 129	11 189	12 351	15 033
青岛	2 611	3 034	5 103	8 636	18 678	26 502	30 029	31 546	35 012
日照		925	1 452	2 674	8 421	13 063	15 102	18 131	22 597
上海	11 291	13 959	16 567	20 440	44 317	49 227	50 808	49 467	56 320

① http://data.worldbank.org.cn/indicator/ IS.SHP.GOOD.TU/countries? display=default.

续表

港口＼年份	1985	1990	1995	2000	2005	2007	2008	2009	2010
连云港	929	1 137	1 716	2 708	6 016	8 507	10 060	10 843	12 739
宁波—舟山	1 040	2 554	6 853	11 547	26 881	47 336	52 048	57 684	63 300
汕头	201	279	716	1 284	1 736	2 301	2 806	3 102	3 509
广州	1 772	4 163	7 299	11 128	25 036	34 325	34 700	36 395	41 095
湛江	1 231	1 557	1 885	2 038	4 647	6 075	6 682	11 838	13 638
海口	170	288	468	808	2 118	2 373	2 614	4 855	5 700
八所	388	431	275	378	486	546	554	652	893

数据来源:《中国统计年鉴(2011)》。

随着国内沿海港口货物吞吐量的快速增长,到2010年底,国内主要港口的码头长度达到了66.52万米,泊位达到5 529个,其中万吨级的有1 293个(见表9-6)。在国内主要规模以上的港口中,上海港无论是码头长度、泊位数量还是万吨级的泊位数量都位居第一,其次是宁波—舟山港。

表9-6　沿海主要规模以上港口码头泊位数量(2010年底)

港口	总计			生产用			非生产用	
	码头长度(米)	泊位数量(个)	万吨级泊位数量(个)	码头长度(米)	泊位数量(个)	万吨级泊位数量(个)	码头长度(米)	泊位数量(个)
总 计	665 168	5 529	1 293	595 483	4 661	1 293	69 685	868
大 连	37 563	225	78	33 686	200	78	3 877	25
营 口	13 533	68	38	13 244	63	38	289	5
秦皇岛	16 068	86	42	14 750	66	42	1 318	20
天 津	31 915	151	95	30 567	140	95	1 348	11
烟 台	15 296	85	46	14 166	75	46	1 130	10
青 岛	20 518	81	59	19 500	75	59	1 018	6
日 照	11 931	48	40	11 625	47	40	306	1
上 海	119 248	1 160	150	72 537	602	150	46 711	558
连云港	10 455	55	38	10 158	53	38	297	2

续表

港口	总计			生产用			非生产用	
	码头长度（米）	泊位数量（个）	万吨级泊位数量（个）	码头长度（米）	泊位数量（个）	万吨级泊位数量（个）	码头长度（米）	泊位数量（个）
宁波—舟山	73 914	710	120	71 668	650	120	2 246	60
汕头	9 715	91	18	9 444	86	18	271	5
广州	45 122	515	60	42 001	473	60	3 121	42
湛江	17 458	184	31	15 757	153	31	1 701	31
海口	5 838	53	10	5 647	52	10	191	1
八所	1 924	11	8	1 754	10	8	170	1

国内各港口货物吞吐量的快速增长也大大提升了其在国际港口运输中的地位与作用。从表9-7所示全球集装箱吞吐量前20位港口的数据来看，中国内地占了7个，分别是上海、深圳、宁波—舟山、广州、青岛、天津、厦门，分别位居第1、4、6、7、8、11、19位，占全球前20位港口集装箱吞吐量的41.3%。其中仅上海港就占全球前20位港口集装箱吞吐量的11.4%，占世界集装箱运输总量的5.5%。

表9-7 全球集装箱吞吐量前20位港口的相关数据（2008、2009和2010年）（单位：TEU、%）①

港口	2008	2009	2010	2009年增长率	2010年增长率
上海	27 980 000	25 002 000	29 069 000	-11	16
新加坡	29 918 200	25 866 400	28 430 800	-14	10
香港	24 494 229	21 040 096	23 532 000	-14	12
深圳	21 413 888	18 250 100	22 509 700	-15	23
釜山	13 452 786	11 954 861	14 157 291	-11	18
宁波—舟山	11 226 000	10 502 800	13 144 000	-6	25
广州	11 001 300	11 190 000	12 550 000	2	12

① The UNCTAD Secretariat: *Review of Maritime Transport* 2011, pp. 23, *United Nations Publication*, 2011.

续表

港口	2008	2009	2010	2009 年增长率	2010 年增长率
青岛	10 320 000	10 260 000	12 012 000	-1	17
迪拜	11 827 299	11 124 082	11 600 000	-6	4
鹿特丹	10 800 000	9 743 290	11 145 804	-10	14
天津	8 500 000	8 700 000	10 080 000	2	16
高雄	9 676 554	8 581 273	9 181 211	-11	7
Port Klang	7 973 579	7 309 779	8 870 000	-8	21
Antwerp	8 662 891	7 309 639	8 468 475	-16	16
汉堡	9 737 000	7 007 704	7 900 000	-28	13
洛杉矶	7 849 985	6 748 994	7 831 902	-14	16
Tanjung Pelepas	5 600 000	6 000 000	6 530 000	7	9
Long Beach	6 487 816	5 067 597	6 263 399	-22	24
厦门	5 034 600	4 680 355	5 820 000	-7	24
纽约/新泽西	5 265 053	4 561 831	5 292 020	-13	16
前 20 位总计	247 221 180	220 900 801	254 387 602	-11	15

资料来源:*Review of Maritime Transport* 2011。

三、海运业对经济发展的影响

(一)海运业与经济发展

海运业对于一个国家或地区的经济发展有重要的影响。一国经济,尤其是劳动力富余的发展中国家经济,在参与国际贸易的过程中主要以劳动密集的加工制造商品贸易为主。由于劳动密集的加工制造商品处于产业链的中间,受到原材料和产品销售市场两头挤压而利润空间小,因而无论是原材料的进口还是工业制成品的出口都需要以廉价的海洋运输作为支撑。数据表明,我国对外贸易对海运业的依存度达到 90%,尤其是纺织品出口、铁矿石进口严重依赖于海洋运输。可以说,我国迅速发展壮大的海运业在很大程度上支撑了我国经济的崛起。这种情况在其他国家也同样得到体现,如表 9-4 中的数据显示,一些发展中国家如马来西亚、印度、泰国、巴西等国的集装箱吞吐量的增长速度也都快于发达国家。

(二)海运业发展与城市体系演变

海运贸易全球化时代促进了国际文化交流与传播,以及全球经济活动的分工合作与资源共享,不可逆转地改变了世界经济地理格局,重构了世界港口与城市空间体系。经过了数百年的发展,欧洲城市网络结构形成了沿大西洋、地中海、波罗的海的城市群及欧洲内陆城市群。但欧盟27国人口规模前25名的大都市中,内陆城市有17个,沿海城市有8个,同时是欧洲主要海港的只有4个。欧洲GDP前15名的城市中,内陆城市有8个,沿海城市有7个,同时是欧洲主要海港的只有2个。大港口与大城市的重合度不高。在北美,大都市主要集中在美东沿岸、美西沿岸与大湖地区。北美GDP排名前25名的城市,有18个为港口城市,其中11个是海港城市,大都市与大港口的重合度很高,海港城市往往是区域中心城市,沿海布局的特征非常明显。南美GDP排名前10名城市中,有6个为海港城市,其中前3名的圣保罗、布宜诺斯艾利斯、里约热内卢均为南美主要贸易门户港。印度也在殖民时期在与宗主国相联系的背景下形成了沿河布局与沿海布局两大城市体系。在我国,殖民地时期产生了大连、天津、青岛、上海、厦门、香港、广州等国际海运贸易口岸。改革开放后,沿海地区成为改革开放的前沿。经历了30多年的持续快速发展,以珠三角、长三角、环渤海地区为代表的中国沿海发达地区,也成为我国城市网络体系的中心。①

(三)港口与城市的发展

港口作为区域物流子系统的进出口岸,其发展取决于区域经济尤其是外向型经济发展引致的运输需求。而港口一旦形成,便又成为重要的基础设施,对区域经济发展产生强大的推动作用。港口对区域经济发展的这种推动作用在时空序列上表现为:首先,港城互动,港口城市成长为区域经济中心;其次,港口通过港口城市的中心带动作用推动

---

① 陈有文、王晋:《从历史维度分析海运贸易全球化对世界港口城市体系的影响》,载《水运工程》,2012(5)。

区域经济发展。因此,港口城市的成长及其中心带动作用的增强是港口带动区域经济发展的中心环节。①

港口与城市在自然、规划、经济、管理等方面存在密切关系,主要体现在以下几个方面:第一,港口规划与城市规划是相互协调的统一体。很多港口横跨海、陆地区,或者濒临海域,甚至城市的中心也建在靠近港口的地区,因而港口从地理上和城市保持着密切的关系。同时,海岸线既是港口布置码头港区不可缺少的场所,又是城市建设临港工业、日常生活和临港风景游览的重要地段。城市活动和港口的紧密相连使得港口规划与城市规划之间相互协调、统筹兼顾。第二,港口是城市对外交通的主要通道。海运是对外贸易运输的主要方式,与其他运输方式相比,海运有运量大、通过能力大、能耗低、运输成本低、占用土地少、对环境污染少的特点和优势。虽然城市可以沿铁路线和公路线向外扩展,但港口是城市对外的窗口、多种运输方式的联接点和转换处,在城市交通运输中发挥着其他运输方式不可比拟的重要作用。因此,港口城市发展比一般城市快。第三,港口与城市用地之间的关系。港口与城市在发展初期,由于贸易多是杂货,除了装卸、储存用地外,无需占用很多的土地。随着城市经济的发展,港口突破了原有规模,用地大量增加。在港口城市中,港区用地占城市用地相当的部分,而且是优等土地资源。因此,随着城市经济的发展,港口城市的土地更为珍贵,因而需要更加注重港口与城市用地之间的协调。第四,港口管理与城市管理的目标差异性。由于受政治、经济、文化、历史以及地理位置等因素的影响,港口有国家和地区两个层级的目标。港口是国家和地区的社会基础设施,港口的发展与整个交通运输系统、城市及腹地经济以及国家经济发展密切相关,国家应参与港口的管理。而城市管理者的目标是城市的发展,关注地方利益,港口仅是一种交通运输的设施,应作为一般性的企业在竞争中求发展。②

---

① 许继琴:《港口城市成长的理论与实证探讨》,载《地域研究与开发》,1997(4)。

② 杨华雄:《论港口与城市的协调发展》,载《中国港口》,2000(6)。

第二节 广西北部湾经济区的海运服务业发展

一、广西北部湾经济区的海港条件

2008年1月,国务院批准实施《广西北部湾经济区发展规划》,广西北部湾经济区开发正式上升为国家战略,广西北部湾经济区迎来大开发、大发展、大跨越的有利时期。在此基础上,为适应区域经济和社会发展的需求,科学合理开发利用和有效保护有限的港口资源,加快广西沿海现代化大型港口的建设,充分发挥广西沿海港口作为出海大通道、区域性国际大通道的作用,广西壮族自治区人民政府于2010年3月17日正式批复同意并实施《广西北部湾港总体规划》,明确了广西北部湾的功能是将形成由渔沥港区和企沙西港区组成的矿石运输系统;由大榄坪港区、渔沥港区、石步岭港区组成的集装箱运输系统;由企沙西港区、金谷港区、铁山港西港区构成的煤炭运输系统;由金谷港区、大榄坪港区、铁山港西港区构成的石油及油品运输系统;以石步岭港区为主,马鞍岭、三娘湾等共同发展的北部湾休闲、旅游、客运系统。广西北部湾将成为具有装卸及仓储、中转换装、运输组织管理、临港工业、信息服务、生产生活服务、现代物流服务、保税、休闲度假、旅游观光、水上客运和国际邮轮母港以及配套服务等功能的大型综合性现代化港口。

广西北部湾港包括"一港、三域、八区、多港点"。其中"一港"指广西北部湾港,"三域"指防城港域、钦州港域和北海港域,"八区"指广西北部湾规划期内重点发展的渔沥港区、企沙西港区、龙门港区、金谷港区、大榄坪港区、石步岭港区、铁山港西港区、铁山港东港区,"多港点"指主要为当地生产、生活及旅游客运服务的规模较小的港点。截至2010年底,广西北部湾港共有生产性泊位217个,其中万吨级以上泊位49个,泊位长度24 694米,最大靠泊能力20万吨;设计年通过能力为货物综合通过能力12 181万吨,其中货物10 341万吨,集装箱130万

TEU，汽车 40 万辆，旅客 491 万人。

（一）防城港域

防城港位于广西南部北部湾北岸西端，是中国沿海 24 个主要港口之一。防城港北靠云、贵、川，东邻粤、琼、港、澳，西接越南，南濒北部湾，地处华南经济圈、西南经济圈与东盟经济圈的结合部，是我国内陆腹地进入中南半岛东盟国家最便捷的出海门户。防城港港湾水深浪静，三面环山犹如内陆湖泊，航道短且不易淤积，水域、陆域宽阔，可利用岸线长。港口交通便利，陆路交通有高速公路和铁路与全国干线联网，海路与 100 多个国家和地区的 250 多个港口通航。港口始建于 1968 年 3 月 22 日，1983 年 7 月经国务院批准对外开放，1986 年完成一期工程建设，1987 年全面投入营运。到 2010 年底，防城港拥有生产性泊位 110 个，泊位长度 12 134 米，其中万吨级以上泊位 26 个，最大靠泊能力 20 万吨，仓库面积 12.86 万平方米，堆场面积 338.66 万平方米，共有各类装卸机械 40 台（套），最大起重能力 40 吨。港口年设计通过能力为货物综合通过能力 5 146 万吨，其中货物 4 746 万吨，集装箱 50 万 TEU，旅客 10 万人。

（二）钦州港域

钦州港位于北部湾湾顶的钦州湾内，三面环陆，南面向海，区位优势突出，交通便捷发达，是我国西南主要出海通道中陆路运输距离最短的出海口。钦州港始建于 1992 年 8 月，1994 年 1 月两个万吨级起步泊位投入使用，1997 年 6 月钦州港国家一类口岸正式对外开放。钦州港是国家重要港口，在《广西南北钦防经济区域发展规划纲要》中定位为广西临海工业港。到 2010 年底，钦州港拥有生产性泊位 55 个，泊位长度 7 478 米，其中万吨级以上泊位 15 个，仓库面积 15.8 万平方米，堆场面积 72 万平方米，各种储罐 76 万立方米，共有各类装卸机械 507 台（套），最大起重能力 40 吨。港口年设计通过能力为货物综合通过能力 4 477 万吨，其中货物 3 777 万吨，集装箱 75 万 TEU，汽车 5 万辆，旅客 45 万人。

(三)北海港域

北海港是我国沿海对外开放的重要港口之一,位于广西南端,北部湾东北部,与美丽的海滨城市广西北海互为依托。处于我国东、中、西三大地带的交汇点,是华南经济圈、西南经济圈与东盟经济圈的结合部,是中国西部地区货物进出口东南亚、西亚、欧洲、非洲国家航程最近的港口之一,也是中国通往东盟国家最便捷的陆路和海路通道,是联结粤港澳与西部地区的重要通道。北海港距香港港 425 海里,距新加坡港 1 400 余海里,距越南海防港 200 余海里。自北海港出海经马六甲海峡,北航可通南亚,西航经科伦坡可达波斯湾地区及东非,东航至关岛,南航经菲律宾的三宝颜、印尼的万鸦老后达悉尼。

北海港目前按统计范围来分,全港包含北海市区内的商用和专业货主码头。按管辖来说,北海港管辖北海老港区、石步岭港区、铁山港港区和大风江港区。北海老港区、石步岭港区是已在营运港区,铁山港港区正在建设中,大风江港区是规划建设港区。到 2010 年底,北海港拥有生产性泊位 52 个,泊位长度 5 082 米,其中万吨级以上泊位 8 个,最大靠泊能力 10 万吨,仓库面积 5.96 万平方米,堆场面积 83.22 万平方米,共有各类装卸机械 988 台(套),其中门机最大起重能力 40 吨。港口年设计通过能力为货物综合通过能力 2 558 万吨,其中货物 1 818 万吨,集装箱 5 万 TEU,汽车 35 万辆,旅客 436 万人。

二、广西北部湾经济区海运服务业发展的现状

(一)广西北部湾港海运服务业的种类

广西北部湾港海运服务业包括国际海上运输、海运辅助服务和港口服务。其中国际海上运输包括集装箱班轮运输,散货运输,硫黄、煤、矿石、集装箱、散货、化肥、粮食中转;海运辅助服务包括船舶代理、货物代理、装卸、仓储、集装箱场站、海关结关等;港口服务包括靠泊、货物装卸、供油、供水、引航等通常发生在港口的与船舶有关的服务。

(二)广西北部湾港货物、集装箱及旅客吞吐量演变趋势

如表9-8所示,2003—2010年,广西北部湾港货物吞吐量从2 016万吨上升到11 923万吨,7年间增长了491.4%,年均增长28.9%;其中外贸货物吞吐量从1 382万吨上升到7 195万吨,占货物总吞吐量的比例略有下降,约从70%下降到了60%,表明广西北部湾港的货物运输加强了与国内各经济区域之间的联系和往来;集装箱吞吐量从2005年的15.42万TEU上升到2010年的56.4万TEU,旅客吞吐量有所减少。

表9-8 2003—2010年广西北部湾港货物、集装箱及旅客吞吐量演变趋势

年份	货物(万吨)	外贸货物(万吨)	集装箱(万TEU)	旅客(万人)
2003	2 016	1 382		45
2004	2 400	1 801		46
2005	2 954	2 137	15.42	
2006	3 744	2 765	20.9	74
2007	4 832	3 433	27.4	91
2008	5 829	3 677	33.6	82
2009	9 408	5 870	34.9	27
2010	11 923	7 195	56.4	27

注:数据来源于历年《中国港口年鉴》。其中,2008年及之前的数据为防城港、钦州港和北海港3个港口数据的加总。

(三)广西北部湾港各港域主要指标

广西北部湾港由防城港域、钦州港域和北海港域组成。3个港域在广西北部湾港中的地位有所不同。其中防城港因为拥有更加优良的海港条件,因而其货物和集装箱吞吐量一直远远超过钦州港域和北海港域。三大港域2010年主要指标为:防城港域2010年累计完成货物吞吐量7 650.42万吨,同比增长19.92%,其中出港货物2 317.09万吨,增长36.26%;集装箱吞吐量完成25.1万TEU,同比增长23.3%;外贸货物5 662.1万吨,同比增长14.25%。钦州港域2010年累计完成货物吞吐量3 022.1万吨,增长50.09%,其中出港货物682.95万吨,增长42.17%;集装箱吞吐量完成25.09万TEU,增长148.62%;外贸货物

1 096.06万吨,增长86.53%。北海港域2010年累计完成货物吞吐量1 250.52万吨,增长23.22%;集装箱吞吐量完成6.18万TEU,增长39.82%;外贸货物436.42万吨,增长33.86%;旅客吞吐量26.5万人,与上年持平。2010年防城港域完成货物吞吐量占广西北部湾64.2%,集装箱吞吐量的44.5%。

但近年来,随着广西北部湾经济区开发上升为国家战略,钦州和北海港口开发力度加大,加上钦州临港工业尤其是石化等产业的快速发展,钦州港域和北海港域在广西北部湾港中的地位不断上升,而防城港域则由于临港工业发展相对较慢,其在三大港域中的相对地位有所下降。

(四)广西北部湾港在全国海港中的地位

表9-9为2010年全国海港泊位、货物与集装箱吞吐量的数据汇总。如表中数据显示,广西北部湾港在全国40个海港中,生产用泊位数量排在第5位,万吨以上泊位少于广州、深圳、厦门、上海、大连等海港,货物吞吐量排在第16位,集装箱吞吐量排在第20位。由此可见,广西北部湾港尽管已经融合了原防城港、钦州和北海3个海港,但货物和集装箱吞吐量仍然较小,只有宁波—舟山港的1/6、上海港的1/5、广州和天津港的1/4。但广西北部湾港目前正处于快速发展阶段,加上广西经济在广西北部湾和“两区一带”区域经济格局的带动下快速增长,未来广西北部湾港无论是货物吞吐量还是集装箱吞吐量在全国海港中的排名都将进一步上升。

表9-9 2010年全国海港泊位数量、货物与集装箱吞吐量

港口	生产用泊位(个)	万吨级泊位(个)	货物吞吐量(万吨)	集装箱吞吐量(万吨)
丹东	36	17	5 343	32
大连	200	122	31 399	526.3
营口	68		22 579	333.8
锦州	20	18	6 008	75.5
秦皇岛	52		26 297	34

续表

港口	生产用泊位(个)	万吨级泊位(个)	货物吞吐量(万吨)	集装箱吞吐量(万吨)
黄骅	20		9 438	0.1
唐山	44		24 609	27.7
天津	151		41 325	1 008.6
烟台	138	46	15 033	154.3
威海	60	15	2 407	44.3
青岛	98		35 012	1 201.2
日照	47		22 597	106.1
上海	1 160	150	56 320	2 906.9
连云港	52		12 739	387.1
嘉兴	42		4 432	35
宁波—舟山	650		63 300	1 314.7
台州	169		4 706	12.2
温州	234		6 408	42.1
宁德	47	2	1 420	
福州	123	40	7 125	147.1
莆田	42	4	1 756	0.8
泉州	103	19	8 455	137
厦门	109	56	12 728	582.4
漳州	19	1	1 202	
汕头	86	18	3 509	93.5
汕尾	23	1	489	4.2
惠州	34	17	4 534	22.9
深圳	176	69	22 098	2251
虎门	174	17	4 892	24.3
广州	132	49	41 095	1 254.6
中山	120		1 868	82.1
珠海	122	16	6 056	70.3
江门	299		3 115	25.6

续表

港口	生产用泊位(个)	万吨级泊位(个)	货物吞吐量(万吨)	集装箱吞吐量(万吨)
阳江	7	2	799	
茂名	18		2 284	4.3
湛江	125	34	13 638	32
北部湾	217	49	11 923	56.4
海口	36		5 700	61.3
洋浦	23		2 825	21
八所	9	7	893	

三、广西北部湾临港工业发展

(一)国内临港工业发展

在国外重工业、重化工业正在不断地向资源丰富、劳动力成本低廉、国内市场广阔以及社会政局稳定的我国转移,国内钢铁、石油化工、农副产品加工等为重点的工业制造业向沿海港口城市转移的背景下,我国临港工业区获得快速发展。[①] 目前国内的临港工业区主要有环渤海地区的大连长兴岛工业区、唐山曹妃甸工业区、天津临港工业区,长三角的上海临港工业区、舟山临港工业区,珠三角的广州南沙工业区、珠海临港工业区、汕头临港工业区,以及北部湾地区的钦州港工业区、北海工业区、防城港企沙工业区。[②] 我国临港工业的发展,产业分类大致如图 9-1 所示。

① 陈宁、胡良德:《我国沿海港口城市临港工业发展分析》,载《武汉理工大学学报》(社会科学版),2005(4)。

② 徐龙、何冰:《产业发展视角下的临港工业区规划——以钦州港工业区为例》,载《城市》,2011(5)。

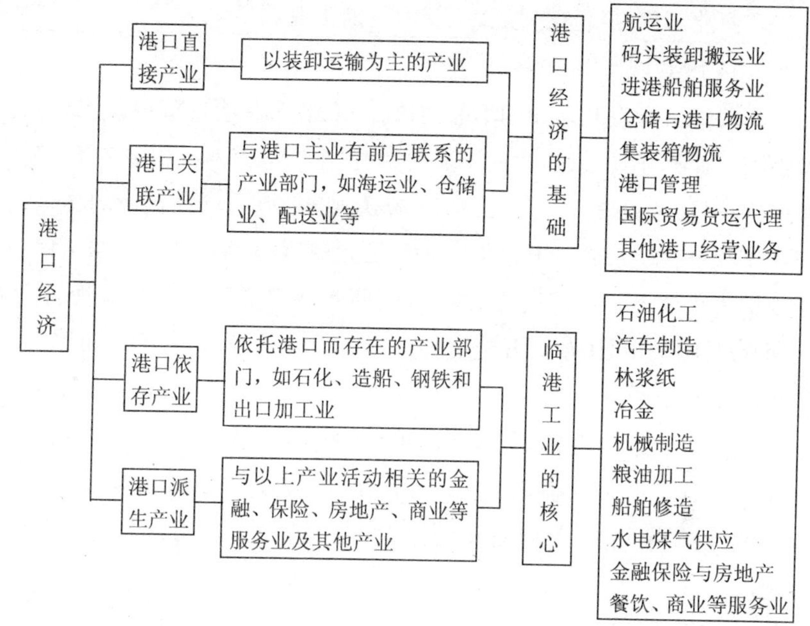

图 9-1　港口经济产业分类

（二）广西北部湾经济区临港工业发展

广西北部湾经济区沿海三市充分利用优良的海港资源发展临港工业，大大促进了各个城市乃至整个经济区经济的快速发展。广西北部湾经济区沿海三市临港工业发展方向如表 9-10 所示。

表 9-10　广西北部湾沿海三市临港工业发展方向

产业集群	钦州	防城港	北海
石油和化工产业	炼油、石油化工	磷化工	液化天然气、石化
冶金产业	特种钢	炼钢、有色金属	
林浆纸产业	制浆、造纸、深加工		制浆、造纸、深加工
电力能源产业	火电	火电、核电	
粮油食品产业	粮油加工	粮油加工	
船舶修造业	船舶修造	船舶修造	船舶修造

广西北部湾经济区各港域主要的临港工业项目包括：

1. 钦州港域

随着港口开发和建设的不断加快，一大批工业项目落户钦州港，大型临港工业初显规模，较大的工业项目有：中石油广西石化 1 000 万吨/年炼化项目，总投资 153 亿元；年产 30 万吨浆、60 万吨高档纸的林浆纸一体化项目，项目共三期，总投资 410 亿元；广西东油项目，一期工程生产规模为年加工 100 万吨重质原油；广西木薯综合开发产业示范工程，一期年产 10 万吨酒精、2 万吨变性淀粉、2 万吨 CO_2 产品，二期生产酒精 50 万吨、变性淀粉 10 万吨、CO_2 产品 10 万吨；大洋 80 万吨大豆加工项目，华港 60 万吨大豆加工项目、200 万吨特殊钢厂项目、200 万吨沥青加工项目、250 万吨磷化工项目等正在抓紧筹建。这批工业项目建成投产后，钦州港临港工业的总产值将达一千亿元，港口吞吐量可达6 000 万吨以上。

2. 北海港域

北海港域临港工业的发展主要集中在铁山港区，并以石化能源等大型临港工业为主。北海铁山港临港工业项目主要包括：一是目前正在实施建设的临港新材料产业。据北海市发改委提供的相关资料显示，到 2012 年上半年诚德镍业项目三期工程全部建成后，将形成年产 200 万吨的生产能力，总产值达到 350 亿元。在此基础上，通过深加工，拉长产业链，到 2015 年包括诚德镍业公司在内的园区企业产值将达到 1 000 亿元。二是于 2009 年动工建设、总投资 150 亿元的北海炼油异地改造（20 万吨/年聚丙烯）石油化工项目，之后形成的石化产业链还包括总投资 158 亿元的广西 500 万吨液化天然气（LNG）项目。此外，铁山港区临港工业还有北海远洋万吨级船舶修造厂项目、广西渤海农业发展有限公司 4 800 吨/天高蛋白饲料粕物流及加工项目。

3. 防城港域

防城港的临港工业主要集中在大西南临港工业园。园区全力打造以钢铁、装备制造业、磷硫化产业为龙头的工业区和以资源加工型企业为主的大西南出口加工基地和物流仓储基地。目前园区入园企业98家,其中已投产企业46家、在建29家、待建23家。2011年园区实现的工业产值达到190亿元。

大西南临港工业园分为A、B、C三个区,其中A区北部主要布局机械制造、特种设备制造业以及建材工业等产业,形成综合加工区;A区南部主要布局钢铁上游企业,发展成为钢铁保产配套项目区;B区北部主要布局港口机械制造、钢结构及设备制造产业,形成钢材加工区;C区和B区南部发展磷酸深加工及其配套产业,形成磷酸加工区。其中磷酸加工区的主要项目有:防城港盛农磷化有限公司30万吨/年粒状过磷酸钙建设项目,拟建于大西南临港工业园B区,项目生产规模为年产粒状过磷酸钙30万吨、氟硅酸钠3 500吨;防城港博森化工有限公司年产4万吨五氧化二磷、10万吨磷酸配套15万吨磷酸盐项目;金新磷酸化工生产项目为新建项目,该项目位于大西南临港工业园B区,建成后年产磷酸3万吨。

四、广西北部湾经济区海运服务业发展中存在的问题

广西北部湾经济区海运业发展缓慢,主要体现在经济区的经济发展水平落后、海港基础设施落后、辐射能力弱、海港相关物流系统不完备、危机应对能力不强、腹地经济落后、与邻近港口城市的竞争能力弱、缺乏专业的人才和熟练技术工人、投资形式单一和相关法律法规与国际存在差距等方面。

(一)经济区经济发展水平落后

2010年,广西北部湾经济区地区生产总值为3 042.75亿元,其中第一产业增加值511.24亿元,第二产业增加值1 198.05亿元,第三产业增加值1 333.45亿元,三次产业结构为16.8∶39.4∶43.8,人均地区生产总值为25 048元。如表9-11所示,与国内主要的海港城市相比,广西北部湾经济区的防城港、钦州、北海三市GDP总量小、人均GDP低、三次产业结构不合理。从GDP总量看,广西北部湾3市均低于国内

主要海港城市，只有广西北部湾3个海港城市中GDP最高的钦州(520.7亿元)接近于国内主要海港城市中GDP最小的海口(595.1亿元)，其他海港城市的GDP总量均是广西北部湾3个海港城市GDP的数倍甚至数十倍。即使是广西北部湾经济区四市的GDP加总，也小于大连、天津、上海、宁波、青岛、烟台、广州、深圳等海港城市。从人均GDP看，广西北部湾三市的人均GDP接近于海口、秦皇岛，高于湛江，略低于温州，但大大低于其他海港城市。在三次产业结构方面，广西北部湾海港城市的第一产业所占比例太高，钦州和北海甚至超过了20%，而国内主要海港城市中除秦皇岛和湛江外均低于10%，其中有9个海港城市低于5%。

表9-11 2010年我国主要海港城市的GDP总量、人均GDP和三次产业结构比例

港口城市	GDP总量(亿元)	人均GDP(元)	三次产业结构比例
大连市	5 158.2	77 704	6.69∶50.88∶44.94
天津市	9 224.5	75 943	1.58∶52.47∶45.95
唐山	4 469.2	59 389	9.44∶58.14∶32.42
秦皇岛	930.5	31 182	13.62∶39.53∶46.86
上海	17 166.0	76 074	0.66∶42.05∶57.28
宁波市	5 163.0	69 368	4.24∶55.60∶40.15
温州	2 925.0	37 359	3.20∶52.43∶44.37
青岛	5 666.2	65 827	4.89∶48.69∶46.43
威海	1 944.7	76 778	7.92∶55.90∶36.18
烟台	4 358.5	62 254	7.67∶58.89∶33.44
厦门市	2 060.1	58 337	1.12∶49.73∶49.15
广州	10 748.3	103 625	1.75∶37.24∶61.01
深圳市	9 581.5	106 880	0.07∶47.21∶52.72
汕头	1 209.0	23 600	5.34∶56.10∶38.56
珠海	1 208.6	80 697	2.68∶54.77∶42.55
湛江	1 405.1	20 081	20.59∶41.11∶38.30

续表

港口城市	GDP 总量(亿元)	人均 GDP(元)	三次产业结构比例
海口	595.1	30 329	6.42：24.00：69.58
防城港市	320.4	37 264	14.80：49.86：35.33
钦州	520.7	—	25.39：41.97：32.64
北海	397.6	25 412	22.02：42.23：35.75

数据来源:《中国城市统计年鉴(2011)》。

(二)海港基础设施落后

港口基础设施包括港口水域、码头和陆域设施。港口水域包括锚地、航道、船舶掉头域、码头前水域、导航、助航标志等设施。由于船舶作业需要平稳,避免船舶颠簸,在天然掩护不足的地点需要建设防波堤,用以维护足够的水域来防止波浪、海流等侵袭。水域是提供船舶航行、运转、锚泊、停泊装卸使用的,要求有适当的深度和面积,水流平缓,水面稳静。码头是停泊船舶、上下旅客和装卸货物的场所。码头前沿线是水域和陆域的交接地域,是港口生产活动的中心。陆域设施包括仓库、堆场、铁路、道路、装卸机械、运输机械及生产辅助设施、环保设施、计量、检验设施、信息中心等。

以防城港为例,港口岸线达 105 千米,其设计年吞吐能力可超 10 亿吨,码头可建设万吨级以上泊位 115 个,但现今只建成泊位 110 个,万吨级以上泊位 26 个,2010 年实际通过能力也仅超过 7 000 万吨,码头库场面积 300 万平方米。此外,港口的装卸和仓储没有完全达到自动化水平,只建有少量的散粮、散水泥、成品油、植物油、液化气、磷酸、沥青等大型专用仓储和装卸设施,并有少量矿石、粮食、大豆、水泥、木片、化肥、油气、硫黄、煤炭等专业化码头泊位。

(三)辐射能力弱

从广西北部湾各港域出发,沿高速公路北上南宁与全国公路并网,可以直达广西各地和云、贵、川、渝等主要地区和城市。东北经过钦防(钦州至防城港)高速公路与桂海(桂林至北海)高速公路连接,并进入广东路网。但广西北部湾对周边乃至西南地区辐射能力的发挥仍存在以下问题:第一,由于南宁—百色经黔西南布依族苗族自治州到云南和南宁—百色经文山壮族苗族自治州到云南的高速公路均未开通,而南宁经河池到贵州的高速公路也刚刚开通,因此,以南宁为中心的高速公路辐射路网并未兴建完成。第二,由于广西北部湾三港域对腹地经济区域的辐射都需要通过南宁才能汇聚到以下地方:西南至崇左,西北到云南和贵州进而到重庆和四川,北到来宾、柳州和桂林,东到玉林和梧州,货物周转历程大大增加。而且,经过南宁的货物周转仅有一条南宁到北部湾三市的高速公路,既要承担客运又要承担货运,运输负担极大。第三,公路运输运费比铁路运输高,运量比铁路运输低;而广西北部湾各港域进出的货物大多数都是初级产品等比较笨重的商品,需要铁路运输。广西北部湾各港域虽然有铁路,但只是到南宁,运往经济区外的货物在南宁需要转车,且速度非常慢,从南宁到防城港仅150多千米,却需要差不多4小时,时效非常差。正因为如此,贵州每年出口货物的70%从深圳出口,而不从防城港出口。所以,目前广西北部湾港的经济辐射能力较弱。

(四)海港相关物流系统不完备

港口是海洋运输的起点与终点,是以其最大的集散功能解决地区之间、国家之间大批量货物的交易流通,从而在进行货物仓储、加工或其他商业活动中取得规模效益。现代港口为了适应现代物流服务的需求,港口必须从传统货物转运场所向物流、商流、资金流、技术流、信息流全面大流通的汇集点转变;从港口车船换装点到以港口为中心,以公、铁、水、空综合运输为特征的现代港口输运方式转变;港口已经成为国际现代物流供应链的重要节点和物流通道的枢纽。港口相关物流服务系统包括运输系统、储存系统、装卸搬运系统、包装系统、流通加工系统、物流信息处理系统。

广西北部湾港虽然建有散粮、散水泥、成品油、植物油、液化气、磷酸、沥青等大型专用仓储和装卸设施,并有矿石、粮食、大豆、水泥、木片、化肥、油气、硫黄、煤炭等专业化码头泊位，但码头相关物流系统不完备，仓储和装卸没有实现现代化、自动化和电子化，仓储方式单一。有些尚未能与国际接轨，达到国际水平。而船舶代理、货物代理、装卸、仓储、集装箱场站、海关结关、靠泊、货物装卸、供油、供水、引航等需要进一步完善，与国际接轨。

（五）危机应对能力不强

我国是一个外贸依存度较高的国家，世界经济的变化很容易对我国产生影响，特别是对外贸易量直接影响港口货物吞吐量。2008 年下半年的世界金融危机，给国际经济的发展带来了极大的冲击，并不可避免地波及中国的经济，海运业是首当其冲的行业之一。世界经济萎缩，造成我国出口量减少，直接影响海运业发展。广西北部湾经济区尤其是沿海三市主要是凭借港口优势发展货物运输的港口城市，临港工业起步晚和发展相对落后，自身消化能力弱，主要是对经济腹地进出货物起中转作用，在这场危机中应对能力不强。

第三节 促进广西北部湾经济区海运服务业发展的对策和措施

一、提升广西北部湾经济区海运基础

（一）强化广西北部湾海港的区位优势

广西北部湾港是我国沿海主要的枢纽港之一和西部最大的海港，是西南地区连接国际市场、发展外向型经济的重要支撑及出海大通道的重要口岸。因此，要着重加强广西北部湾港物流的软硬基础设施建设，不断提升服务水平，将包括空港、海港、信息港在内的港口业做大做强，吸引人流、物流、资金流和信息流，发现和挖掘发展机遇，努力把广西北部湾港打造成我国的重要口岸。为此，一是开源引流，充分发挥广西北部湾在泛北部湾物流区域的优势和产业基础设施的资源优势，加强与东盟国家的物流合作，开展物流业招商推介工作，把广西北部湾港与西南地区城市的合作做广做深。二是点线结合，推动物流基础设施建设，大力推进海铁联运、海路联运、海空联运，使广西北部湾港向广西内陆腹地延伸、向西南地区内陆延伸，为广西北部湾港成为对东盟国家的物流枢纽基地奠定坚实的基础。三是多港并举，强化多式联运的模式，以广西北部湾港三港域为依托，大力建设港域基础设施及面向广西北部湾经济区、广西乃至西南地区的基础设施，实现海、公、铁、空多式联运，推动国际物流和保税物流的发展。

（二）加强软硬基础设施建设

基础设施的建设对于广西北部湾港海运业的发展至关重要。从硬基础设施建设方面，一是要加强港区水域、码头和陆域基础设施的建设。广西北部湾港必须加强锚地、航道、船舶掉头域、码头前水域、导航、助航标志等设施的建设；加强码头建设；加强陆域设施建设，包括仓库、堆场、铁路、道路、装卸机械、运输机械及生产辅助设施、环保设施、计量设施、检验设施、信息中心等的建设，努力缩小广西北部湾港在这些方面与国内主要港口的差距。二是要加强广西北部湾港与周边经济区域及其辐射区域的交通基础设施建设。一方面要拓宽、延展作为广西北部湾经济区核心首位城市、交通物流中心、人员信息中心的南宁与周边区域的通道，并通过南宁发挥广西北部湾港对广西乃至大西南区域的海运业辐射作用。另一方面要建设玉林和崇左到广西北部湾港口之间的直接快速交通，在缩短玉林、贵港、梧州、崇左与广西北部湾各港口之间物流距离的同时，缓解广西北部湾港与南宁之间交通线路的运输压力。三是要扩建南宁机场，在将其建设成为广西北部湾经济区人员和货物空运基地的同时，提升北海机场在人员和货物方面的空运能力，以缩短广西北部湾港人员或货物空运的时间，提高物流效率。

在广西北部湾港软基础设施建设方面，一是引进和培育一批服务水平高、国际竞争力强的现代大型物流企业，使广西北部湾港物流业的发展具有更强势的力量。二是转变理念，提升服务水平，不断改善通关条件，建立具有现代服务理念的海峡航运服务中心，强化物流协会的作用，协助政府做好推动物流业发展的相关工作。三是要采取“走动管理，上门服务”、“科技管理，网上服务”、“重点管理，跟踪服务”、“规范管理，透明服务”等措施，不断提升政府对港口的管理水平和办事效率。

（三）注重培养海运人才

1995年，IMO对《STCW公约》的内容作了较大的修改，对船员的素质提出了更高的要求，船员不仅要具有扎实的专业知识，而且还应具备较强的管理才能和良好的心理素质。不仅如此，在我国加入WTO之后，由于国内相关法律与世贸组织要求的不一致，因而在国内相关法律法规做出调整的同时，也要求国内海运业不断熟悉国际海运业的规则以增强在国际海运业中的竞争力。

因此，海运人才的培养应包括以下几个方面：一是熟悉海运业务的人才，二是熟悉海运国际法律方面的人才，三是熟悉港口管理与港口发展方面的人才。对于广西北部湾港而言，三港域所在城市均缺乏培育相关人才的教育机构。即使是在广西北部湾经济区核心首位城市南宁乃至广西全区，也没有专业化的培养海运人才的中高层次教育机构或学科设置。但广西北部湾港的快速发展必然对以上三个方面的人才有较大需求，因此，依据广西北部湾港在海运业务、海港、临港工业等方面的发展调整或增加目前一些高校的专业设置，甚至是创办海运人才培养的专业化高等教育机构，对于广西北部湾港的发展有着重要的意义。

二、促进广西北部湾经济区海运服务业发展模式的转变

（一）区域的外延式扩张

广西北部湾经济区地处华南经济圈、西南经济圈与东盟经济圈的结合部，也是我国唯一与东盟各国陆海相连的城市及我国内陆腹地进入中南半岛东盟国家最便捷的海陆门户。随着中国—东盟自由贸易区建设的加快、泛北部湾区域经济的合作与发展、广西北部湾经济区的开放开发等，广西北部湾港面临着重大机遇，因而广西北部湾经济区必须

抓住机遇,加强与周边地区的联系,积极参与与其他地区的合作,增加服务区域,强化在广西北部湾经济区中的港口优势。因此,广西北部湾港不但要服务于广西北部湾经济区的经济发展,更要作为广西和大西南地区的最近出海口服务于广西和大西南地区的经济发展。事实上,港口腹地与港口间存在着相互依存、相互作用的关系,腹地经济越发达,对外经济联系越频繁,对港口的运输需求也越大,港口的发展又为腹地经济发展创造条件,可促使港口腹地范围的进一步扩展。因此,广西和大西南地区经济的快速发展,可以推动广西北部湾港海运服务业的发展;而广西北部湾港海运服务业的发展又为广西和大西南地区的经济发展创造了有利的条件。

(二)大力引进民间资本和外资促进防城港海运服务业的发展

广西北部湾港海运服务业的发展主要来自政府单一的投资,港口建设和港口服务主要由广西北部湾港务集团有限公司提供。投资形式的单一造成资金短缺和投资不足,很大程度降低了广西北部湾港的发展速度;港口建设和港口服务的单一提供,很容易造成管理僵化和效率低下。因此,引进民间和外国的投资,不仅可以解决资金问题和管理问题,还能够引进国内外先进的经验,增强与其他地区联系,扩展广西北部湾港海运服务业的服务区域。

(三)加快与国际接轨

广西北部湾港海运服务业的发展需要从政策法规、基础设施、人才培养和管理方式上加强与国际接轨。为此,要根据我国海运服务业法律法规、国际惯例和 WTO 规则,制定广西北部湾港海运服务业的政策法规。与此同时,积极引进国际先进管理方式和管理经验,提高海运服务业的服务水平和管理效率。此外,还需加强人力资源的建设,提高海运服务人才的素质,培养国际海运服务人才,特别是培养出有较高英语水平且熟悉国际惯例和 WTO 规则的海运服务人才。

（四）海运服务业的信息化

现代物流是信息时代的产物。广西北部湾港的发展，必须推动以港口为中心的信息交流，从目前的相对分散状态转变为集中、增值的状态。现代化的信息服务系统是港口现代化发展的重要组成部分，能否为客户提供实时追踪查询的有统一标准数据库接口的电子信息平台，实现信息“桌到桌”的交换，将成为未来港口的竞争焦点。借助于建设国际化、网络化、信息化物流中心的有力实践，提高港口及港口城市的信息化水平，将使得广西北部湾港在参与国际海运服务业的竞争中占据有利的地位。

三、加强广西北部湾港三港域之间的分工与协作

（一）处理好各港域之间的分工与协作关系

在经济全球化的形势下，现代物流已成为国际运输中最为经济合理的综合服务方式。而港口作为国际运输系统的重要节点，通过建立物流中心，积极发挥推动现代物流发展的作用，不仅可以提高港口的国际竞争力，获得不断增长的运量和利润回报，而且能够利用物流中心的聚集效应和扩散效应，带动港口城市的物流及相关行业的发展。正因为如此，广西北部湾港三港域所在城市之间可能因此形成竞争关系而非分工协作关系。这就要求广西北部湾港三港域所在的城市注意解决好港口之间的分工与协作问题，避免造成重复建设和资源浪费，通过三港域之间的错位经营实现区域物流和区域经济的协调发展。

（二）整合三港域资源，构建综合物流中心

单纯的海洋运输由于市场竞争激烈导致其发展受到严重制约。随着贸易方式的多样化，运输方式也趋于多样化，客户不会再满足于简单地将他们的货物从发送地运出，为便于最大限度地控制成本，享受最佳服务，通常的港口交货已不能满足货主的需要。而且货物的交付方式早已不局限于海运，还需要航空运输、铁路运输、公路运输及其组合的各种方式的运输途径。因此，航运企业的服务重心也从原先的纯海洋

运输逐渐转移至多式联运的门到门服务，而且还必须全面、有效地控制货物送达的时间、数量、质量。换言之，纯海洋运输的方式已远远不适应目前的客户群需求。如何调整和扩充航运企业服务范围的比例，也日趋成为航运界共同探讨和解决的核心问题。①

综合物流系统是在集装箱多式联运基础上产生和发展起来的。其特征是货物从发货人的生产流水线上下来后，装入集装箱，经过陆上运输到港口集中，再从海上运输转向陆上运输，最后到达客户手中。其实质是以集装箱多式联运为核心，中间包括仓储、装卸、搬运、包装、流通加工、配送和货物信息跟踪等多个环节，以真正实现货畅其流，并在一定资源的投入下，为用户提供最好的服务。从海洋运输走向综合物流，是国际航运企业发展的大方向。

广西北部湾港也应通过加强基础设施建设，提高物流信息化水平，满足航运企业综合物流发展的需求。为此，广西北部湾港应逐渐构建海运货站、铁路货站、公路运输货站和航空运输货站等四位一体的集约体，在整合现有三港域的各种港口资源基础上，形成结构合理、功能齐全的物资配送体系，建立和完善与世界现代物流中心相匹配的内部信息管理系统和外部电子数据交换系统，同时拓宽国内外航运销售渠道，将港口企业的经营活动全面纳入物流中心框架体系，以物流中心为基础，连接上下游企业，发展港口企业的主导产业链，并逐步利用外部信息网络和港口物流系统，实现国际商品、信息、资本和技术等资源的集散与配置，最终建成广西北部湾港口物流中心。

---

① 叶伟龙：《从海洋运输走向综合物流服务的必然性》，载《水运管理》，2000(1)。

结语　关于广西北部湾经济区经济增长路径的思索

自2008年7月获得国家社科基金西部项目资助开展本课题研究之后的近四年间，笔者及课题组成员开展了大量的调查和研究工作，并最终完成了课题所要求提交的专著和研究报告两份成果。在专著和研究报告完成之后，结合课题研究过程中的体会，笔者仍在不断思索广西北部湾经济区的城市经济增长问题。

（一）广西北部湾经济区大与小的问题

2008年7月下旬，笔者与学生一行约10人到南宁考察，来到南宁国家高新区，了解到南宁高新区2007年的工业产值为271.59亿元，只有厦门高新区（816.76亿元）的1/3，不足北京高新区（3 850.42亿元）的1/10。当时笔者的感叹是，南宁高新区尽管地方很大，但产值却很小。2011年8月中旬，笔者再次跟随广西师范大学人文社会科学研究中心的北部湾发展团队和北部湾合作团队一行约20人的队伍，来到已经上升为国家发展战略差不多三年的广西北部湾经济区，参观了防城港的有色金属产业园、钦州石化产业园等在建（部分投产）工业园区，了解到诸如中石化项目、金昌有色金属、玉柴集团能源化工及重油制芳烃等项目单项投资上百亿元、产值数百亿元。笔者再次深刻认识到，重化工业、重加工工业的发展对广西工业化进程和经济发展的促进作用日益凸显。

然而，在大型项目、大企业的背景下，却存在作为产业链支撑的配套小项目、小企业缺乏的现象。这意味着广西北部湾经济区产业发展中所需的配套产品乃至配套服务都需要从经济区外获得，而这无疑将大大提高广西北部湾经济区内企业的生产和经营成本。因此，今后的广西北部湾经济区在城市经济增长过程中，如何在大项目、大企业基础上加大产业链中配套小项目、小企业的引进，对于广西北部湾经济区城市经济增长同样具有重要意义。

（二）重化工业与广西北部湾经济区的环境保护问题

重化工业的发展的确对加快广西北部湾经济区工业化进程和城市发展具有重要的作用。但广西北部湾经济区的自然环境同样会在重化工业快速发展的同时经受严峻的考验。2008 年 6 月，因为参加由桂林电子科技大学负责研究的广西壮族自治区党委重大招标课题“广西发展县域特色产业研究”，笔者曾带领一个调研团队前往广西西南边陲的崇左市进行县域特色产业调研。因为已经多年未接触空气清新和视野开阔的自然风貌，所以笔者当时尽管对崇左市及所辖龙州县、凭祥市（县级市）落后的经济现状有些担忧，但仍对未被污染的自然环境倍加推崇。2011 年 7 月，笔者随团赴北部湾防城港市（包括所辖东兴市）和钦州市考察，仍然看到了与重化工业、重加工工业发展相并行的良好的自然环境，但总觉得这一切在北部湾各市重化工业和重加工工业加快发展的冲击下，将会显得十分脆弱。尽管各园区管理方、各项目实施方均言之凿凿地告诉考察团队，每一个项目的排放都是达到环保标准的，不会对北部湾的自然环境造成不利影响，但重化工业大量有害于环境的污染排放却是不争的事实。而且，所考察地区的环保部门告诉考察团队，目前对该地区排放指标的硬约束，将会对处于经济落后地区的北部湾经济快速发展产生不利影响。言下之意，北部湾快速发展的重化工业必然会有更多的污染物排放。因此，站在钦州石化产业园内玉柴集团 20 万吨/年溶剂油项目的厂区门口，望着蔚蓝的天空，笔者拍下一组照片之后，对考察团队的成员说：“不知道十年之后还能不能在此拍到类似的情景。”

事实上，按环境库兹涅茨曲线描述的一个国家或地区环境污染与经济增长之间的变化关系。随着广西北部湾经济发展速度的加快，尤其是近年来重化工业和重加工工业的加快发展,可以预见的是区域内各城市环境质量的必然下降。但对此方面的认识不应该纠结于经济增长与环境污染之间的矛盾,而应从经济增长阶段性的角度,不断寻求广西北部湾经济区经济增长模式的战略性转变,促使广西北部湾经济区在经济增长与环境保护之间形成动态协调。

(三)城市专业化分工的问题

北部湾的各个城市都分别强调其在与东盟合作过程中建设东盟合作第一城的地位。实际上,如果都是相同的定位,那么各个城市的建设与发展就会产生重叠和竞争,从而各个城市自身的发展都会受到相应的不利影响。但如果将南宁定位为第一城,且各个城市都围绕南宁作为第一城的定位实现各自专业化的发展,如防城港作为海运核心,围绕防城港促进钦州、北海海运业的统筹发展;钦州作为保税区,发挥钦州在吸引外商投资方面的核心作用,带动外资企业对北部湾经济区各城市的投资;发挥北海在电子信息产业发展中的带动作用,带动海洋产品加工业的发展;而南宁作为促进广西北部湾经济区各城市专业化发展所需的服务、融资、技术转移、管理咨询等方面的现代服务业发展的集中场所,则可以促进广西北部湾经济区的整体快速协调发展。

参考文献

一、中文部分

[1]北部湾(广西)经济区“4+2”城市合作框架协议[Z]. http://www.gx.xinhuanet.com/newscenter/2006-08/11/content_7761476.htm.

[2]广西北部湾经济区发展规划[Z].2008年1月.

[3]国务院.全国主体功能区规划[Z].2010年12月21日.

[4]南宁市人民政府.南宁市城市总体规划(2011—2020)[Z].2011年7月.

[5]广西壮族自治区人民政府关于加快建设南宁柳州超大城市桂林特大城市的意见[Z].桂政发〔2010〕81号.

[6]科学技术部发展计划司.2010年国家高新技术产业开发区科技创新能力分析[Z]. http://www.sts.org.cn/tjbg/gjscy/documents/2011/20110923.htm.

[7] H.钱纳里,S.鲁宾逊,M.赛尔奎因.工业化和经济增长的比较研究[M].上海:上海三联书店,上海人民出版社,1995.

[8]谭崇台.发展经济学[M].太原:山西经济出版社,2000.

[9] H.钱纳里,等.工业化和经济增长的比较研究[M].上海:上海人民出版社,1995.

[10]W.W.罗斯托.经济增长的阶段——非共产党宣言.北京:中国社会科学出版社,2001.

[11]Todaro M.P.,Smith S.C..发展经济学[M].北京:机械工业出版社,2009.

[12]张培刚.农业与工业化(中下合卷)[M].武汉:华中科技大学出版社,2002.

[13]张培刚.发展经济学通论——农业国工业化问题[M].长沙:湖南人民出版社,1991.

[14]鲁道夫·吕贝尔特. 工业化史[M]. 上海:上海译文出版社,1983.

[15]杨公朴,夏大慰. 产业经济学教程[M]. 上海:上海财经大学出版社,1998.

[16]曾晓洋,胡维平. 市场营销学案例集[M]. 上海:上海财经大学出版社,2005.

[17] E. M. Hoover, J. Fisher. 区域经济增长研究[M]. 上海:上海财经大学出版社,1996.

[18]杨维. 广东省工业化进程研究[M]. 广州:广东人民出版社,2008.

[19]安虎森. 区域经济学通论[M]. 北京:经济科学出版社,2004.

[20]郭鸿懋,江曼琦. 城市空间经济学[M]. 北京:经济科学出版社,2002.

[21]崔功豪,魏清泉,等. 区域分析与规划[M]. 北京:高等教育出版社,1999.

[22]邬大光,刘铁. 珠江三角洲城市化进程与高等教育的互动[C]. 见陈甬军,陈爱民. 中国城市化:实证分析与对策研究[M]. 福建:厦门大学出版社,2002.

[23]陈甬军,景普秋,陈爱民. 中国城市化道路新论[M]. 北京:商务印书馆,2009.

[24]秦敬云,陈甬军. 我国经济增长率中长期演变趋势研究——基于2000—2010年国内省域面板数据的分析与预测[J]. 经济学动态,2011(11).

[25]秦敬云,赵细国. 人民币升值与商品贬值背景下海峡西岸与北部湾经济区经济发展路径比较研究[J]. 广西社会科学,2011(6).

[26]中国社会科学院经济学部课题组. 我国进入工业化中期后半阶段——1995—2005年中国工业化水平评价与分析[J]. 新华文摘,2008(1).

[27]陈元江. 工业化进程阶段划分与综合测度指标实证[J]. 统计观察,2006 (11).

[28]李世英,李亚. 新型工业化发展水平评价指标体系的构建及实证研究[J]. 当代经济科学,2009(5).

[29]谢翠,等.广西城市化与工业化互动关系的实证分析[J].区域经济发展,2010(5).

[30]罗永乐.广西新型工业化推行效果评析及进一步发展研究[J].广西社会科学,2010(6).

[31]王延中.长三角地区工业化进程:现状与未来发展[J].社会科学,2007(6).

[32]张德华.长三角和珠三角工业化进程的比较研究[J].特区经济,2008 (4).

[33]葛岳静,王岳平.发达国家工业化中期阶段经济增长与工业结构变化的特征[J].人文地理,1996(3).

[34]宋健.制造业与现代化[J].机电工程技术,2003(32).

[35]王立军.长三角地区县域经济发展比较研究[J].县域经济,2006(9).

[36]吴跃进,励中柱,等."十一五"时期我国沿海地区重化产业发展对当地能耗强度的影响及对策研究[J].生产力研究,2009(1).

[37]钟荣丙.高新技术产业与湖南新型工业化[J].科技和产业,2009(9).

[38]吕政,黄群慧,等.中国工业化、城市化进程与问题[J].中国工业经济,2005 (12).

[39]颜双波.我国工业化进程的区域比较与分析[J].中共福建省委党校学报,2010 (8).

[40]周叔莲.新条件下的中国工业化[J].理论前沿,2005(16).

[41]陈佳贵,黄群慧,钟宏武.中国地区工业化进程的综合评价和特征分析[J].经济研究,2006(6).

[42]安筱鹏.现代服务业:概念、特征与分类[J].中国信息界,2008(8).

[43]张承功,刘恩财,等.产业集群与县域经济发展[J].改革与战略,2008(8).

[44]潘亮.县域产业结构优化研究[J].甘肃农业,2006(2).

[45]杨鹏.中国区域工业化进程研究(1978—2008) [J].经济与社会

发展,2010 (4).

[46]张建中,朱晓影.基于环境承载力的广西北部湾经济区重化产业布局研究[J].创新,2009(6).

[47]李为.广西北部湾经济区发展现状及对策研究[J].研究探索,2011(1).

[48]张善余.统计口径变动对人口普查城镇人口数量的影响及修正[J].统计研究,2002(10).

[49]仲盼,罗守贵.中国城镇化水平测定中存在的问题及调整方法[J].经济体制改革,2006(3).

[50]曹荣林.关于我国人口城镇化指标的几个问题[J].人口与经济,1995(3).

[51]陈金永.当前中国的城镇人口统计问题及其对经济分析的影响[A].人口与劳动绿皮书,2010.

[52]张协奎,张小富.基于分形理论的北部湾(广西)经济区城市群空间体系分析[J].广西大学学报(哲学社会科学版),2007(8).

[53]张协奎,林剑,等.广西北部湾经济区城市群可持续发展对策研究[J].中国软科学,2009(5).

[54]曹银贵,等.1997—2005年区域城市土地集约度变化与影响因子分析[J].地理科学进展,2008(5).

[55]张洪.西方国家城市土地利用模式及其在我国小城市土地质量分级中的应用[J].数量经济技术经济研究,2003(2).

[56]张侠,张卓冰,彭补拙.城市土地利用研究——以广西梧州市为例[J].经济地理,2001(4).

[57]李善同,侯永志.我国经济发展阶段特征与“十五”时期产业发展的主要任务[J].管理世界,2001(2).

[58]周石生.产业集群、工业园区与区域经济发展关联机理研究综述[J].湖北社会科学,2009(1).

[59]胡昌升,胡碧玉,梁玉冰.从工业园区到企业集群:基于产业链延伸的思考[J].经济体制改革,2010(4).

[60]周松兰.世界工业园区建设的内在机理及成功经验借鉴[J].市场

经济研究,2003(4).

[61]吴林海.世界科技工业园区发展历程、动因和发展规律的思考[J].高科技与产业化,1999(1).

[62]郑国.经济技术开发区对城市经济空间结构的影响效应研究——以北京为例[J].经济问题探索,2006(8).

[63]王缉慈.高新技术产业开发区对区域发展影响的分析架构[J].中国工业经济,1998(3).

[64]李靖宇,张洪聚.大连经济技术开发区:综合优势与辐射功能[J].东北亚论坛, 1996(2).

[65]张弘.开发区带动区域整体发展的城市化模式——以长江三角洲地区为例[J].城市规划汇刊,2001(6).

[66]常立农,刘均匀.湖南省高新技术产业开发区带动地方传统产业改造问题研究[J].高科技与产业化,2001(12).

[67]谢永琴.论我国高新技术产业园区的区域创新网络建设[J].科学管理研究,2005(4).

[68]陶庆先.高新技术产业园区竞争力与地方经济增长关系探究——基于28个省份54个国家级高新区的实证分析[J].科技与经济,2010(3).

[69]张景安.在创新中崛起的中国科技工业园区和企业孵化器[J].中国科技产业,2000(5).

[70]王志华.工业园区发展的终结——生态工业园[J].科学与管理,2004(1).

[71]蔡宁,杨闩柱.基于企业集群的工业园区发展研究[J].中国农村经济,2003(1).

[72]何振翔.产业集群与工业园区的比较及其良性互动[J].湖南科技大学学报(社会科学版),2006(2).

[73]李靖,魏后凯.基于产业链的中国工业园区集群化战略[J].经济经纬,2007(2).

[74]赵延东,张文霞.集群还是堆积——对地方工业园区建设的反思[J].中国工业经济,2008(1).

[75] 曹休宁.基于产业集群的工业园区发展研究[J].经济地理,2004

(4).

[76] 张晓平,刘卫东. 开发区与我国城市空间结构演进及其动力机制[J]. 地理科学,2003(2).

[77]关伟,卢莹. 高新技术产业园区与城市空间结构演变[J]. 辽宁师范大学学报(自然科学版),2007(4).

[78]张志斌,师安隆. 开发区与城市空间结构演化——以兰州市为例[J]. 城市问题,2008(11).

[79]何丹,蔡建明,周璟. 天津开发区与城市空间结构演进分析[J]. 地理科学进展, 2008(6).

[80]张仁桥. 生态工业园发展中若干问题的思考[J]. 生态经济,2007(5).

[81]解垩. 高等教育对经济增长的贡献:基于两部门内生增长模型分析[J]. 清华大学教育研究,2005(5).

[82]胡永远,刘智勇. 高等教育对经济增长贡献的地区差异研究[J]. 上海经济研究,2004(9).

[83]郑鸣,朱怀镇. 高等教育与区域经济增长——基于中国省际面板数据的实证研究[J]. 清华大学教育研究,2007(4).

[84]丁小浩,陈良焜. 高等教育扩大招生对经济增长和增加就业的影响分析[J]. 教育发展研究,2000(2).

[85]毛洪涛,马丹. 高等教育发展与经济增长关系的计量分析[J]. 财经科学,2004(1).

[86]罗述权,郑震. 高校学生消费与家庭可承受力分析——基于长沙市高等院校学生消费情况的调查报告[J]. 价格理论与实践,2011(10).

[87]杨天平. 大学生教育消费需求的实证研究——基于河南省 5 所高校的调查[J]. 高教发展与评估,2011(4).

[88]薛秀军,吴巧. 当代大学生的消费状况及其对策——以厦门、泉州四高校为例[J]. 集美大学学报,2011(2).

[89]蔡秀娟,鲍金勇,唐军梅. 广州高校大学生饮食与消费行为调查分析[J]. 高教探索,2007(4).

[90]何志方. 高等教育规模与城市化联动发展的国际经验[J]. 比较教

育研究,2001(9).

[91]郭书君,米红.我国高等教育规模与城市化互动发展的实证研究[J].现代大学教育,2005(5).

[92]朱镜德.高等教育强劲扩张对城市化进程及经济增长的影响[J].中国人口科学,2003(1).

[93]孙佳燕,黄迪民.我国高校农村生源比例下滑现象研究[J].西北工业大学学报(社会科学版),2007(4).

[94] 苏意君.中国—东盟自贸区建成对广西边境贸易的影响分析[J].区域金融研究, 2010(2).

[95]李余铭. 广西边境贸易结算问题探讨[J].经济与社会发展,2003(1).

[96]肖杨,刘秀玲.广西对越边境贸易问题研究[J].区域经济,2011(4).

[97]夏军城,赵红萍,虞坤.新时期中越边境贸易有利条件与不利因素研究[J].广西财经学院学报,2009(6).

[98]周威,张坤,周忠.中越边境贸易现状分析及其发展策略[J].国际贸易, 2011(11).

[99]卢珍菊.中国—东盟框架下推进中越跨境经济合作区建设研究[J].产业经济, 2011(5).

[100]周永明.面向中国—东盟自由贸易区的广西与越南物流合作构想[J].经济与发展,2010(12).

[101]张湘兰,张辉.WTO与中国海运服务贸易法律制度[J].武汉大学学报(社会科学版),2003(1).

[102]彭振武.世界海运和港口业的发展趋势[J].中国工程咨询,2006(8).

[103]庄倩玮,王健.国外港口物流的发展与启示[J].物流技术,2005(6).

[104]伍长南.海峡西岸:临港工业发展研究[J].福建论坛(人文社会科学版),2006(2).

[105]王晓萍.国际发展临港工业的经验对宁波临港工业发展的启示

[J]. 港口经济, 2008(11).

[106]陈有文,王晋. 从历史维度分析海运贸易全球化对世界港口城市体系的影响[J]. 水运工程,2012(5).

[107]许继琴. 港口城市成长的理论与实证探讨[J]. 地域研究与开发,1997(4).

[108]杨华雄. 论港口与城市的协调发展[J]. 中国港口,2000(6).

[109]陈宁,胡良德. 我国沿海港口城市临港工业发展分析[J]. 武汉理工大学学报(社会科学版),2005(4).

[110]徐龙,何冰. 产业发展视角下的临港工业区规划——以钦州港工业区为例[J]. 城市,2011(5).

[111]叶伟龙. 从海洋运输走向综合物流服务的必然性[J]. 水运管理,2000(1).

[112]胡厚翠. 发展生产性服务业,加快工业化进程[N]. 巢湖日报,2008 年 07 月 03 日.

[113]熊红明. 广西壮族自治区打造广西北部湾经济区高新技术产业带[N]. 新华社,2010 年 08 月 07 日.

[114]丁学辉. 广西又迎来一次重大发展机遇 跨境贸易人民币结算广西试点在凭祥市启动述评[N]. 广西日报,2010 年 06 月 25 日.

[115]万兴伟. 广西工业结构优化升级研究[D]. 广西大学,2008 年 6 月.

[116]黄明永. 华东地区工业化进程的综合评价和特征分析[D]. 合肥工业大学,2007 年 10 月.

[117]顾跃. 广西北部湾经济区石化产业发展研究[D]. 中南大学,2010 年 5 月.

[118]罗贤新. 广西北部湾经济区临海工业发展研究[D]. 中南大学,2009 年 12 月.

[119]肖模文. 改革行政管理体制,发展壮大县域经济[D]. 吉林大学,2007 年 4 月.

[120]陈康波. 广西临港产业集群发展研究[D]. 广西大学,2008 年 6 月.

[121]黄绿筠.中国城市土地供给管理研究[D].华中农业大学,2005.

[122]曾庆佳.WTO体制下的中越贸易研究[D].暨南大学,2008.

二、外文部分

[123] M. Syrquin, H. Chenery. *Three Decades of Industrialization*[J]. *The World Bank Econmic Reviews*,1989(3): 152-153.

[124] Ernest W. Burgess. *The Growth of the City: An Introduction to a Research Project* [M]//Robert E. Park, Ernest W. *Burgess: The City*. Chicago: University of Chicago Press, 1984.

[125] Hoyt Homer. *The Structure and Growth of Residential Neighborhoods in American Cities*[Z]. Washinton D. C.: Federal Housing Administrtion. 1939.

[126] Chauncy D. Harris, Edward L. Ullman. *The Nature of Cities*[J]. *Annals of the American Academy of Political and Social Science*. Vol. 242, *Building the Future City*, 1945:7-17.

[127] Denison E. F. *The Sources of Economic Growth in the United States and the Alternatives Before Us*[M]. *Committee for Economic Development*, New York: Cambridge University Press, 1962.

[128] Garcia-Mila, Therese J. Mcguire. *The Contribution of Publicly Provided Inputs to States' Economies*[J]. *Regional Science and Urban Economics*, 1992(34): 229-241.

[129] Jon Sanders. *Does Spending on Higher Education Drive Economic Growth*? 20 *Years of Evidence Reviewed*[R]. *Gold-water Institute Policy Report*, 2003(5).

[130] UNCTAD Secretariat. *Review of Maritime Transport* 2011 [R]. *United Nations Publication*, 2011:25-29.

后 记

本人在所主持的国家社科基金西部项目“要素空间集聚与北部湾经济区城市经济增长研究”所提交的成果之一《广西北部湾经济区城市经济增长研究报告》的基础上，带领课题组成员将研究报告中附录的四个调查报告重新进行了梳理，并查阅了新的资料重新撰写，由此形成了本专著中第六章到第九章的内容，最后形成了本专著的全部内容和确定了书名。

事实上，本专著所研究对象的范围是相对较小的，但专著中研究的内容对广西北部湾经济区而言却有较强的针对性，因此，书中的研究结论对一般的经济区域可能不具有普适性。然而，专著中所反映的问题及所提出的解决方案，对于快速发展的广西北部湾经济区而言是有较强理论和现实意义的。笔者希望，本专著的出版对于广西北部湾经济区的发展，进而对于广西全区的发展能够起到一定作用，也希望能对国内其他经济区域的发展有一定的借鉴意义。

本专著的分工如下：第一章、第二章、第四章、第五章为秦敬云完成，第三章为秦敬云与赵东初共同完成，第八章为秦敬云与谭宏园共同完成，第六章和第九章为林楚国完成，第七章为秦丹完成。秦敬云最终对整本书稿进行了统编和修订。

课题及本专著的完成，离不开各位课题组成员的鼎力支持和帮助，他们是文礼朋（博士，教授）、袁胜军（博士，副教授）、谢海娟（副教授）、林楚国（讲师）、秦丹（讲师）、赵东初等，在此对他们的辛勤工作表示诚挚的谢意。在笔者带领课题组成员先后到广西北部湾经济区各城市、港口、开发区进行调研的时候，相关领导、工作人员在讲解或提供资料方面给予了大量的帮助，在此也对他们表示衷心的感谢。本专著还作为广西人文社会科学研究中心“泛北部湾发展研究团队”的阶段性成果之一，受到团队负责人广西师范大学经济管理学院刘俊杰教授的大力支持，笔者对他的帮助表示感谢。此外，课题及本专著的完成还离不开家人、朋友及众多同事的帮助和支持，在此对他们一并表示感谢。

秦敬云

2012 年 8 月 17 日于桂林